ANDRÉ DOMINGUES



# OS 100 MELHORES CDs DA MPB

## UM GUIA PARA FICAR POR DENTRO DO MELHOR DE NOSSA MÚSICA POPULAR

Sá editora

Capa:
*João Baptista da Costa Aguiar*
Assistente:
*Lilian Queiroz*

Preparação de texto:
*André Domingues*

Revisão:
*Augusto Cézar Costa Lima*

Projeto Gráfico (miolo):
*Eveline Teixeira,*
*Carlos Néri, Fernando Bergamini*

Impressão:
*Bartira Gráfica e Editora S/A*

ISBN – 85-88193-20-5


SÁ EDITORA
Calçada dos Mirtilos, 22/3° andar – Barueri/SP
Tel./Fax: (11) 5051-9085 / 5052-9112
atendimento@saeditora.com.br
www.saeditora.com.br

*Dedicado à*
José Maria (Domingues) dos Santos

*Agradecimentos especiais*
Helle Alves, Carlos Néri, Fernando Bergamini, Jorge Meditsch, Marino Maradei Jr., Eliana Sá, Daniel Foggiato Vieira, Augusto Cézar Costa Lima, André Luigi, Marie Helene Santos, João Noro, Heitor Paixão, Pelão, Edinho Oliveira, Franco de Matos, Mercedes de Paula Ferreira, Miriam Gárate e a todos os demais envolvidos direta ou indiretamente na produção deste livro.

# Introdução

Quem elegeu os 100 melhores CDs da MPB aqui listados:

- André Domingues
  Jornalista e crítico musical
- Arley Pereira
  Jornalista e crítico musical
- Carlos Rennó
  Compositor, jornalista e crítico musical
- Éder Sandoli
  Compositor, instrumentista e arranjador
- Hílton Valente, "Gogô"
  Compositor, arranjador, instrumentista e professor de História da Música Popular Brasileira da UNICAMP
- Luiz Melodia
  Cantor e compositor
- Maria Alvim
  Cantora e especialista em recursos da voz

Como tantos, comparo a riqueza da nossa música popular à das nossas florestas. Tanto numa, como noutra, temos preciosidades de fazer inveja a qualquer país do mundo. Seja na floresta, seja nos palcos, temos flores silvestres de rara delicadeza, frutos de aroma e sabor incomparável, animais ariscos e misteriosos e claras minas d'água que, mais adiante, formam rios escuros, caudalosos. Há sobre ambas, também, uma sombra densa que, exceto em algumas clareiras esparsas, dificulta a visão simultânea do todo, de cada uma das partes. A diferença é que a mata é virgem, enquanto a música, qualquer música, ao menos alguma vez, foi conhecida antes de cair na ignorância. Voltar a trilhar e abrir as picadas da memória musical brasileira, sem ressalvas contra nenhuma, e com os meios que temos à mão no momento – os CDs, ainda que, em certos casos, já não sejam assim tão disponíveis... –, é o objetivo deste livro.

Ah! mais uma semelhança entre as florestas e a MPB: em ambas são os estrangeiros quem mais se empenham em pesquisar e extrair uma biodiversidade de inestimável valor.

"Os 100 Melhores CDs da MPB" – mas o que pode ser isso? Que critério pode apontar o sumo de nossa tão vasta produção musical? De fato, os juízos estéticos não seguem formas objetivas e, portanto, a presente listagem – assim como qualquer outra – está impregnada de arbitrariedade. Em não havendo critérios absolutos, preferi uma via mais democrática e escolhi um parlamento para votar a questão. Busquei convidar pessoas de alto gabarito musical, mas partidários de vertentes diferentes da MPB, a fim de garantir a pluralidade que nos caracteriza (e que muitas iniciativas do gênero deixam escapar). Apurados os votos, havia então 100 títulos, partes integrantes do seleto rol de obras de arte que chamamos "clássicos". Embora seja verdade que os 100 melhores CDs da MPB não são necessariamente os aqui listados, posso garantir que cada um deles – que ouvi muitas, muitas vezes – justifica esse título de "clássico" já à primeira audição. Jorge Luis Borges dizia que os clássicos são obras que gerações e gerações, *urgidas por diversas razões, apreciam com prévio fervor e misteriosa lealdade*. Fico com ele. Os clássicos me parecem uma livre criação e, mesmo, uma obsessão da nossa memória coletiva. Contudo, Borges também argumenta que, necessários ou não, os clássicos têm uma particularidade muito importante: não terminam em si mesmos; são destinados a repercutir por anos e anos a fio, indefinidamente. Continuo com ele. E acredito piamente que todos os presentes discos têm essa qualidade. Sincero admirador de todos eles, torço para que o tempo não me desminta!

• Rui Moraes
Jornalista e especialista em MPB

• Théo de Barros
Cantor, compositor, instrumentista e arranjador

• Victor Martins
Compositor

# Os 10 CDs

## MAIS VOTADOS ENTRE OS 100 MELHORES DA MPB

Na eleição dos 100 melhores CDs da MPB, 10 obras atingiram uma votação maior do que as demais, por isso mereceram uma apresentação em destaque. Listadas em ordem alfabética, são elas:

BEBADOSAMBA – *Paulinho da Viola*

CARTOLA – *Cartola*

CLUBE DA ESQUINA – *Milton Nascimento* e *Lô Borges*

2 EM 1: ROSA DE OURO – *Clementina de Jesus, Aracy Cortes* e o *Conjunto Rosa de Ouro*

ELIS & TOM – *Elis Regina* e *Tom Jobim*

O GRANDE CIRCO MÍSTICO – *Chico Buarque* e *Edu Lobo*

O MITO – *João Gilberto*

PARATODOS – *Chico Buarque*

TROPICÁLIA OU PANIS ET CIRCENSIS – *Caetano Veloso, Gilberto Gil, Gal Costa, Nara Leão, Tom Zé* e *Os Mutantes*

URUBU – *Tom Jobim*

Todos esses são álbuns bastante especiais. Quatro deles registram o lançamento de grupos e movimentos importantíssimos da MPB: *Clube Da Esquina*, do início da década de 70, em que o Brasil conheceu uma boa turma de músicos e compositores mineiros que propunha uma interessante fusão de jazz, rock e música regional; *2 Em 1: Rosa De Ouro*, que, em meados dos anos 60, marcou o então emergente movimento de recuperação do samba tradicional; *O Mito*, trazendo as faixas do LP *Chega de Saudade*, de João Gilberto, que, no final dos 50, apresentou a íntegra da estética bossanovista e causou uma revolução musical no país; *Tropicália ou Panis Et Circensis*, de 1968, o disco-manifesto dos tropicalistas que libertou a música brasileira de uma série de preconceitos e velhas hierarquias. Outros dois discos dos 10 mais votados mostram encontros inesquecíveis de grandes artistas: *Elis & Tom*, com a união de Elis Regina, uma das nossas maiores cantoras, e Tom Jobim, um dos nossos maiores compositores e arranjadores; e *O Grande Circo Místico*, com a bem-sucedida parceria dos geniais Chico Buarque e Edu Lobo. Por fim, quatro deles são fruto de sublimes viagens introspectivas de mestres da MPB: *Bebadosamba*, em que Paulinho da Viola faz uma elegia ao samba, sua maior paixão; *Cartola*, em que o divino Cartola interpreta alguns tesouros decantados por anos a fio em sua privilegiada sensibilidade; *Paratodos*, em que Chico Buarque mergulha em sua intimidade e reavalia sua vida e sua arte; *Urubu*, em que Tom Jobim, já consagrado – e, por isso mesmo, livre para fazer música como gostava –, deu mais algumas provas de seu incontestável brilhantismo.

# BEBADOSAMBA

1996

Paulinho da Viola

### FAIXAS

1. Quando o Samba Chama
*Paulinho da Viola*
2. Timoneiro
*Hermínio Belo de Carvalho/ P. da Viola*
3. Ame
*Paulinho da Viola/Élton Medeiros (part. Élton Medeiros)*
4. Alento
*P. C. Pinheiro*
5. É Difícil Viver Assim
*Paulinho da Viola*
6. O Ideal é Competir
*Candeia/Casquinha*
7. Novos Rumos
*Rochinha/ O. Porto*
8. Memórias Conjugais
*Paulinho da Viola*
9. Reverso da Paixão
*Paulinho da Viola*
10. Dama de Espadas
*Paulinho da Viola*
11. Solução de Vida
*Paulinho da Viola/Ferreira Gullar*
12. Peregrino
*N. da Portela*
13. Mar Grande
*Paulinho da Viola/ S. Natureza*
14. Bebadosamba
*Paulinho da Viola*

BMG

## *A Majestade do príncipe do samba*

A partir dos anos 70, Paulinho da Viola estabeleceu-se como um dos maiores representantes do samba brasileiro, se não o principal. Seus discos e shows, trabalhos da maior relevância para a cultura nacional, distinguiam-se dos assinados por outros artistas por sua elegante sensibilidade, ao mesmo tempo inovadora e defensora da tradição do samba. Havia sete anos do lançamento de seu último disco no Brasil, quando, em 1996, Paulinho da Viola lançou *Bebadosamba*, um estrondoso sucesso de crítica e público. *Bebadosamba* é um trabalho delicado, muito bem arranjado por Paulinho e Cristóvão Bastos, em que se misturam preciosidades de sua própria lavra, como "*É Difícil Viver Assim*" e "*Reverso Da Paixão*", e de outros compositores, como "*Alento*" (Paulo César Pinheiro) e "*Peregrino*" (de Noca da Portela). Há também algumas parcerias importantes, a exemplo de "*Solução De Vida*" (com Ferreira Gullar), "*Mar Grande*" (com Sérgio Natureza) e "*Ame*" (com seu parceiro mais freqüente, Élton Medeiros). "*Ame*", aliás, é uma das mais brilhantes faixas do disco, inclusive por seu bem resolvido arranjo, que remete à sonoridade dos sambas das décadas de 40 e 50 – época em que maestros brasileiros absorveram a maneira americana de arranjar para jazz big bands. Embora seja um grande intérprete, Paulinho é, antes de tudo, um excelente compositor de letras e melodias, o que atesta sua bonita "*Dama De "Espadas*"". Aliás, comentando o ato de criação, algo muito íntimo e difícil de ser descrito, o artista escreveu sua interessantíssima "*Quando O Samba Chama*", usada para a abertura desse ótimo disco. Refletindo a riqueza de seu autor, *Bebadosamba* visita várias formas de samba, trazendo até uma bela composição no ancestral ritmo do **maxixe**, "*Memórias Conjugais*". Dentre os diferentes tipos de samba contidos no disco, estão o **samba-canção**, na belíssima "*Novos Rumos*", o **partido-alto**, em "*Timoneiro*" (o maior sucesso desse álbum), e o **samba-de-quadra**, em "*O Ideal É Competir*", feito para a tradicionalíssima Portela, sua escola de samba. Assim como celebra toda a história do samba, *Bebadosamba* relembra nomes célebres através de um singelo chamamento contido na sua faixa-título. Nela, são evocados alguns artistas que se tornaram nacionalmente famosos, como Noel Rosa, Cartola e Pixinguinha, e outros consagrados apenas nos morros do Rio de Janeiro, como Padeirinho, Alvaiade, Manacéa, Chico Santana e Geraldo Babão. Nota-se, assim, que a história do samba enaltecida por Paulinho não se reduz a compositores célebres e a sucessos retumbantes; ao contrário, é também (e principalmente) uma história de homens simples e de cantorias perdidas no tempo. A cidade do Rio de Janeiro, o berço do samba, é o ponto central dessa história e o cenário mais provável das canções, haja visto a repetição do tema do mar em várias das letras. Restaurando o orgulho dessa cidade fostigada pela miséria e rememorando suas tradições, Paulinho da Viola parece mesmo o príncipe de um reino devastado, mas ávido por se reerguer.

*Maxixe*
Gênero urbano, de andamento rápido e ritmo binário, dançado com bastante sensualidade nos salões brasileiros do século XIX. Cunhado a partir de uma fusão entre a habanera (cubana), a polca (bohêmia) e a síncope brasileira, o maxixe foi um dos elementos fundamentais para a gênese do samba.

*Samba-Canção*
Variedade de samba surgida no final dos anos 20, tocada em ritmo lento, com temas preferencialmente sentimentais.

*Partido-Alto*
Variedade de samba muito próxima à música africana, devido à predominância do ritmo, à repetição dos motivos melódicos e ao sentido lúdico marcante em sua origem – o partido alto se constituía de um refrão cantado, em coro, e uma estrofe improvisada, cantada solo. Atualmente, são poucos os que improvisam versos e participam de autênticos desafios no partido alto.

*Samba-de-Quadra*
Sambas produzidos pelos compositores de escola de samba para consumo da própria comunidade em suas diversas reuniões fora do período de carnaval, quando brilham os sambas-enredo.

# CARTOLA

1976

Cartola

FAIXAS

1. O Mundo É Um Moinho
*Cartola*
2. Minha
*Cartola*
3. Sala de Recepção
*Cartola*
4. Não Posso Viver Sem Ela
*Cartola/ A. 'Bide' Barcelos*
5. Preciso Me Encontrar
*Candeia*
6. Peito Vazio
*E. Medeiros*
7. Aconteceu
*Cartola*
8. As Rosas Não Falam
*Cartola*
9. Sei Chorar
*Cartola*
10. Ensaboa Mulata
*Cartola*
11. Senhora Tentação
*S. de Oliveira*
12. Cordas de Aço
*Cartola*

Discos Marcus Pereira

## *"O nosso samba, humilde samba..."*

O samba glamouroso dos desfiles carnavalescos, dos grandes sucessos e dos cantores aclamados é apenas a ponta visível de um icebergue sustentada por uma imensidão de autores anônimos, músicos eventuais e composições esquecidas. Cartola (1908-80), foi um representante típico desse lado obscuro do samba, mas foi também um elo com o samba da chamada 'grande mídia'. Cartola cresceu nos bares, **candomblés** e rodas de samba do morro da Mangueira. Fundador da Estação Primeira de Mangueira, logo ficou conhecido nos morros do Rio de Janeiro, teve músicas gravadas por cantores famosos, mas não apareceu para o público, nem teve retorno financeiro para se dedicar exclusivamente à música. Para sobreviver, trabalhou como pedreiro, contínuo e vigia, entre outros empregos. Em 1964, abriu um restaurante com a esposa Zica, o "Zicartola", que se tornou um importante ponto de encontro de artistas e intelectuais. Lá, abriu espaço para a revelação de novos talentos, como Paulinho da Viola, e para a apresentação de veteranos pouco conhecidos, como Nelson Cavaquinho e ele mesmo. O tempo que durou o restaurante foi suficiente para que Cartola caísse no gosto de uma nova geração e voltasse a ser gravado por grandes cantores. Aos 66 anos, veio, enfim, o reconhecimento nacional com seu primeiro álbum, *Cartola* (1974). Dois anos depois, saiu o segundo, de nome *Cartola* (como o primeiro), que foi selecionado para este livro. O tempo permitiu que Cartola pudesse apurar seu estilo e destilar do samba sua essência mais profunda. O álbum mostra algumas de suas mais belas composições e pérolas alheias que guardou ao longo de sua vida. Cartola percebia a atemporalidade da música e gravou, lado a lado, obras de sambistas de diferentes períodos, como **Silas de Oliveira** ("*Senhora Tentação*") e **Candeia** ("*Preciso Me Encontrar*"). Também nas parcerias, o sambista ignorou as idades, exibindo composições com o consagrado **Bide** ("*Não Posso Viver Sem Ela*") e o então novato Élton Medeiros ("*Peito Vazio*"). O resultado é uma seleção de belas músicas, interpretadas de forma simples, mas elegante, muito bem executadas pelo sambista e pelo **regional** arranjado e liderado por Dino 7 Cordas (um dos maiores violonistas da história do samba). O destaque do álbum é a esplêndida "*As Rosas Não Falam*", um clássico da música brasileira, mas as demais músicas não lhe devem muito, a começar por "*O Mundo É Um Moinho*", de letra e melodia igualmente soberbas. "*Sala de Recepção*" e "*Cordas de Aço*" homenageiam duas paixões de Cartola: a Mangueira e seu violão, companheiros de muitas alegrias. Vale notar a voz interessante de Creuza, filha de Cartola, em "*Ensaboa Mulata*". Além de ritmicamente impecável,o samba de Cartola prima pelo cuidado com as letras e melodias: é nelas que se faz sentir o gênio. No velório de Cartola, o sambista Nélson Sargento, um amigo de muitos anos, sintetizou o sentimento geral: "Cartola não existiu; foi um sonho que a gente teve".

*Bide*
Sambista pioneiro, nascido em 1902 e falecido em 1975, autor de "*Agora É Cinza*" (com Marçal) e "*Não Posso Viver Sem Ela*" (com Cartola), entre outros sucessos.

*Candeia*
Sambista carioca, cantor e compositor, nascido em 1935 e falecido em 1978, autor de "*Minhas Madrugadas*" (com Paulinho da Viola) e "*Preciso Me Encontrar*", entre outras.

*Candomblés*
Festas profanas e cultos religiosos trazidos pelos escravos negros iorubás, sudaneses. Bastante enraizados na cultura brasileira, e musicalmente muito ricos, contribuíram de forma decisiva para o surgimento e consolidação do samba.

*Regional*
Nome dado ao conjunto que tradicionalmente faz o acompanhamento de samba. Sem formação definida, reúne, geralmente, os instrumentos: pandeiro, violão, violão de 7 cordas, acordeon, e cavaquinho, podendo incorporar bandolim, flauta (ou outros instrumentos de sopro) e percussão variada.

*Silas de Oliveira*
Sambista carioca, tido como o maior compositor de sambas-enredo da história, nascido em 1916 e falecido em 1972.

# CLUBE DA ESQUINA
1972

Milton Nascimento e Lô Borges

✔ Faixas escolhidas

1. Tudo o que você podia ser
*Lô Borges/M. Borges*
2. Cais
*M. Nascimento/R. Bastos*
3. O Trem Azul
*Lô Borges/R. Bastos*
4. Saídas e Bandeiras N°1
*M. Nascimento/F. Brant*
5. Nuvem Cigana
*Lô Borges/R. Bastos*
6. Cravo e Canela
*M. Nascimento/R. Bastos*
7. Dos Cruces
*C. Larrea*
8. Um Girassol da Cor do seu Cabelo
*Lô Borges/M. Borges*
9. San Vicente
*M. Nascimento/F. Brant*
10. Estrelas
*Lô Borges/M. Borges*
11. Clube da Esquina N°2
*M. Nascimento/Lô Borges/M. Borges*
12. Paisagem da Janela
*Lô Borges/F. Brant*
13. Me Deixa em Paz
*M. Menezes/A. Amorim*
14. Os Povos
*M. Nascimento/M. Borges*
16. Um Gosto de Sol
*M. Nascimento/R. Bastos*
17. Pelo Amor de Deus
*M. Nascimento/F. Brant*
18. Lília
*Milton Nascimento*
19. Trem Doido
*Lô Borges/M. Borges*
20. Nada será como antes
*M. Nascimento/R. Bastos*
21. Ao Que Vai Nascer
*M. Nascimento/F. Brant*

EMI

## *O universo numa esquina de Minas Gerais*

Milton Nascimento já tinha se destacado em **festivais de MPB**, lançado discos no Brasil e no exterior e cedido canções para grandes intérpretes quando resolveu fazer um disco reunindo os amigos de juventude com quem desenvolveu seu enorme talento. Daí surgiu o memorável *Clube Da Esquina* (1972), assinado por ele e pelo estreante Lô Borges. O nome do álbum remete a uma esquina do bairro de Santa Teresa, em Belo Horizonte (capital de Minas Gerais), que era um dos pontos de encontro preferidos de sua turma. Embora reunisse muitos músicos de valor, o Clube da Esquina tinha como centro a inseparável dupla que Milton fazia com Márcio Borges (irmão de Lô), letrista que conheceu no início dos anos 60, logo que saiu de Três Pontas (cidade do interior mineiro). Dentre os demais participantes do famoso grupo, o disco traz os competentes instrumentistas Wagner Tiso, Toninho Horta, Robertinho Silva, Rubinho, Tavito, Nelson Ângelo e Luiz Alves, e os reconhecidos compositores Fernando Brant, Beto Guedes e Ronaldo Bastos – este, um ótimo letrista que Milton conheceu no Rio de Janeiro e logo incorporou ao grupo. O que todos eles tinham em comum era a procura por uma música que se valesse dos diversos elementos da produção brasileira e internacional, sem, contudo, repetir o que se fazia na época. O caminho que encontraram foi uma combinação da complexidade melódica e harmônica da bossa-nova e do jazz com a instrumentação – e, muitas vezes, o ritmo – do rock e a liberdade poética do tropicalismo, o que percebe em faixas como "*Tudo O Que Você Podia Ser*" e "*Trem De Doido*". A música tradicional brasileira, também foi bastante importante nessa fusão, como atesta a esplêndida "*Cravo E Canela*", que remete à herança africana de Minas Gerais, ou a pungente "*Pelo Amor De Deus*", que aproveita e transforma a antiga **marcha-rancho**. Um certo viés político, freqüente na música brasileira de meados dos anos 60 até o final dos 70, é perceptível em canções como "*Ao Que Vai Nascer*" e "*Nada Será Como Antes*" – que, no mesmo ano, recebeu uma bem-sucedida versão de Elis Regina. Dentre os maiores sucessos de *Clube Da Esquina*, Milton é o responsável pelos magníficos "*Cais*" e "*San Vicente*", enquanto Lô canta os não menos belos e conhecidos "*O Trem Azul*" e "*Pela Janela*". A hoje famosa "*Clube Da Esquina 2*", vocalizada por Milton, só se tornou um êxito de popularidade alguns anos mais tarde, depois que Nana Caymmi pediu a Márcio Borges que lhe fizesse uma letra. Duas faixas de menor repercussão, mas que merecem a mesma atenção, são "*Os Povos*" e "*Lília*". *Clube Da Esquina* projetou nacionalmente uma leva de artistas que enriqueceu o cenário da MPB sem se apresentar como um movimento. Sua coesão, porém, já se percebe no fato de haverem apenas duas músicas, entre as 21 do disco, que não levam os nomes dos compositores do grupo. São elas o antigo sucesso de **Monsueto** "*Me Deixa Em Paz*", que traz participação especial de **Alaíde Costa**, e "*Dos Cruces*", do espanhol Carmelo Larrea.

*Festivais de MPB*
Os festivais musicais de televisão, que premiavam compositores e intérpretes, tiveram grande repercussão e importância na segunda metade da década de 60, reunindo artistas das mais variadas tendências e revelando nomes como Caetano Veloso, Chico Buarque, Edu Lobo, Elis Regina, Gilberto Gil, e muitos outros.

*Marcha-Rancho*
Adaptação brasileira das marchas militares, tocada em andamento lento, que foi usada, inicialmente, em cortejos religiosos e, pouco depois, em blocos carnavalescos.

*Monsueto*
Cantor, baterista e compositor carioca, nascido em 1924 e falecido em 1973, autor de sucessos como "*Me Deixa Em Paz*" (com Ayrton Amorim) e "*Mora Na Filosofia*" (com Arnaldo Passos).

*Alaíde Costa*
Cantora carioca, nascida em 1935, que fez sucesso com "*Onde Andará Você*" (de Oscar Castro-Neves e Luverci Fiorini) e outras canções conhecidas. O álbum *Clube Da Esquina* representou sua volta à carreira artística, interrompida em 1966 por problemas de saúde.

# 2 EM 1: ROSA DE OURO

1965/1967

Aracy Côrtes, Clementina de Jesus e Conjunto Rosa de Ouro

✔ Faixas escolhidas

1. Rosa De Ouro/Quatro Crioulos/Dona Carola/Pam-Pam-Pam
*H. B. de Carvalho/E. Medeiros/P. da Viola)/(E. Medeiros/J. Santana)/(N. Cavaquinho/N. Bahia/W. Feitosa*
2. Senhora Rainha
*H. Villa-Lobos/H. B. de Carvalho*
3. Ai Yoyô (Linda Flor)
*H. Vogeler/L. Peixoto/M. Porto*
4. Jura
*Sinhô*
5. Escurinho/Se eu pudesse/ Nem é bom falar
*G. Pereira/Z. da Zilda/G. Augusto/I. Silva/F. Alves/N. Basos*
6. Sobrado Dourado/ Clementina cadê você/ Benguelê/Boi não berra/Siá Maria Rebolo/Maparaema
*(D. P.)/E. Medeiros/(D. P.)/ (D. P.)/(D. P.)/(D. P.)*
7. Bate Canela
*D. P.*
8. Semente de Samba
*H. Cabral*
9. Flor do Lodo
*A. Mesquita*
10. Tem francesa no morro
*A. Valente*
11. Palmares/Psiquiatra
*N. R. de Oliveira/N. do Salgueiro/W. Moreira*
12. Mulato Calado
*M. Batista/B. B. Coelho*

EMI

## *Duas rainhas e cinco paladinos do reino do samba*

Na agitada década de 60 os músicos e pesquisadores brasileiros começaram a se interessar mais seriamente pela história da nossa música popular – que, até hoje, ainda não foi suficientemente investigada. Um passo importante nesse sentido foi dado no musical Rosa de Ouro, criado pelo compositor, poeta e produtor Hermínio Bello de Carvalho e encenado em 1965. A proposta do espetáculo era, em contrapartida ao afã modernizador dos bossa-novistas (que estavam em evidência desde o final dos anos 50), trazer à tona os tesouros da tradição musical brasileira que, supostamente, estaria sendo desprezada. Guiado por tal objetivo, Hermínio escolheu para estrelarem o musical uma das maiores estrelas dos anos 20 e 30, Aracy Cortes, e um grande talento recém descoberto por ele numa festa de Nossa Senhora da Glória, Clementina de Jesus. Aracy, dona de uma voz aguda e impostada à maneira dos cantores de operetas européias, foi a maior expressão feminina do **teatro-de-revista**, mas estava marginalizada no show-bis desde a década de 40. Clementina, que já tinha 63 anos quando fez sua primeira apresentação para uma platéia (em 1964, um ano antes do Rosa de Ouro), representava a restauração da memória afro-brasileira, com seus cantos que viajavam até a época das senzalas entoados por seu vozeirão grave, de inflexões ancestrais. O Conjunto Rosa de Ouro, convidado para acompanhá-las e para "costurar" uma apresentação à outra, simbolizava o então recente revigoramento do samba. Seus integrantes eram os até então desconhecidos Paulinho da Viola, Élton Medeiros, Nescarzinho do Salgueiro, Nelson Sargento e Jair do Cavaquinho. O sucesso de *Rosa de Ouro* foi tão grande que proporcionou, dois anos depois, uma nova edição, além de dois LPs memoráveis, reunidos em um só CD intitulado *Rosa De Ouro – 2 em 1*. O que primeiro se destaca nesse CD é a enorme competência de todos os envolvidos, inclusive dos músicos que participaram apenas das gravações em estúdio – Dino 7 Cordas (violão de sete cordas), Meira (violão de seis cordas), Marçal (cuíca), Luna (percussão) e outros. Aracy Cortes brilha com seus antigos sucessos, a exemplo de "*Ai Yoyô (Linda Flor)*", o primeiro samba-canção de sucesso no Brasil, "*Jura*", um precioso **samba amaxixado** de Sinhô, e o divertido "*Tem Francesa No Morro*", de Assis Valente. Clementina de Jesus, que se tornou a principal atração do musical, comove ao emendar cantos negros como "*Benguelê*", "*Boi Não Berra*", "*Sia Maria Rebolo*" e "*Maparaema*", ou interpretando "*Mulato Calado*" e outros bons sambas. Clementina surpreende por tornar o folclore algo muito vivo, vibrante, em momentos comoventes como o **lundu** "*Bate Canela*". O Conjunto Rosa de Ouro completa esse maravilhoso musical com ótimas canções de seus próprios integrantes, como "*Rosa De Ouro*" e "*Quatro Crioulos*", e tesouros assinados pela nata do samba brasileiro, como "*Pam-Pam-Pam*" (de Paulo da Portela) e "*Escurinho*" (de Geraldo Pereira).

*Teatro-de-Revista*
Espécie de peça teatral musicada muito popular no Brasil entre meados do século XIX e meados do século seguinte. Seus quadros enfocavam, de maneira humorística, os fatos da vida social e política do país, além de apresentar canções e intérpretes populares e números de dança (por vezes, marcados pelo erotismo).

*Samba Amaxixado*
Forma de se categorizar o samba dos primeiros tempos, um tanto influenciado pelo maxixe.

*Lundu*
Canto e dança surgidos nas senzalas na segunda metade século XVIII, executados sobre ritmo binário, marcados por uma fortíssima herança africana. Foi o primeiro ritmo afro-brasileiro a ter grande aceitação no país, onde teve compositores e intérpretes de todas as raças e classes sociais.

# ELIS & TOM

1974

Elis Regina e Tom Jobim

1. Águas De Março
*Tom Jobim*
2. Pois É
*Tom Jobim/Chico Buarque*
3. Só Tinha De Ser Com Você
*Tom Jobim/A. Oliveira*
4. Modinha
*Tom Jobim/V. de Moraes*
5. Triste
*Tom Jobim*
6. Corcovado
*Tom Jobim*
7. O Que Tinha De Ser
*Tom Jobim/V. de Moraes*
8. Retrato Em Branco E Preto
*Tom Jobim/Chico Buarque*
9. Brigas, Nunca Mais
*T. Jobim/V. de Moraes*
10. Por Toda A Minha Vida
*T. Jobim/V. de Moraes*
11. Fotografia
*Tom Jobim*
12. Soneto Da Separação
*T. Jobim/V. de Moraes*
13. Chovendo Na Roseira
*Tom Jobim*
14. Inútil Paisagem
*T. Jobim/A de Oliveira*

Philips (Polygram/ Universal)

## *Encontro de gigantes*

Em 1974, Los Angeles recebeu o encontro memorável entre a cantora e o compositor mais prestigiados do Brasil em seu tempo: Elis Regina e Tom Jobim. Lá, eles gravaram o antológico álbum *Elis & Tom*, uma obra capital na história da MPB. Elis, que fora revelada em meados dos anos 60, vinha numa impressionante ascensão, inclusive sendo considerada por alguns especialistas como a maior cantora brasileira de todos os tempos. O sofisticado Jobim começou a se sobressair como compositor, pianista e maestro na década de 50, quando foi fundamental no processo de modernização musical que culminou na bossa-nova. Em 1974, já era mundialmente consagrado. Mas ao contrário do que sugere a fotografia da capa de *Elis & Tom*, os dois artistas não eram amigos. Na verdade, sua relação era bastante tensa desde 1964, quando Jobim recusou a então desconhecida Elis para o papel principal do musical "***Pobre Menina Rica***", do qual foi o diretor musical. A produção de *Elis & Tom* refletiu essa discórdia logo na escolha do arranjador, pois o maestro queria o alemão **Claus Ogerman**, mas a cantora insistiu para que fosse seu marido, César Camargo Mariano – que, aliás, saiu-se muito bem. Contudo, o acordo musical entre eles foi exemplar: já na primeira – e mais conhecida – faixa do disco, "*Águas De Março*", percebe-se sua perfeita sintonia na criativa união do canto de Elis aos contracantos vocais e instrumentais de Jobim. O resultado foi tão brilhante que, depois dessa gravação, poucos outros grandes intérpretes se aventuraram a incluir "*Águas De Março*" em seus trabalhos. Nas demais faixas, a bonita voz da cantora – que optou por um estilo um pouco mais contido e afim com a bossa-nova – também se completa por intervenções, vocais ou instrumentais, muito bem colocadas de Jobim. O repertório, composto apenas por criações de Jobim, abarca fases distintas de sua carreira: "***Modinha***", feita com o poeta Vinícius de Moraes, é anterior à bossa-nova, tendo sido gravada no álbum *Canção Do Amor Demais* (1958), de Elizeth Cardoso, que trouxe os primeiros registros da bossa; "*O Que Tinha De Ser*", "*Brigas, Nunca Mais*" e "*Soneto Da Separação*" (também parcerias com Vinícius de Moraes), além de "*Corcovado*" e "*Fotografia*", fazem parte do período seguinte, de consolidação da bossa-nova; "*Só Tinha De Ser Com Você*", "*Inútil Paisagem*" (feitas com **Aloysio de Oliveira**) e "*Triste*" datam de meados da década de 60, quando Jobim já era bastante reconhecido no Brasil e no exterior; por fim, sua produção do final dos anos 60 e início dos 70 está representada por "*Águas De Março*", "*Chovendo Na Roseira*" e as belas parcerias com Chico Buarque "*Pois É*" e "*Retrato Em Branco E Preto*" (cuja melodia foi composta em 1965 e os versos, três anos depois). Renomados intérpretes brasileiros e estrangeiros, a exemplo de Gal Costa, Sylvia Telles, Elizeth Cardoso, Frank Sinatra e Ella Fitzgerald, dedicaram álbuns a Jobim, mas nenhum superou Elis Regina. Ela mesma considerava *Elis & Tom* o seu melhor disco e dizia ser o único registro de sua voz que ouvia por prazer.

*Pobre Menina Rica*
Musical criado por Vinícius de Moraes e Carlos Lyra em 1963 que marca o início da carreira profissional de Nara Leão. Elis não fora recusada para estrelar a peça, mas para cantar no disco que foi gravado no ano seguinte com o repertório da mesma.

*Claus Ogerman*
Maestro e arranjador alemão cujo trabalho ficou marcado pelo contato íntimo que manteve com a música brasileira, tendo participado de discos de Tom Jobim e outros artistas.

*Modinha*
O nome dessa canção é também o nome da importante derivante portuguesa de uma forma melódica surgida no século XVII (comum em Mozart, por exemplo) que teve papel muito importante na formação da sensibilidade musical brasileira. Recorre, preferencialmente, a modulações para tons menores.

*Aloysio de Oliveira*
Cantor, instrumentista, produtor musical e narrador carioca, nascido em 1914 e falecido em 1995, autor de "*Dindi*", "*Inútil Paisagem*" (ambas com Tom Jobim) e outras canções muito conhecidas. Participou do conjunto Bando da Lua, que acompanhou Carmen Miranda nos EUA, e, de volta ao Brasil, produziu muitos dos primeiros discos da bossa-nova, inclusive o histórico LP *Chega de Saudade* (1959), de João Gilberto. Foi também o produtor de *Elis & Tom*.

# O GRANDE CIRCO MÍSTICO

1983

Edu Lobo, Chico Buarque e outros

FAIXAS

1. Abertura Do Circo
*Edu Lobo/Chico Buarque*
2. Beatriz
*Edu Lobo/Chico Buarque*
3. Valsa Dos Clowns
*Edu Lobo/Chico Buarque*
4. Opereta Do Casamento
*Edu Lobo/Chico Buarque*
5. A História De Lilly Braun
*Edu Lobo/Chico Buarque*
6. Oremus
*Edu Lobo e Chico Buarque*
7. Meu Namorado
*Edu Lobo/Chico Buarque*
8. Ciranda Da Bailarina
*Edu Lobo/Chico Buarque*
9. Sobre Todas As Coisas
*Edu Lobo/Chico Buarque*
10. O Tatuador
*Edu Lobo/Chico Buarque*
11. A Bela E A Fera
*Edu Lobo/Chico Buarque*
12. O Circo Místico
*Edu Lobo/Chico Buarque*
13. Na Carreira
*Edu Lobo/Chico Buarque*

Velas

## *Edu e Chico armam sua lona*

Ao longo dos anos 70, Edu Lobo especializou-se em fazer trilhas musicais para o teatro. Em 82, o Ballet Guaíra, de Curitiba, encomendou-lhe uma peça com tema livre e Edu, que sonhava fazer um musical, propôs uma peça cantada baseada no poema *O Grande Circo Místico* de **Jorge de Lima**, que retrata personagens de uma dinastia circense fictícia criada sobre as figuras típicas do circo tradicional. Como Edu não fazia letras, Chico Buarque, compositor consagrado (sobretudo, por sua excelência poética), foi convidado para colaborar. A escolha não poderia ser melhor, pois Chico tinha larga trajetória em trilhas para teatro, iniciada em 65, quando musicou ***Morte e Vida Severina***. Consolidou-se então uma célebre parceria, que, somada à série de bons intérpretes e instrumentistas que convidaram para as gravações, proporcionou um álbum clássico da MPB: *O Grande Circo Místico* (1983). O ambiente do circo, caracterizado pelo sentimento misto de maravilha e horror, se faz presente logo no início, na "*Abertura do Circo*", em que, de um tema triste e introspectivo ("*Oremus*" – que volta a ser exposto mais tarde, numa faixa que, assim como o bom tema "*O Tatuador*", não coube no LP original), sai o som alegre e sedutor de **charanga**. A segunda faixa do disco, "*Beatriz*", é também a melhor, com sua rica melodia e seus versos sublimes. Uma curiosidade: declaradamente sem intenção, Chico semantizou partes dessa melodia, fazendo com que a palavra 'céu' correspondesse à nota mais alta (aguda) da melodia e a palavra 'chão' à mais baixa (grave). Para cantar "*Beatriz*" foi consensual o nome de Milton Nascimento, pois sua apurada técnica vocal lhe permitia passar dos sons graves aos agudos, cantados em **falsete**, com absoluta naturalidade. A "*Valsa dos Clowns*", cantada por Jane Duboc, ressalta a criatividade de Edu e Chico, que conceberam uma fantástica multiplicação de palhaços – muito bem resolvida em termos musicais – em que cada um sai de dentro do coração de outro, representando as diversas faces de sua alma. A canção "*O Circo Místico*", muito bem defendida por Zizi Possi, é mais um caso em que as requintadas melodias de Edu Lobo recebem um trabalho de extrema destreza verbal: "*Não sei se é nova ilusão/ Se após o salto mortal/ Existe outra encarnação...*". Outros exemplos da qualidade da dupla são "*Meu Namorado*", cantada por Simone, e "*Opereta De Casamento*", entoada em coro. Nas interpretações, entre os também consagrados Gilberto Gil (em "*Sobre Todas As Coisas*") e Gal Costa (em "*A História De Lilly Braun*"), destaca-se Tim Maia, incorporando o personagem homem-fera em "*A Bela e a Fera*". *O Grande Circo Místico* é a comprovação de que o artista brasileiro transita com desembaraço pela música do mundo todo. Sucedem-se valsa, marcha, jazz, funk, e, curiosamente, não há nenhuma composição de ritmo tipicamente brasileiro (a **ciranda**, gênero de "*Ciranda da Bailarina*", é executada há séculos no Brasil, mas veio de Portugal). A pátria do compositor brasileiro, provam Edu Lobo e Chico Buarque, não conhece fronteiras.

*Jorge de Lima*
Grande poeta alagoano, nascido em 1895 e falecido em 1938.

*Morte e Vida Severina*
Histórica peça musical de protesto, baseada nos versos do reconhecido poeta João Cabral de Melo Neto

*Charanga*
Nome aplicado à orquestrinha ambulante dos circos, composta, a princípio, de sopros e percussão

*Falsete*
Registro vocal, também chamado "voz de cabeça", que permite a obtenção dos sons mais agudos.

*Ciranda*
Dança de roda infantil, cantada, muito popular no Brasil, mas de origem portuguesa (onde era praticada por adultos).

# O MITO

1990

João Gilberto

✔ Faixas escolhidas

1. Chega De Saudade
*T. Jobim/V. de Moraes*

2. Desafinado
*T. Jobim/N. Mendonça*

3. Samba De Uma Nota Só
*T. Jobim/N. Mendonça*

4. O Pato
*J. Silva/N. Teixeira*

5. Bolinha De Papel
*G. Pereira*

6. Trevo De Quatro Folhas
*M. Dixon/H. Woods* – versão *N. Sérgio*

7. O Barquinho
*R. Menescal/R. Bôscoli*

8. Lobo Bobo
*C. Lyra/R. Bôscoli*

9. Bim Bom
*João Gilberto*

10. Aos Pés Da Cruz
*M. Pinto/Z. da Zilda*

11. É Luxo Só
*A. Barroso*

12. Coisa Mais Linda
*C. Lyra/V. de Moraes*

13. Insensatez
*T. Jobim/V. de Moraes*

14. Maria Ninguém
*C. Lyra*

15. Corcovado
*Tom Jobim*

16. Meditação
*T. Jobim/N. Mendonça*

17. Doralice
*A. Almeida/D. Caymmi*

18. Manhã De Carnaval
*L. Bonfá/A. Maria*

EMI

## *A maior revolução da música brasileira*

A compilação ***O Mito*** traz o repertório dos três primeiros LPs de João Gilberto, *Chega De Saudade* (1959), *O Amor, O Sorriso E A Flor* (1960) e *João Gilberto* (1961), que constituem um precioso documento histórico da bossa-nova. João saiu da Bahia para o Rio de Janeiro, em 1949, com o objetivo de se tornar um dos maiores cantores do Brasil. Chegando lá, foi trabalhar como solista do conjunto vocal Garotos da Lua, no qual permaneceu por quase três anos. Dispensado do conjunto depois de sucessivos desentendimentos, partiu para a carreira solo, inclusive gravando um disco, mas sem, contudo, vislumbrar o sucesso que se colocou como meta. Com empregos ocasionais e frustrações sucessivas, vagou pelo Rio até 1955, quando, deprimido, deixou tudo para trás. Em 1957, João voltou mudado. Em seu retiro, ele descobrira uma nova maneira de cantar e de tocar violão para qual antevia um grande futuro. A inovação consistia numa nova batida de samba, muito econômica, suingada e eficiente, e numa forma introspectiva de cantar, com pouco volume e muita precisão, abandonando os vibratos e outros floreios comuns aos cantores da época. Tom Jobim, que vinha trabalhando na modernização das melodias e harmonias da MPB, foi um dos colegas que mais se entusiasmou com as descobertas de João, que completavam perfeitamente o seu ideal estético de criar melodias e arranjos com o máximo de complexidade e o mínimo de elementos. Jobim levou-o para gravar o álbum *Canção Do Amor Demais* (de Elizeth Cardoso, 1958), que marca a estréia da bossa-nova, e, em seguida, empenhou-se para que gravasse seu histórico disco de 78 rpm, com "*Chega de Saudade*" e "*Bim Bom*". O Brasil assombrou-se com a revolucionária música de João. Pouco mais tarde saiu outro disco de 78 rpm, com "*Desafinado*" (que se tornou um dos hinos da bossa nova) e "*Hô-Bá-Lá-Lá*", e suas inovações ganharam mais força. Foi no ano seguinte, porém, que a bossa-nova se cristalizou, com o lançamento do LP *Chega De Saudade*, que trazia, entre outras canções, as citadas mais os sucessos "*Maria Ninguém*", "*Lobo Bobo*" e "*Saudade Fez Um Samba Em Seu Lugar*", que projetaram os nomes de **Carlos Lyra** e **Ronaldo Bôscoli**. No ano seguinte, seu segundo álbum repetiu o êxito, trazendo "*O Pato*", "*Samba De Uma Nota Só*", "*Discussão*", "*Se É Tarde Me Perdoa*" e um outro hino da bossa: "*Meditação*". O terceiro disco, igualmente bem-sucedido, apresentou os clássicos "*O Barquinho*", "*Corcovado*", "*Insensatez*", "*Coisa Mais Linda*" e "*Este Seu Olhar*". É interessante notar que João Gilberto, desde o primeiro momento, teve a preocupação de revigorar a tradição brasileira com belas releituras de tesouros do passado, tais como "*Aos Pés Da Cruz*", "*A Primeira Vez*", "*Bolinha De Papel*" e "*Trenzinho (Trem De Ferro)*". Aliás, dois dos compositores antigos preferidos de João estão representados por mais de uma música em *O Mito*: Dorival Caymmi, autor de "*Doralice*", "*Saudades Da Bahia*" e "*O Samba Da Minha Terra*", e **Ary Barroso**, que assina "*Morena Boca De Ouro*" e "*É Luxo Só*".

*O Mito*
A principal compilação da música de João Gilberto está fora de catálogo por ser motivo de uma grande polêmica. O artista entrou na justiça contra a EMI por ter achado tal coletânea prejudicial à sua obra, pois a gravadora misturou arbitrariamente as faixas de seus três primeiros discos – que não foram editados em CD – e tomou a liberdade de cortar e fundir duas canções ("*O Nosso Amor*" e "*A Felicidade*") num medley para que coubessem no disco. Por isso, vale a pena procurar a versão norte-americana dessa coletânea, intitulada *The Legendary João Gilberto*.

*Carlos Lyra*
Compositor, violonista e cantor carioca, nascido em 1940, co-autor de sucessos como "*Maria Ninguém*", "*Lobo Bobo*" e "*Marcha De Quarta-Feira De Cinzas*".

*Ronaldo Bôscoli*
Produtor musical e letrista carioca consagrado pela bossa-nova. Bôscoli (1928-1994) assina clássicos como "*O Barquinho*" e "*Lobo Bobo*".

*Ary Barroso*
Pianista e compositor memorável da música brasileira, nascido em 1903 e falecido em 1964, autor dos clássicos "*Aquarela Brasileira*", "*É Luxo Só*", "*Morena Boca De Ouro*" e "*Rancho Fundo*", entre outras.

# PARATODOS

1993

Chico Buarque

FAIXAS

1. Paratodos
*Chico Buarque*
2. Choro Bandido
*Edu Lobo/ Chico Buarque*
3. Tempo e Artista
*Chico Buarque*
4. De Volta ao Samba
*Chico Buarque*
5. Sobre Todas as Coisas
*Edu Lobo/Chico Buarque*
6. Outra Noite
*L. C. Ramos/Chico Buarque*
7. Biscate
*Chico Buarque*
8. Romance
*Chico Buarque*
9. Futuros Amantes
*Chico Buarque*
10. Piano na Mangueira
*Tom Jobim/Chico Buarque*
11. Pivete
*Francis Hime/Chico Buarque*
12. A Foto da Capa
*Chico Buarque*

BMG

## *Auto-retrato de um artista*

No início dos anos 90, beirando os 50 anos, Chico Buarque estava distante dos palcos e das gravações. A chegada da maturidade o tornou extremamente severo quanto à qualidade de seu trabalho, o que dificultou uma larga produção. Além disso, Chico andou absorvido num grande projeto literário que resultou no livro *Estorvo* (1991). No lançamento do excelente *Paratodos* em 1993, o compositor desculpou-se de antemão pela ausência temporária (veja "*De Volta ao Samba*") e explorou a fundo os conflitos de sua maturidade. No disco, os costumeiros personagens do cantor – apaixonados, malandros, desocupados, observadores, poetas... –, cederam lugar a um lado meditativo do compositor, que atravessa as 12 faixas do álbum com uma insistente pergunta: 'quem é, enfim, o artista?'. O **baião** "*Paratodos*" abre o disco com uma sincera homenagem ao universo da música brasileira e, em especial, ao seu "maestro soberano" Tom Jobim. A presença de Jobim se nota, não só na letra da canção, mas também no seu desenvolvimento harmônico, no qual se destaca o **movimento cromático** do baixo, muito explorado pelo pianista. Aliás, Jobim também colaborou no disco com voz e piano numa de suas bem sucedidas parcerias com Chico, "*Piano na Mangueira*", dedicada à famosa escola de samba carioca. Além dessa parceria, há outras com Edu Lobo, **Francis Hime** e Luiz Cláudio Ramos (violonista e arranjador do disco), velhos companheiros de trajetória. Outro dueto marcante é o que faz com Gal Costa, intérprete de muitas de suas composições, no divertido samba "*Biscate*". Mas *Paratodos* não é apenas uma louvação aos que formaram a sensibilidade musical do compositor. Chico mergulha em sua intimidade – com a elegância de poucos – em busca de algo bastante problemático: o sentido último do ofício artístico. Sua caracterização do artista não é elogiosa, usando adjetivos pejorativos, como "impostor", "bandido" e "miserável". É emblemática a faixa "*A Foto da Capa*", inspirada num retrato de frente e perfil de Chico Buarque adolescente, tirado numa delegacia depois de ter furtado um automóvel – esse fato, hoje visto como uma travessura juvenil, marcou profundamente a sua vida. Nessa canção, ele reitera seu caráter vagabundo, porém insinuando ser imprescindível para a criação artística uma certa marginalidade. Já a música "*Tempo e Artista*" concilia a falibilidade do artista com a eternidade de sua obra. Para isso, evoca a figura do Tempo, que se serviria da voz do cantor para perfazer sua própria glória. O bom artista se saberia efêmero e apagaria sua figura para que vivesse o Tempo, a eternidade, em sua arte. Daí a necessidade de olhar para trás e saber o que dele permanece. Daí a necessidade de se homenagear aqueles que, com um pé na eternidade, ajudaram a formar nossa tradição musical. Como para confirmar o argumento de Chico, o tempo parece parar na soberba "*Futuros Amantes*", de beleza comovente no magnífico casamento que promove entre letra e melodia.

*Baião*
Canto e dança de ritmo binário, originário do interior do nordeste brasileiro, popularizado em âmbito nacional por Luiz Gonzaga.

*Movimento cromático*
Progressão que vai passando de uma nota para sua imediatamente adjacente (no caso, 'Ré-Ré *b*-Dó-Si...', uma progressão descendente) . É típico de Tom Jobim esse movimento, indo do agudo para o grave ou o contrário.

*Francis Hime*
Prestigiado pianista, arranjador, cantor e compositor carioca, nascido em 1939, conhecido por composições como "*Vai Passar*" e "*Atrás da Porta*" (ambas com Chico Buarque).

# TROPICÁLIA OU PANIS ET CIRCENCIS

1968

Vários Artistas

FAIXAS

1. Miserere Nóbis
*Gilberto Gil/Capinan*

2. Coração Materno
*Vicente Celestino*

3. Panis Et Circensis
*Gilberto Gil/Caetano Veloso*

4. Lindonéia
*Caetano Veloso/Gilberto Gil*

5. Parque Industrial
*Tom Zé*

6. Geléia Geral
*Gilberto Gil/T. Neto*

7. Baby
*Caetano Veloso*

8. Três Carabelas (las Tres Carabelas)
*A. Algueró Jr./G. Moreu – versão J. De Barro*

9. Enquanto Seu Lobo Não Vem
*Caetano Veloso*

10. Mamãe Coragem
*Caetano Veloso/T. Neto*

11. Bat Makumba
*Gilberto Gil/Caetano Veloso*

12. Hino Do Señor Do Bonfim
*J. A. Wanderley*

Philips (Polygram/Universal)

## *"... E a manhã tropical se inicia..."*

Dos festivais de MPB saiu a turma que criou o revolucionário tropicalismo: os baianos Caetano Veloso e Gilberto Gil, líderes do grupo, mais Tom Zé, Gal Costa, Torquato Neto, Capinan, Rogério Duprat, Júlio Medáglia, Os Mutantes e outros artistas. Sua proposta era a "retomada da linha evolutiva inaugurada pela bossa-nova", e, para tal objetivo, exaltava um radical experimentalismo sonoro que recusava todas as classificações hierárquicas já estabelecidas na MPB. O álbum coletivo *Tropicália Ou Panis Et Circencis*, de 1968, marca a inauguração "oficial" do tropicalismo – embora não contenha a canção "*Tropicália*", tida como o manifesto do movimento. Dele participaram todos os artistas supracitados (exceto Medáglia), mais a ex-musa da bossa-nova Nara Leão, que interpretou o interessante bolero "*Lindonéia*". Naturalmente, Caetano e Gil destacam-se no disco como cantores e compositores da maior parte das músicas (entre as quais estão as preciosas "*Geléia Geral*" e "*Enquanto O Lobo Não Vem*"), pois, além de líderes desse irreverente movimento, eram os artistas que gozavam de maior prestígio. Mas nem por isso os demais ficaram ofuscados. O maestro Rogério Duprat, criador dos arranjos, brilhou em sua busca por sonoridades diferentes, tanto em faixas como "*Hino Do Senhor Do Bonfim*", uma das canções em que explorou criativamente o legado das antigas **bandas de música**, e "*Panis Et Circenses*" (a grafia de 'circenses' varia no encarte), em que experimenta sons distorcidos dos instrumentos elétricos, recebidos com certo desprezo até então. "*Panis Et Circenses*" é também a faixa em que melhor se pode apreciar a qualidade e a irreverência d'Os Mutantes, que representavam muito bem o espírito do novo movimento. Gal Costa emocionou o público com suas interpretações de "*Mamãe, Coragem*" e, principalmente, "*Baby*", seu primeiro grande sucesso. Tom Zé participou da boa e sarcástica "*Parque Industrial*", de sua autoria, em que canta ao lado de Caetano, Gil, Gal e Os Mutantes. Os letristas Capinan (em "*Miserere Nóbis*") e Torquato (em "*Geleia Geral*" e "*Mamãe, Coragem*") colaboraram com versos livres e ousados, típicos da poética tropicalista, caracterizada pela "colagem" de imagens pungentes, referências literárias diversas, símbolos da cultura pop e outros elementos de procedências distintas assimilados e transformados nos moldes da 'antropofagia' de **Oswald de Andrade**. Outro aspecto marcante dessa poética é a influência da **poesia concreta**, explícita em "*Bat Makumba*", interpretada por Gil e Os Mutantes. O disco traz, ainda, uma inusitada e provocativa releitura do antigo sucesso de **Vicente Celestino** "*Coração Materno*", que, devido ao inverossímil dramalhão que narra, era tido como um grande exemplo de mau-gosto. A inclusão dessa canção, assim como da versão de João de Barro para o mambo "*Las Tres Carabelas*", evidencia o fortíssimo sentido de reavaliação histórica do tropicalismo, que, sobretudo por essa qualidade, revolucionou também a crítica musical brasileira.

*Banda de Música*
Formação instrumental, de origem européia, que reúne apenas sopros e percussão. Apareceu no Brasil em meados do século XIX e foi responsável por uma verdadeira revolução por seu amplo uso de metais, por ter aberto especo para o repertório de choro e por ter popularizado uma música mais organizada e sofisticada do que as pequenas – e elitistas – orquestras de sua época.

*Poesia Concreta*
Gênero poético que tem como principais referências, no Brasil, os irmãos Augusto e Haroldo de Campos. Seu surgimento data da década de 50 e o princípio de que parte é uma evolução das formas que compõem a poesia segundo suas propriedades intrínsecas (som, figura e carga semântica).

*Oswald de Andrade*
Literato paulista, nascido em 1890 e falecido em 1954, intimamente ligado ao modernismo brasileiro, defensor do conceito de 'antropofagia cultural', que consiste na livre assimilação e transformação de qualquer informação.

*Vicente Celestino*
Compositor, cantor e ator carioca, nascido em 1894 e falecido em 1968, autor de "*O Ébrio*", "*Coração Materno*" e outros sucessos.

# URUBU

1976

Tom Jobim

FAIXAS

1. O Boto
*Tom Jobim/Jararaca*
2. Lígia
*Tom Jobim*
3. Correnteza
*Tom Jobim/L. Bonfá*
4. Ângela
*Tom Jobim*
5. Saudades Do Brasil
*Tom Jobim*
6. Valse
*P. Jobim*
7. Arquitetura De Morar
*Tom Jobim*
8. O Homem
*Tom Jobim*

Warner

## *Um disco para si*

Em 1976, quando lançou o antológico *Urubu*, Tom Jobim era tido como um gênio da música popular internacional, o que lhe permitia conceber discos sem ter de se adequar à suposta receptividade do mercado. Acontece que, depois de brilhar na explosão mundial da bossa-nova, emplacar inúmeros sucessos nos quatro cantos do planeta e ser aclamado em massa por músicos como o mito Frank Sinatra (com quem gravou dois discos nos anos 60), o maestro carioca já não tinha mais nada a provar. O belo e delicado *Urubu* é o que se pode chamar de um álbum feito para si, pois exala o carinho e a despreocupação de alguém que arruma sua própria cama. Tudo saiu exatamente como foi planejado pelo autor, que, inclusive, optou por bancar sozinho toda a produção e depois oferecer o disco à Warner. Entre os muitos cuidados que teve, estão a escolha de Claus Ogerman para a criação dos arranjos, a resolução por gravar tudo em estúdios norte-americanos – o que já vinha fazendo havia um bom tempo, pela qualidade superior que tinham na época – e a seleção de excelentes músicos para acompanhá-lo: João Palma (bateria), Ron Carter (contrabaixo) e Ray Armand (percussão). A definição do repertório, quase todo sua autoria, também não visou às paradas de sucesso, ainda que a primeira faixa, "*O Boto*", tenha obtido ótima repercussão. Aliás, "*O Boto*", um interessantíssimo **baião** que credita a co-autoria ao célebre **Jararaca** por ter aproveitado o refrão de sua "*Do Pilá*" (de Jararaca, Augusto Calheiros e Zé do Bambo), traz a única participação especial do disco, feita pela cantora **Miúcha**. Outra faixa memorável é "*Correnteza*", de Jobim e **Luiz Bonfá**, que, embora tivesse registros anteriores, só ficou conhecida a partir de *Urubu*. Há também uma releitura da famosa "*Lígia*", com versos diferentes dos originais, que tem uma história curiosa: Jobim a compôs sozinho no início dos anos 70, mas em 1974, depois de já gravada por artistas como João Gilberto e Stan Getz, Chico Buarque resolveu alterar alguns trechos da letra, mas não aceitou a co-autoria, deixando uma confusão entre as duas versões. A então inédita "*Ângela*", um foxe lento, fecha em grande estilo a coleção de canções do disco, com sua melodia bonita e sofisticada. A segunda parte de *Urubu* é composta por temas orquestrais que, sem a pretensão de marcar a música erudita contemporânea, recordam a vontade adolescente de Jobim de se tornar um concertista, trazendo à tona a influência que recebeu de Villa-Lobos – seu preferido –, Bach, Ravel e Debussy. O primeiro tema é o nostálgico "*Saudades do Brasil*", que os músicos da Sinfônica de Nova Iorque, participantes da gravação, aplaudiram de pé. Em seguida vêm o lírico e introspectivo "*Valse*" (de autoria de Paulo Jobim, seu filho) e, depois, o contemplativo "*Arquitetura De Morar*", de longo desenvolvimento. Encerrando essa segunda parte, Jobim registrou "*O Homem*", um tema tenso e épico, composto sobre o ritmo vibrante da marcha para sua obra "*Brasília: Sinfonia Da Alvorada*", dedicada à capital do Brasil.

*Baião*
Canto e dança de ritmo binário, originário do interior do nordeste brasileiro, popularizado em âmbito nacional por Luiz Gonzaga.

*Jararaca*
Cantor, compositor, violonista e comediante alagoano, nascido em 1896 e falecido em 1977, autor de "*Mamãe Eu Quero*" (com Vicente Paiva), "*Pinicadinho*" (com Ratinho, com quem trabalhou em dupla por muitos anos) e outras músicas bastante conhecidas.

*Miúcha*
Cantora carioca, nascida em 1937, cuja lista de maiores sucessos inclui "*Maninha*" (de Chico Buarque, seu irmão) e "*Pela Luz Dos Olhos Seus*" (de Vinícius de Moraes).

*Luis Bonfá*
Compositor, cantor e violonista carioca, nascido em 1922 e falecido em 2001, autor de "*Manhã De Carnaval*" (com Antônio Maria), "*Correnteza*" (com Tom Jobim) e outros sucessos.

# A BOSSA DOS CARIOCAS

1963

Os Cariocas

FAIXAS

1. Pra Que Chorar
*Baden Powell/V. de Moraes*
2. Rio
*R. Menescal/R. Bôscoli*
3. Garota De Ipanema
*T. Jobim/V. de Moraes*
4. Anjinho Bossa Nova
*S. Júnior/W. Tirapeli*
5. Samba De Uma Nota Só
*T. Jobim/N. Mendonça*
6. Devagar Com A Louça
*H. Barbosa/L. Reis*
7. Amanhecendo
*R. Menescal/L. F. Freire*
8. Samba Do Avião
*Tom Jobim*
9. Menina Certinha
*D. Ferreira/L. F. Freire*
10. O Amor Em Paz
*T. Jobim/V. de Moraes*
11. Desafinado
*T. Jobim/N. Mendonça*
12. Só Danço Samba
*T. Jobim/V. de Moraes*

## *Rearranjando as vozes do Brasil*

Em 1947, o programa *Um Milhão de Melodias* (dirigido pelo maestro **Radamés Gnatalli** na **Rádio Nacional**) revelou o quinteto vocal Os Cariocas, que mudaria os rumos do canto brasileiro e anteciparia algumas das transformações que se consolidaram com a bossa-nova. O grupo inspirou-se nos norte-americanos do The Moderneries e do Pied Peppers para chegar às principais inovações que introduziu na MPB: a constante passagem da melodia principal para um registro de falsete, muito agudo e especialmente brilhante, e a própria maneira jazzística de se distribuir as vozes. Essa distribuição procedia da seguinte maneira: ao invés de simplesmente desdobrar a linha melódica nas principais notas do acorde correspondente (terças, quintas, sétimas e oitavas), como num conjunto tradicional, Os Cariocas colocavam suas vozes em notas mais tensas (como sextas, sétimas maiores, nonas e décimas primeiras), fazendo com que o canto se comportasse como o naipe de metais de uma *big band*. Tal alteração, com suas aberturas inusitadas e intervalos dissonantes, determinou a sonoridade do conjunto: original e moderna – não só para os padrões brasileiros, mas também para os internacionais. **Ismael Neto**, líder d'Os Cariocas até 1955 (quando adoeceu gravemente), foi quem primeiro assimilou a técnica dos arranjadores de jazz. Depois de sua morte, em 1956, o maestro Severino Filho, seu irmão, tornou-se o líder e arranjador do conjunto, que mudou sua formação duas vezes e chegou à década de 60 como um quarteto: Severino (1ª voz e piano), Badeco (2ª voz e violão), Jorge Quartera (3ª voz e bateria) e Luiz Roberto (4ª voz e contrabaixo).Em 1963, o grupo lançou o antológico *A Bossa Dos Cariocas*, em que interpreta, com enorme desenvoltura, um belíssimo repertório de bossas-novas. O álbum é composto por canções típicas da bossa, a exemplo das já consagradas "*Samba De Uma Nota Só*" e "*Desafinado*" ou da recém lançada "*Garota De Ipanema*", mas traz um samba de feitio antigo muito bem arranjado: "*Devagar Com A Louça*". O disco também marca o lançamento de verdadeiros tesouros, como "*Rio*", parceria de Roberto Menescal e Ronaldo Bôscoli, e duas maravilhosas criações de Jobim: "*Samba Do Avião*" e "*Só Danço Samba*" (com Vinícius de Morais). Outras peças do repertório, como "*Pra Que Chorar*" e "*Anjinho Bossa Nova*", chamam a atenção por sua beleza, pela competência do grupo e pela incrível criatividade dos arranjos, mas é a versão *a capella* de "*O Amor Em Paz*" que mais se destaca e comove. Embora tivesse gravado álbuns excelentes anteriormente (como o LP *Os Cariocas A Ismael Neto*, de 1956), foi com o surgimento da bossa-nova, em 1958, que Os Cariocas tiveram o merecido reconhecimento. No encarte de *A Bossa Dos Cariocas*, Severino resume o trajeto do conjunto até então: "Aprendi a esperar pela segunda vez na vida. Sentíamos que o grupo era avançado para a época. Para vencermos teríamos de fazer concessões que nunca fizemos. Esperamos a aurora da bossa-nova e, finalmente, ela chegou, radiante".

*Radamés Gnatalli*
Maestro, pianista e compositor gaúcho, nascido em 1906 e falecido em 1988, que desempenhou uma função importantíssima na história da MPB no século XX. Entre seus principais trabalhos estão o revolucionário arranjo para "*Copacabana*", gravado por Dick Farney em 1946, e a organização do inovador conjunto de choro Camerata Carioca, em 1979.

*Rádio Nacional*
Emissora de rádio estatal, criada em 1936 no Rio de Janeiro, que se tornou o maior, mais importante e mais representativo pólo difusor de música brasileira da primeira metade do século XX.

*Ismael Neto*
Cantor, compositor e arranjador paraense, nascido em 1925 e falecido em 1956, autor de obras marcantes, como "*Valsa De Uma Cidade*", "*Canção Da Volta*" (ambas com Antônio Maria), e fundador e líder do conjunto Os Cariocas. Ismael possuía uma intuição extraordinária, mas não tinha qualquer tipo de educação musical formal. Conta-se que sua musicalidade espantou até a Radamés Gnatalli, quando este o ouviu construir arranjos de enorme complexidade apenas cantando a linha que cada instrumento deveria fazer.

# A BOSSA E O BALANÇO

1994

Wilson Simonal

FAIXAS

✔ Faixas escolhidas

1. Balanço Zona Sul
*T. Madi*
2. Mangangá
*G. Nunes*
3. Duas Contas
*Garoto*
4. Meu Limão, Meu Limoeiro
*D. P.* adaptado por *Carlos Imperial/J. C. Burle*
5. Carango
*Carlos Imperial/N. Buzar*
6. Mamãe Passou Açúcar Em Mim
*Carlos Imperial*
7. Tem Dó
*Baden Powell/V. de Moraes*
8. Sá Marina
*A. Adolfo/T. Gaspar*
9. Zazueira
*Jorge Ben*
10. Mustang Cor De Sangue
*M. Valle/P. S. Valle*
11. Que Maravilha
*Jorge Ben/Toquinho*
12. País Tropical
*Jorgen Ben*
13. Os Escravos De Jó
*W. Simonal/A. L. Matar*
14. Vesti Azul
*N. Buzar*
15. Nem Vem Que Não tem
*Carlos Imperial*
16. Tributo A Martin Luther King
*W. Simonal/R. Bôscoli*
17. Remelexo
*Caetano Veloso*
18. Nanã
*M. Santos/M. Telles*
19. Lobo Bobo
*C. Lyra/R. Bôscoli*

Warner

## *Os anos dourados de Simonal*

Na contracapa da melhor coletânea de Wilson Simonal, *A Bossa E O Balanço* (1994), **Ronaldo Bôscoli** transcreve e endossa a observação de sua ex-esposa Elis Regina sobre o cantor: "Esse cara canta qualquer gênero musical com o maior talento!". De fato, o cantor saía-se bem em tudo o que cantava, desde "*Duas Contas*", uma antiga composição de Garoto, até "*País Tropical*", de seu contemporâneo Jorge Ben. O simpaticíssimo Simonal foi revelado pelo produtor e compositor **Carlos Imperial** quando cantava rock na noite carioca. Pouco depois, aproximou-se da bossa-nova e transformou o estilo com sua voz forte e suingada. Porém, a bossa também mudou Simonal, que modernizou seu canto e aprendeu uma série de macetes jazzísticos, aprimorando muito o seu fraseado e a sua colocação de voz. Simonal também aprendeu como se portar no palco, o que foi fundamental para o desenvolvimento de sua impressionante habilidade para cativar platéias. Das noites de bossa surgiu seu primeiro êxito: *Balanço Zona Sul*, gravado em 1963. Seu LP seguinte manteve a mesma linha e obteve bastante repercussão com uma boa releitura de "*Lobo Bobo*" e um imbatível registro de "*Nanã*". Em 1965, o já prestigiado Simonal foi convidado para apresentar uma atração semanal na televisão, o *Show em Si... monal*, através da qual passou à condição de grande astro do show-bis brasileiro. Foi nessa época que o cantor começou a diminuir o peso da bossa-nova em seu repertório em favor de canções mais chegadas ao pop – a exemplo das populares "*Mamãe Passou Açúcar Em Mim*", "*Vesti Azul*" e "*Meia Volta (Ana Cristina)*" –, o que motivou reclamações de bossa-novistas. Porém, suas interpretações continuavam tão saborosas, que venceram quaisquer resistências. Além disso, Simonal contava com o apoio do sofisticado **Som Três**, que lhe garantia arranjos e acompanhamentos excelentes. Nesse período, deslizando com maestria nas levadas suingadas e originais do Som Três (misturas de bossa-nova, **baião** e samba com rock e outros ritmos estrangeiros), o cantor consolidou uma forma de interpretação bastante pessoal, unindo o fraseado jazzístico ao balanço arrastado dos sambistas cariocas, batizada de 'pilantragem'. Desta, são ótimos exemplos as faixas "*Carango*" e "*Nem Vem Que Não Tem*". Simonal sabia 'ler' o desejo do público como poucos. Isso se comprova tanto na seleção de seu repertório – que tinha números deliciosos como "*Mangangá*", "*Mustang Cor De Sangue*" e "*Sá Marina*" –, quanto no sucesso que teve com inusitadas versões para temas de domínio público, a exemplo "*Meu Limão, Meu Limoeiro*" e "*Os Escravos De Jó*". Wilson Simonal era, talvez, a maior estrela da MPB de seu tempo, mas, de um dia para outro, em 1971, viu sua carreira naufragar ao ser acusado de colaborar com os instrumentos de repressão da **ditadura militar** que governava o Brasil. Esse caso – em que o cantor, provavelmente, era inocente – nunca foi esclarecido, mas o fato é que ele nunca mais se reergueu, tendo falecido infeliz, sem fama e sem dinheiro, em 2000.

*Ronaldo Bôscoli*
Produtor musical e letrista consagrado pela bossa-nova. Bôscoli (1928-1994) assina clássicos como "*O Barquinho*" e "*Lobo Bobo*".

*Carlos Imperial*
Compositor e produtor musical capixaba, nascido em 1935 e falecido em 1992, que se destacou pelo incentivo à jovem-guarda e por ter revelado Roberto Carlos e Wilson Simonal.

*Som Três*
Trio liderado por César Camargo Mariano (piano) que tinha também os competentes Toninho Pinheiro (bateria) e Sabá (contrabaixo), ex-integrantes do Jongo Trio. O Som Três acompanhou Wilson Simonal na sua fase de maior sucesso (de 1965 a 1971) e depois se dissolveu.

*Baião*
Canto e dança de ritmo binário, originário do interior do nordeste brasileiro, popularizado em âmbito nacional por Luiz Gonzaga.

*Ditadura Militar*
A ditadura militar instaurada em 1964, no Brasil, perdurou até 1985, tendo um histórico de intervenções brutais na arte brasileira, e entra elas, alguns destaques: a imposição de censura sobre todas as obras que, de alguma maneira, criticassem seu regime político; a perseguição, o aprisionamento e o exílio dos seus opositores; o incentivo às composições de cunho nacionalista.

# A RAINHA DA VOZ

1997

Dalva de Oliveira

FAIXAS

✔ Faixas escolhidas

1. Ave-Maria No Morro
*H. Martins*
2. Brasil
*B. Lacerda/A. Cabral*
3. Palhaço
*O. Martins/N. Cavaquinho/ Washington*
4. Tudo Acabado
*J. Piedade/O. Martins*
5. Que Será?
*M. Pinto/M. Rossi*
6. Zum-Zum
*F. Lobo/P. Soledade*
7. Estrela Do Mar
*M. Pinto/P. Soledade*
8. Kalu
*H. Teixeira*
9. Teu Castigo
*T. Jobim/N. Mendonça*
10. Neste Mesmo Lugar
*A. Cavalcanti/K. Caldas*
11. O Dia Que Me Queiras
*C. Gardel/A. Le Pera –* versão *H. Barbosa*
12. Máscara Negra
*Z. Kéti/P. Matos*
13. Bom Dia
*H. Martins/A. Cabral*
14. João Ninguém
*N. Rosa*
15. Tem Mais Samba
*Chico Buarque*
16. Bandeira Branca
*M. Nunes/L. Alves*

EMI

## *Brilha a estrela Dalva*

Até os anos 40, o Brasil prestigiava pouco as vozes femininas (talvez, só a estrela Carmen Miranda e as populares Aracy Cortes e Aracy de Almeida sejam exceções representativas à tradição masculina que imperava). O sucesso arrasador que a paulista Dalva de Oliveira (1917-1972) conseguiu a partir de 1942 simboliza a abertura das portas da MPB para as cantoras, que, desde então, passaram a ocupar um lugar importantíssimo no cenário musical do país. Em 1997, Dalva recebeu uma belíssima homenagem do seu amigo (e fã!) **Hermínio Bello de Carvalho**, que produziu uma bela coleção de 4 CDs com as gravações mais importantes de sua trajetória, abrangendo desde alguns dos seus primeiros registros (como "*Brasil*", de 1939, com participação de **Francisco Alves**) até o último sucesso ("*Bandeira Branca*", de 1972). Ainda muito nova, Dalva de Oliveira cantava nas **serestas** a que seu pai, deslumbrado com sua voz bonita e afinada, costumava levá-la. Alguns elementos típicos do canto seresteiro marcaram seu estilo por toda a vida: a impostação de voz carregada, o gosto pelos floreios vocais e o pendor para um cancioneiro de temática lírico-amorosa. Uma de suas maiores características também foi cultivada desde a infância: a facilidade com que atingia os sons mais agudos e o bom uso que fazia deles. Dalva se profissionalizou em 1935, quando foi contratada para cantar na Rádio Ipanema, do Rio de Janeiro. Um ano depois, conheceu o homem que, segundo ela, a descobriu "para a vida e para a arte", **Herivelto Martins**, seu futuro marido, que formava com Nilo Chagas a dupla Branco e Preto. Logo a cantora começou a se apresentar ao lado deles e, pouco depois, formaram o histórico Trio de Ouro, que, com essa formação, durou de 37 a 50, lançando enormes sucessos, a exemplo de "***Ave Maria No Morro***" (1942) e "*Segredo*" (1947). Em 1950, Dalva separou-se de Herivelto e partiu para uma bem-sucedida carreira solo, inicialmente marcada pela grande polêmica musical que travou com o ex-marido, na qual ambos 'lavaram a roupa suja' do casamento desfeito (Herivelto usou músicas como "*Caminho Certo*", "*Teu Exemplo*", "*Consulta teu Travesseiro*"; Dalva retrucou com "*Errei, Sim*", "*Calúnia*", "*Fim de Comédia*" e outras). Embora nesta polêmica Dalva tenha saído muito mais ferida do que seu antigo parceiro, sua popularidade só cresceu durante os anos 50, quando, no auge, teve ótima repercussão com "*Olhos Verdes*", "*Estrela Do Mar*", "*Kalu*", "*Neste Mesmo Lugar*" e outras gravações. Em meados da mesma década, porém, a cantora foi, aos poucos, se afastando do Brasil e de seu público, aventurando-se em empreitadas internacionais. A distância, somada às bruscas transformações ocorridas na MPB com o surgimento da bossa-nova, em 1958, fez com que Dalva de Oliveira já não fosse tão prestigiada na década seguinte. Ainda assim, Dalva conseguiu manter seu trabalho artístico e emplacar novos sucessos, como "*Máscara Negra*", até 1965, quando sofreu o gravíssimo acidente automobilístico que representou o fim de sua melhor fase.

*Hermínio Bello de Carvalho*
Poeta, compositor e produtor musical carioca, nascido em 1935. É co-autor de "*Alvorada*" (com Cartola), "*Timoneiro*" (com Paulinho da Viola) e outros sucessos.

*Francisco Alves*
Famosíssimo cantor e compositor carioca, nascido em 1898 e falecido em 1952. Lançou grandes clássicos da música popular brasileira, a exemplo de "*Fita Amarela*" (de Noel Rosa) e "*Na Virada da Montanha*" (de Ary Barroso e Lamartine Babo).

*Seresta*
Antiga tradição urbana, vinda de Portugal nos primeiros anos de colonização, que consiste na execução musical coletiva, geralmente com canto e acompanhamento, de um repertório lírico-amoroso ao ar livre (preferencialmente à noite e sob a janela de uma pessoa a quem se quer bem).

*Herivelto Martins*
Prestigiado cantor compositor fluminense, cujo repertório se concentra em marchinhas, sambas e sambas-canção, nascido em 1912 e falecido em 1992. "*Ave-Maria No Morro*", "*Praça Onze*" (com Grande Otelo) e "*Cabelos Brancos*" (com Marino Pinto) são alguns dos seus maiores sucessos.

*Ave-Maria No Morro*
Música que projetou o Trio de Ouro, mas, principalmente, a figura da solista Dalva de Oliveira. Historicamente, essa música marca a ascensão das cantoras na MPB e o início do segundo ciclo do samba-canção no Brasil, caracterizado pela sensível influência rítmica/temática do bolero e harmônica/melódica da música norte-americana.

# A VOZ E O VIOLÃO

1976

Djavan

FAIXAS

1. Flor de Lis
*Djavan*
2. Na Boca Do Beco
*Djavan*
3. Maçã Do Rosto
*Djavan*
4. Pára-Raio
*Djavan*
5. E Que Deus Ajude
*Djavan*
6. Quantas Voltas Dá O Meu Mundo
*Djavan*
7. Maria Das Mercedes
*Djavan*
8. Embola A Bola
*Djavan*
9. Fato Consumado
*Djavan*
10. Magia
*Djavan*
11. Ventos Do Norte
*Djavan*

Som Livre

## *Consagração lenta, mas inquestionável*

Djavan foi uma das mais gratas revelações da MPB no período que sucedeu o auge dos **festivais de MPB**. Nascido em Alagoas, Djavan teve uma formação musical autodidata que combinava as sonoridades regionais do nordeste brasileiro à variada produção dos grandes centros urbanos e à música estrangeira – principalmente o rock dos Beatles, que dominava o repertório do primeiro conjunto profissional que formou para animar bailes e festas em sua terra. Em 1973, recém chegado no Rio de Janeiro, onde sonhava ter seu trabalho reconhecido, foi contratado para cantar na noite e permaneceu nesse ambiente até que teve a sua primeira grande chance, dois anos depois, num festival televisivo. Neste, conquistou o segundo lugar com seu bom samba "*Fato Consumado*". Tal resultado abriu-lhe as portas da gravadora Som Livre, que, em 1976, lançou o célebre Lp *A Voz, O Violão E, A Arte De Djavan* (reeditado em CD como *A Voz E O Violão*). Afora tocar violão com bastante desenvoltura, o estreante Djavan era também um primoroso cantor, exuberante nas improvisações e dono de uma voz afinadíssima e de suingue irresistível. Na composição, ele era ainda mais brilhante, apresentando peças interessantíssimas, tanto ritmicamente, quanto melódica e harmonicamente. Ainda por cima, tinha a felicidade de ter desenvolvido uma poética interessante, madura e muito pessoal. O lançamento tinha tudo para conseguir grande repercussão, mas não teve – a verdade é que, nem sempre, um álbum histórico, como esse, é reconhecido imediatamente. A crítica e o público receberam-no de maneira fria e, somente a custa de muito esforço, a faixa "*Flor De Lis*", um samba moderno e muito bem estruturado, foi se tornando um sucesso nacional. Outras canções, a exemplo da brilhante "*Maria Das Mercedes*", seguiram esse mesmo caminho de êxito tardio, e, pouco a pouco, o tempo consagrou toda a obra. Embora *A Voz E O Violão* seja quase todo preenchido por sambas, há também canções que exploram gêneros diferentes, como o **baião** "*Maçã Do Rosto*", que evoca a memória de Luiz Gonzaga, e a belíssima **toada** "*Quantas Voltas Dá O Meu Mundo*". O romantismo, que se tornaria uma marca de Djavan, também aparece no disco, sobretudo em "*Ventos Do Norte*". Quem ouve o sofisticado encadeamento de acordes usado por Djavan em "*Na Boca Do Beco*" e em outras faixas percebe o quanto ele foi influenciado pela bossa-nova. Djavan também deixa evidente à primeira audição a influência que recebeu dos **emboladores** nordestinos, exemplar em "*E Que Deus Ajude*", "*Pára-Raio*" e no refrão de "*Embola A Bola*". Ainda que seu primeiro trabalho não tenha obtido grande projeção, Djavan colheu bons frutos, pois sua música chegou a intérpretes de destaque, como Maria Bethânia e Nana Caymmi, que passaram a gravar suas composições e a divulgar seu nome no Brasil inteiro. Aliás, algumas das canções de *A Voz E O Violão* tiveram reinterpretações memoráveis, a exemplo das que Leny Andrade e Romero Lubambo fizeram para "*Muito Obrigado*" e "*Embola A Bola*" no CD *Coisa Fina*, de 1994.

*Festivais de MPB*
Os festivais musicais de televisão, que premiavam compositores e intérpretes, tiveram grande repercussão e importância na segunda metade década de 60, reunindo artistas das mais variadas tendências e revelando nomes como Caetano Veloso, Chico Buarque, Edu Lobo, Elis Regina, Gilberto Gil, e muitos outros.

*Baião*
Canto e dança de ritmo binário, originário do interior do nordeste brasileiro, popularizado em âmbito nacional por Luiz Gonzaga.

*Toada*
Nome genérico dado a canções curtas, de temática amorosa e lírica – às vezes, cômica –, de origem predominantemente rural encontradas em todo o território nacional, com características diferentes de região para região.

*Embolada*
Forma poético-musical nordestina em que o cantor quase declama os versos – muito rapidamente –, fazendo as palavras soarem 'emboladas'. Ocorre sob ritmos variados.

# ACABOU CHORARE

1972

Os Novos Baianos

1. Brasil Pandeiro
*Assis Valente*
2. Preta Pretinha
*M. Moreira/L. Galvão*
3. Tinindo Trincando
*M. Moreira/L. Galvão*
4. Swing De Campo Grande
*P. Boca de Cantor/M. Moreira/L. Galvão*
5. Acabou Chorare
*M. Moreira/L. Galvão*
6. Mistério Do Planeta
*M. Moreira/L. Galvão*
7. A Menina Dança
*M. Moreira/L. Galvão*
8. Besta É Tu
*P. Gomes/M. Moreira/L. Galvão*
9. Um Bilhete Para Didi
*M. Moreira/L. Galvão*
10. Preta Pretinha
*M. Moreira/L. Galvão*

Som Livre

## *Música nova e vida novas aos anos 70*

Os Novos Baianos, com uma rica mistura de rock e ritmos regionais brasileiros, foi um grupo fundamental para a definição dos traços da MPB dos anos 70. O núcleo principal do conjunto era, inicialmente, Moraes Moreira, Luiz Galvão, Paulinho Boca de Cantor e Baby Consuelo. A eles, somaram-se alguns bons instrumentistas (a exemplo do guitarrista Pepeu Gomes, do baterista e cavaquinista Jorginho Gomes e do contrabaixista Dadi), que, além de participar de sua música, aderiram ao seu singular modo de vida – no final dos anos 60, em plena efervescência do movimento hippie, o grupo seguia uma filosofia alternativa em que todos faziam música e moravam juntos. Essa vivência coletiva permitiu uma intensa troca de idéias, sendo decisiva para a originalidade e a coesão da estética do conjunto, um tanto inspirada no experimentalismo sonoro do **tropicalismo**. *Acabou Chorare*, o segundo e principal álbum do grupo, é o maior exemplo da qualidade e ousadia que o celebrizou. É um disco impecável sob qualquer ponto de vista, pois a poética inovadora e brejeira de Galvão, marcada pela livre associação de imagens e pelo largo uso de neologismos, foi complementada à altura pela espantosa musicalidade do conjunto, mas, sobretudo, de Moraes, seu principal parceiro.

Outro elemento que influiu bastante na confecção dessa obra-prima foi o contato íntimo que os Novos Baianos vinham tendo com o mestre bossanovista João Gilberto. João, que já havia se encantado com a música e o modo de vida dos rapazes, passou a visitá-los diariamente assim que os conheceu. Sempre com o violão em mãos, João fez com que os Novos Baianos começassem a dar maior atenção aos clássicos da música brasileira e, em especial, aos grandes sambistas do passado. Sua influência é percebida diretamente em duas canções: a bossanovista "*Acabou Chorare*" e o samba "*Brasil Pandeiro*" (de **Assis Valente**, que o próprio João lhes apresentou). Indiretamente, João também se faz presente nos outros dois sambas do disco, os excelentes "*Swing de Campo Grande*" e "*Besta É Tu*". As faixas "*Tinindo Trincando*" e "*A Menina Dança*" lembram a outra grande influência do grupo: o rock, ou, mais especificamente, o rock de Jimi Hendrix (o maior ídolo do então jovem, mas já competente, Pepeu). A interessante "*Mistério Do Planeta*" também lembra a música de Hendrix, mas em suas composições em compasso ternário. Nela, o suingado violão de Moraes mostra um balanço inquestionavelmente brasileiro e chama a atenção para sua pouco comentada qualidade como instrumentista. Há, também, um belo **baião** instrumental, "*Um Bilhete Para Didi*", em que a guitarra e o cavaquinho dos irmãos Pepeu e Jorginho dão um show à parte. Curiosamente, o maior sucesso do disco não é rock nem samba, mas uma **moda** inspirada em versos tradicionais da **cana-verde**: Preta Pretinha. Essa música encantou o Brasil e ajudou a impulsionar o sucesso das demais, que, sem exceção, se tornaram conhecidíssimas. Os Novos Baianos separaram-se em 1978 e, tirando Moraes Moreira, nenhum deles conseguiu repetir, sozinho, o brilho dos anos dourados do conjunto.

*Assis Valente*
Compositor baiano, nascido em 1911 e falecido em 1958, que ganhou fama ao ter seus sambas gravados por Carmen Miranda, que veio a ser sua principal intérprete.

*Baião*
Canto e dança de ritmo binário, originário do interior do nordeste brasileiro, popularizado em âmbito nacional por Luiz Gonzaga.

*Moda*
Nome genérico que, em Portugal, significava canto, melodia ou música, mas que, no Brasil, passou a designar mais especificamente as canções rurais.

*Cana-Verde*
Canto e dança do interior do sudeste e centro-oeste brasileiro. Era inicialmente dançado em roda e composto apenas por estrofes cantadas (muitas vezes improvisadas), sem refrão.

FAIXAS

1. Serenata
*Silvio Caldas/O. Barbosa*
2. Da Cor Do Pecado
*Bororó*
3. Sorris Da Minha Dor
*P. Medeiros*
4. Maria
*Ary Barroso/L. Peixoto*
5. Pra Que Mentir?
*Noel Rosa/Vadico*
6. Florisbela
*A. Nássara/Frazão*
7. Promessa
*C. Mesquita/E. Ruy*
8. Mulher
*C. Mesquita/S. Cabral*
9. Deusa Da Minha Rua
*J. Faraj/N. Teixeira*
10. Na Baixa Do Sapateiro
Ary Barroso
11. Velho Realejo
*C. Mesquita/S. Cabral*
12. Como Os Rios Que Correm Pro Mar
*C. Mesquita/E. Ruy*
13. Rancho Fundo
*L. Babo/Ary Barroso*
14. Chão De Estrelas
*Silvio Caldas/O. Barbosa*

BMG

# ACERVO ESPECIAL: SILVIO CALDAS

1993

Sílvio Caldas

## *Tradição e inovação mescladas com elegância*

A trajetória do carioca Silvio Caldas (1908-1998) se mistura à história da chamada "Era de Ouro" da música brasileira, que abarca o período entre o início dos anos 30 e os primeiros anos da década de 50. Foi nessa época que, impulsionados pela popularização do rádio e dos inovadores discos produzidos pelo sistema elétrico de gravação, os envolvidos com a música popular brasileira se profissionalizaram e protagonizaram o primeiro grande "boom" musical a que o país assistiu. Em meio a gente brilhante, como Carmen Miranda, Noel Rosa e Dorival Caymmi, Silvio Caldas conseguiu alcançar o estrelato e atravessar toda a Era de Ouro com enorme sucesso, tornando-se uma referência obrigatória para o conhecimento da MPB. O volume *Silvio Caldas* da coletânea *Acervo Especial*, embora editado sem referência a datas, sem créditos para músicos participantes e arranjadores, sem o mínimo de informações necessário para um melhor desfrute das obras históricas que contêm, reflete bem a qualidade desse célebre artista. O disco traz canções importantíssimas, a exemplo das clássicas "*Chão de Estrelas*" e "*Serenata*" (de Silvio Caldas e **Orestes Barbosa**), em sua maioria, registradas nos anos 30 e

40, época de maior popularidade do artista. O repertório concentra-se na face **seresteira**, com as valsinhas "*Sorris Da Minha Dor*" e "*Deusa Da Minha Rua*" e outras peças sentimentais - sua especialidade - ainda que também tivesse balanço de sobra para se destacar interpretando canções mais agitadas, como a conhecida marchinha carnavalesca "*Florisbela*" ou o belo samba "*Pra Que Mentir?*", lançadas no final dos anos 30. Sua voz elegante - um pouco mais suave, mas mesmo assim bastante identificada com os altissonantes padrões estéticos de seu tempo – registrou criações próprias e de alguns dos maiores compositores de seu tempo, como **Ary Barroso** e **Custódio Mesquita**. De Ary, um grande incentivador de sua carreira, o disco traz as marcantes "*Maria*", apresentada ao público por ele em 1933, e "*Na Baixa Do Sapateiro*" e "*Rancho Fundo*", gravadas antes por outros intérpretes. O avançadíssimo Custódio Mesquita, por sua vez, assina quatro lindas faixas que, aliás, estão entre suas obras mais conhecidas: "*Promessa*", "*Mulher*", "*Velho Realejo*" e "*Como Os Rios Que Correm Pro Mar*". Essas faixas fazem notar que, durante a Era de Ouro, Silvio Caldas foi um dos cantores mais abertos às inovações melódicas e harmônicas que Custódio e outros autores empregavam na música brasileira. Outro exemplo disso é o samba "*Da Cor Do Pecado*" (de Bororó), gravado por ele em 1939, que trazia no final de sua segunda parte uma modulação para meio tom acima, então completamente inusitada para a música brasileira. A coletânea *Acervo Especial* comprova que Sílvio Caldas teve o raríssimo mérito de representar bem, e simultaneamente, as principais características musicais de sua época e parte das tendências modernizadoras que já prenunciavam uma era futura.

*Orestes Barbosa*
Poeta, escritor e compositor carioca, nascido em 1893 e falecido em 1966, é co-autor de "*Serenata*", "*Chão De Estrelas*" (ambas com Sílvio Caldas) e "*A Mulher Que Ficou Na Taça*" (com Francisco Alves), entre outros sucessos.

*Seresta*
Antiga tradição urbana, vinda de Portugal nos primeiros anos de colonização, que consiste na execução musical coletiva, geralmente com canto e acompanhamento, de um repertório lírico-amoroso ao ar livre (preferencialmente à noite e sob a janela de uma pessoa a quem se quer bem).

*Ary Barroso*
Pianista e compositor memorável da música brasileira, nascido em 1903 e falecido em 1964, autor dos clássicos "*Aquarela Brasileira*", "*É Luxo Só*", "*Morena Boca De Ouro*" e "*Rancho Fundo*", entre outras.

*Custódio Mesquita*
Compositor e maestro carioca, nascido em 1910 e falecido em 1945, criador de melodias e harmonias bastante modernas – que, inclusive, foram um referência importantíssima para a bossa-nova -, a exemplo de "*Noturno Em Tempo De Samba*" e "*Mulher*".

FAIXAS

✔ Faixas escolhidas

1. Mateus Enter
*C. Science & Nação Zumbi*
2. O Cidadão Do Mundo
*C. Science & Nação Zumbi/ E. Bidlovski*
3. Etnia
*C. Science/L. Maia*
4. Quilombo Groove
*C. Science & Nação Zumbi*
5. Macô
*C. Science/J. du Peixe/ E. Bidlovski*
6. Samba Do Lado
*C. Science & Nação Zumbi*
7. Maracatu Atômico
*Jorge Mautner/N. Jacobina*
8. O Encontro De Isaac Asimov Com Santos Dumont No Céu
*C. Science/J. du Peixe/ H.D.Mabuse*
9. Corpo De Lama
*C. Science/J. du Peixe/ Dengue/L. Maia/Gira*
10. Sobremesa
*C. Science & Nação Zumbi*
11. Manguetown
*C. Science/L. Maia/Dengue*
12. Baião Ambiental
*L. Maia/Dengue/Gira*
13. Sangue De Bairro
*C. Science & N. Zumbi/ Ortinho*
14. Enquanto O Mundo Explode
*C. Science & Nação Zumbi*
15. Interlude Zumbi
*C. Science/Bola 8/Gira/T. Ogam*
16. Criança De Domingo
*C. Volpato/R. Salvagni*
17. Amor De Muito
*C. Science & Nação Zumbi*
18. Samidarish
*L. Maia/Dengue*

Caos (Sony)

# AFROCIBERDELIA

1996

## Chico Science & Nação Zumbi

*"Pernambuco embaixo dos pés e a mente na imensidão..."*

Dentre os muitos talentos revelados pela MPB nos anos 90, o originalíssimo grupo Chico Science & Nação Zumbi merece destaque especial. Criado no início da década, o conjunto foi o maior símbolo do Mangue Beat, um movimento importante da MPB, embora efêmero – teve seu auge entre 93 e 97 –, nascido em Recife, Pernambuco. Idealizador da banda e do movimento, o cantor e compositor Chico Science foi movido pela vontade de reciclar os diversos ritmos tradicionais de seu estado – como o **maracatu**, o **coco** e o **baião**, que, em geral, estavam à margem do cenário da música brasileira –, misturando-os com influências contemporâneas do universo pop internacional, a exemplo do rock, do funk, do rap e do hardcore. O movimento Mangue Beat, baseado numa derivação dessa proposta musical, representava uma ousada aplicação de seus princípios a toda a produção cultural brasileira. Para comunicar suas idéias, Chico Science e seu grupo esboçaram uma verdadeira mitologia do subdesenvolvimento a partir dos caranguejos, urubus e demais formas de vida dos manguezais. O mangue, ecossistema conhecido por sua extrema fertilidade, tem esse significado no imaginário organizado por Chico, e, além disso, representa a periferia, a área desprezada e miserável da cosmopolita Recife – e, por extensão, das cidades do terceiro mundo. Sua arte se situou entre a riqueza e a fertilidade do solo musical brasileiro e a vontade de partilhar dos bens tecnológicos – gerados pela (e para) a cultura global –, aos quais pouquíssimos artistas do terceiro mundo têm acesso. Essa confluência entre o regional e o mundial está explicita, por exemplo, na saborosa fusão de tambores tribais a guitarras distorcidas e computadores de última geração, que marcou sua música. O Mangue Beat teve seu momento de maior maturidade e repercussão no segundo CD de Chico Sciense & a Nação Zumbi: *Afrociberdelia* (1996). Com ele, o conjunto emplacou uma série de hits nos meios 'alternativos' – entre eles "*Manguetown*", "*Sangue De Bairro*" e o maior de todos: a regravação de "*Maracatu Atômico*" – e levou suas idéias para um público que vai muito além da fronteira brasileira. A inventividade de Chico Sciense pode ser exemplificada pela faixa "*O Cidadão Do Mundo*", que combina rap com **embolada** no canto; o funk com o maracatu, no ritmo; e a execução normal da música com **samples** de canções de Jorge Ben, Caetano Veloso e Gilberto Gil (que, aliás, participa do disco na ótima "*Macô*"). Por buscar a consolidação de uma vanguarda cultural, a poética de Chico Science mistura palavras de ordem, típicas de um manifesto, a versos que pendem para o surrealismo. Nesse sentido, seu trabalho reflete a profunda influência que recebeu das primeiras obras tropicalistas. Do ponto de vista instrumental, o que mais chama a atenção é a poderosa percussão usada e as ótimas intervenções do competente guitarrista Lúcio Maia. A morte prematura de Chico Science, em 1997, roubou da música brasileira uma vigorosa brisa renovadora.

*Maracatu*
Ritmo binário rural de Pernambuco, de forte caráter percussivo, cuja origem é, predominantemente, africana.

*Coco*
Ritmo binário tradicional do nordeste brasileiro. Acredita-se que sua origem esteja nos cantos e batuques dos escravos negros.

*Baião*
Canto e dança de ritmo binário, originário do interior do nordeste brasileiro, popularizado em âmbito nacional por Luiz Gonzaga.

*Embolada*
Forma poético-musical nordestina em que o cantor quase declama os versos – muito rapidamente –, fazendo as palavras soarem 'emboladas'. Ocorre sob ritmos variados.

*Sample*
Enxerto feito em estúdio de gravações alheias numa música.

# ALDEIA
1996

## Banda Mantiqueira

FAIXAS

1. Linha De Passe
*J. Bosco/A. Blanc/P. Emílio*
2. À Procura
*N. Proveta*
3. Seis No Choro: Pedacinhos Do Céu/Chorando Baixinho/ Tico-Tico No Fubá/1x0/ Apanhei-te, Cavaquinho
*W. Azevedo/A. Ferreira/Z. de Abreu/Pixinguinha e B. Lacerda/E. Nazaré*
4. Carinhoso
*Pixinguinha/João de Barro*
5. Insensatez
*T. Jobim/V. de Moraes*
6. Cubango
*E. J. Alves*
7. Aldeia
*N. Proveta*

Pau Brasil

### *O "Time dos Sonhos" da música instrumental brasileira*

No final de 1991, nasceu em São Paulo a brilhante Banda Mantiqueira, que se tornou um sinônimo de qualidade e inventividade na música instrumental do Brasil. Liderada pelo excelente compositor, músico e arranjador Naylor Proveta, a banda reúne um time de altíssima categoria: Cacá Malaquias (sax tenor e flauta), Vítor de Alcântara (sax tenor, sax soprano e flauta), Maurício de Souza (sax Barítono, flauta e piccolo), François de Lima (trombone de válvula e vocalise), Valdir Ferreira (trombone de vara), Nahor Gomes (trompete e flugel-horn), Walmir Gil (trompete e flugel-horn), Odésio Jericó (trompete e flugel-horn), Jarbas Barbosa (guitarra e violão), Edson José Alves (contrabaixo elétrico, guitarra e arranjos), Lelo Yzar (bateria) e Fred Prince (percussão). Ainda que sua formação não seja a mais típica de uma *jazz big band*, a Mantiqueira tem na sonoridade das bandas norte-americanas dos anos 30 e 40 sua mais importante referência, seguindo a trilha aberta pela célebre **Orquestra Tabajara**, mas modernizada e acrescida de outros elementos recolhidos na rica tradição musical brasileira. *Aldeia* (1996), seu álbum de estréia, é surpreendente. O repertório traz uma coleção de jóias da MPB, combinando composições próprias, como "*À Procura*" e "*Aldeia*" (de Proveta), e obras de autores já consagrados, como "*Linha de Passe*", (de João Bosco, um dos maiores incentivadores da Mantiqueira, Aldir Blanc e Paulo Emílio) e os **choros** clássicos do pot-pourri "*Seis no Choro*": "*Pedacinhos do Céu*" (de Waldir Azevedo), "*Chorando Baixinho*" (de Abel Ferreira), "*Tico-Tico No Fubá*" (de Zequinha de Abreu), "*1x0*" (de Pixinguinha e Benedicto Lacerda), e "*Apanhei-te, Cavaquinho*" (de Ernesto Nazaré). Proveta, autor da maior parte dos arranjos, une notavelmente a arte dos maestros norte-americanos – nas harmonias dissonantes, no espaço dado para a improvisação e na bela e complexa trama sonora dos metais – à linguagem musical brasileira, em seu aspecto rítmico e melódico, mas também harmônico. Exemplos disso são a versão de "*Insensatez*", que traz a reminiscência das antigas **bandas de música** na forma como conduz a modulação para o 4° grau da escala na re-exposição do tema, e "*Seis No Choro*", que, em alguns momentos, parece transportar o ouvinte para o coreto de uma pracinha interiorana. As duas faixas arranjadas por Edson José Alves, "*Carinhoso*" e "*Cubango*" também são de grande interesse: a primeira, por partir para um corajoso improviso sobre uma melodia histórica; a segunda, por sinalizar para a impressionante afinidade que existe entre a música brasileira e caribenha em seu flerte com o chamado latin jazz. Muitas vezes, a cidade de São Paulo é acusada de ser "aculturada", devido à grande influência que recebeu de culturas estrangeiras, e, sobretudo, da norte-americana. A Mantiqueira mostra, contudo, que os artistas paulistas (e brasileiros, em geral) são capazes de assimilar e transformar sensivelmente essa influência, criando uma música ímpar, em tudo bela e original.

*Orquestra Tabajara*
Orquestra de inspiração jazzística, fundada em João Pessoa (PB) em 1933 e comandada pelo maestro Severino Araújo desde 1938, que ficou caracterizada por sua ótima adaptação do repertório nacional à maneira de se conceber arranjos da música norte-americana.

*Choro*
Gênero musical (inicialmente instrumental) surgido na segunda metade do século XIX cuja linguagem é resultado do abrasileiramento das danças de salão européias, sobretudo, a polca.

*Banda de Música*
Formação instrumental, de origem européia, que reúne apenas sopros e percussão. Apareceu no Brasil em meados do século XIX e foi responsável por uma verdadeira revolução por seu amplo uso de metais, por ter aberto espaço para o repertório de choro e por ter popularizado uma música mais organizada e sofisticada do que as pequenas – e elitistas – orquestras de sua época.

# ALFAGAMABETIZADO

1996

Carlinhos Brown

FAIXAS

1. Angel's Robot List
*Carlinhos Brown*
2. Pandeiro-Deiro
*Carlinhos Brown*
3. Covered Saints
*Carlinhos Brown*
4. Cumplicidade De Armário
*Carlinhos Brown*
5. Argila
*Carlinhos Brown*
6. Tour
*Carlinhos Brown*
7. Bog La Bag
*Carlinhos Brown/C. Fonseca*
8. O Bode
*A. Tavares/Carlinhos Brown*
9. Comunidade-Lobos
*Carlinhos Brown*
10. Frases Ventias
*Carlinhos Brown*
11. Quixabeira
*domínio público adap. por Carlinhos Brown/B. von der Weid/A. Machado*
12. Seo Zé
*M. Monte/N. Reis/C. Brown*
13. Mares De Ti
*Carlinhos Brown*
14. Zanza
*Carlinhos Brown*
15. A Namorada
*Carlinhos Brown*
16. Vanju Concessa
*Carlinhos Brown*

EMI

## *A pele preta dos tambores baianos*

Carlinhos Brown, com sua musicalidade exuberante e sua marcante postura de exaltação da raça negra, foi a mais perfeita encarnação da estética e da atitude que acompanhavam a axé music – grande fenômeno musical surgido na Bahia nos anos 90. Menino pobre e crescido no bairro do Candeal (que, em outros tempos, foi um quilombo), na periferia da então deteriorada Salvador, começou a trabalhar com música no início dos anos 80, tendo como maior trunfo seu excelente domínio dos complexos ritmos afro-baianos. "Eu tinha a imensa felicidade de ter duas grandes nações africanas, Angola e **Queto**, nas mãos e nas baquetas", disse ele. Em meados da década, já tendo, inclusive, algumas músicas gravadas, foi percussionista da banda de Caetano Veloso, que, pouco mais tarde, viria a lançar seu primeiro grande sucesso: "*Meia Lua Inteira*" (em *Estrangeiro*, 1989). No início dos anos 90, em meio à efervescência cultural que gerou a axé music, o já respeitado músico e compositor acabou se tornando o grande modelo da renovação cultural baiana e, sobretudo, por uma qualidade sua até então pouco explorada: a facilidade para a liderança. Esta, era evidente na criação e no comando do seu prestigiado bloco Timbalada, bem como no seu importante trabalho comunitário na periferia de Salvador e na sua árdua militância anti-racista. No entanto, ao gravar seu primeiro álbum solo, *Alfagamabetizado* (1996), o artista mostrou que sua criatividade e sua competência iam muito além da axé music. Nele convivem os esperados **samba-reggae** (em "*O Bode*") e **afoxé** (em "*Tour*") com canções lentas e líricas, como as belas "*Argila*" e "*Frases Ventias*", ou até agitadas mas bem mais próximas do pop internacional, como a conhecida "*Mares De Tí*" e o hit das pistas de dança "*A Namorada*". Não se pode perder de vista que a excelência de Carlinhos está no vasto conhecimento da música de sua terra. Este fica evidente nas ótimas "*Zanza*" e "*Vanju Concessa*", feitas sobre a batida da **capoeira**, ou na interessante "*Pandeiro-Deiro*", cujos versos remetem às **emboladas** nordestinas. A tônica de "*Alfagamabetizado*" é a experimentação de misturas diferentes, a começar pela instrumentação, que usa de tambores tribais a samples sem perder a unidade sonora. Também a poética empregada se baseia na colagem de elementos dispersos, a exemplo da combinação de diferentes idiomas em "*Covered Saints*" e "*Cumplicidade De Armário*", ou do farto uso de onomatopéias nas letras em "*Bog La Bag*" e outras canções. Tanto por seu trabalho como músico e compositor, quanto por sua personalidade, Carlinhos Brown caiu nas graças de uma parte representativa do meio musical brasileiro. Provas disso são as luxuosas participações especiais do disco: Caetano Veloso, Gilberto Gil, Maria Betânia e Gal Costa juntos na regravação de "*Quixabeira*", um dos seus grandes êxitos carnavalescos, e Marisa Monte na conhecida parceria de ambos com Nando Reis, "*Seo Zé*", de cujos versos saiu o nome do disco *Verde, Anil, Amarelo, Cor-de-Rosa E Carvão*, lançado por Marisa em 1994.

*Queto*
Importante grupo tribal iorubá trazido para o Brasil no começo do século XIX.

*Samba-Reggae*
Ritmo binário criado no final dos anos 80, na Bahia, através da fusão de samba e reggae. É o ritmo mais característico da axé-music, que também explorou bastante o antigo afoxé.

*Afoxé*
Nome dado aos blocos afro, atrações tradicionais do carnaval baiano. É também o nome de um instrumento de percussão e de um vibrante ritmo binário característico de seus desfiles.

*Capoeira*
Misto de dança, jogo e luta criado pelos escravos negros no Brasil. É acompanhada por canto e batuque de mesmo nome feitos em ritmo binário.

*Embolada*
Forma poético-musical nordestina em que o cantor quase declama os versos – muito rapidamente –, fazendo as palavras soarem 'emboladas'. Ocorre sob ritmos variados.

FAIXAS

1. 'S Wonderful
*G. Gershwim/I. Gershwim*
2. Estate
*B. Martino/B. Brighetti*
3. Tin Tin Por Tin Tin
*H. Barbosa/G. Jaques*
4. Besame Mucho
*C. Velasquez/S. Skylar*
5. Wave
*Tom Jobim*
6. Caminhos Cruzados
*Tom Jobim*
7. Triste
*Tom Jobim*
8. Retrato Em Branco E Preto – Zíngaro
*Tom Jobim/Chico Buarque*

WEA

# AMOROSO
1977

João Gilberto

## *Bossa Nova: um patrimônio mundial*

"João atingiu a perfeição de se bastar com uma só idéia, sincopando, desrespeitando o tempo forte do compasso... Passou a vida aperfeiçoando esse estilo e é um modelo de humildade e dedicação". Essas palavras, ditas pelo compositor Tom Zé na ocasião do aniversário de 70 anos de João Gilberto, traduzem o profundo sentimento de admiração e gratidão que grande parte do meio musical brasileiro tem em relação ao maior ícone da bossa-nova. Esse sentimento se justifica, na medida em que foi justamente a bossa-nova, sistematizada por ele no final dos anos 50, que libertou a música brasileira da imagem meramente exótica que tinha no exterior, trocando-a por uma sólida reputação. Se houvesse uma data que sintetizasse essa transformação seria o dia 21 de novembro de 1962, quando ocorreu a apresentação oficial da bossa-nova ao público norte-americano no show histórico do **Carnegie Hall** nova-iorquino. O êxito da apresentação e da performance de João Gilberto no palco levou o artista a fixar residência em Nova Yorque, onde deu seqüência ao trabalho iniciado no Brasil e obteve muito sucesso. Sua estadia na América do Norte, dividida entre os Estados Unidos e o México, durou até 1980 e rendeu gravações importantes, como o memorável álbum ***Getz/Gilberto***, feito com o saxofonista Stan Getz em 1963, e o belo ***Amoroso***, de 1977, aqui selecionado entre os 100 melhores CDs da MPB. *Amoroso* simboliza, ao mesmo tempo, o crescimento artístico de João Gilberto e a maturidade da bossa-nova, criada quase 20 anos antes. Nesse tempo, João aprimorou seu canto – de afinação incrivelmente precisa e rítmica riquíssima –, tornando-o ainda mais introspectivo, econômico e imprevisível, e cuidou de incorporar composições das mais diversas origens ao repertório da bossa-nova. A bossa, ao mesmo tempo, estabeleceu-se rapidamente como um gênero mundial – sintoma disso é o fato de que muitos dos músicos que gravaram o disco não são brasileiros, assim como o excelente maestro **Claus Ogerman**, escolhido para a elaboração dos arranjos – e registrou os seus próprios marcos na memória musical da humanidade, tais como os tesouros de Tom Jobim.Quatro deles foram defendidos muito habilmente em *Amoroso*: "*Wave*", "*Triste*", "*Retrato Em Branco E Preto*" e "*Caminhos Cruzados*". O disco também mostra a impressionante capacidade de João para transformar peças estrangeiras em bossa-nova brasileira, moldando-as ao seu gosto. Isso é evidente nas suas interpretações de clássicos da canção mundial, como a norte-americana "*'S Wonderful*", a italiana "*Estate*" e a mexicana "*Besame Mucho*". Outro ponto alto da obra é a interessante versão bossanovista de "*Tin Tin Por Tin Tin*", um samba que já soara bastante moderno quando lançado pelo grupo vocal Os Cariocas, em 1950. É verdade que o mundialmente aclamado João Gilberto não é uma unanimidade nacional. Porém, qualquer um que ouça com atenção uma obra como *Amoroso*, goste ou não, é obrigado a admitir que o artista consegue uma execução simplesmente irretocável da estética que se propôs.

*Carnegie Hall*
Foi no show do Carnegie Hall que, pela primeira vez, João Gilberto, Tom Jobim, Carlos Lyra, Roberto Menescal e outros artistas da bossa-nova tiveram contato com a platéia do maior centro econômico-cultural do planeta. É bem verdade que alguns músicos inexpressivos também se apresentaram nessa noite, mas impressão deixada pelos bossanovistas, sobretudo por João e Tom, foi muito boa - vale lembrar que nas cadeiras estavam inúmeros profissionais do show-biz e músicos ilustres, a exemplo de Miles Davis, Dizzy Gillespie e Peggy Lee –, tanto que impulsionou decisivamente a bossa-nova no exterior.

*Getz/Gilberto*
Álbum gravado em 1963, mas comercializado apenas em 1964, que vendeu mais de um milhão de cópias e recebeu seis prêmios Grammy.

*Amoroso*
Existe no mercado um CD que contém, numa só edição, os álbuns *Amoroso* (1977) e *Brasil* (1980). É uma ótima opção para quem quiser conhecer um pouco mais do trabalho de João Gilberto.

*Claus Ogerman*
Maestro e arranjador alemão cujo trabalho ficou marcado pelo contato íntimo que manteve com a música brasileira, tendo participado de discos de Tom Jobim e outros artistas.

# ANTÔNIO BRASILEIRO

1994

Tom Jobim

1. Só Danço Samba
*T. Jobim/V. de Moraes*
2. Piano Na Mangueira
*Tom Jobim/Chico Buarque*
3. How Insensitive (Insensatez)
*Tom Jobim/Vinícius de Moraes/N. Gimbel*
4. Querida
*Tom Jobim*
5. Surfboard
*Tom Jobim*
6. Samba De Maria Luíza
*Tom Jobim*
7. Forever Green
*Tom Jobim/P. Jobim*
8. Maracangalha
*Dorival Caymmi*
9. Maricotinha
*Dorival Caymmi*
10. Pato Preto
*Tom Jobim*
11. Meu Amigo Radamés
*Tom Jobim*
12. Blue Train (Trem Azul)
*Lô Borges/R. Bastos/Tom Jobim*
13. Radamés Y Pelé
*Tom Jobim*
14. Chora Coração
*T. Jobim/V. de Moraes*
15. Trem De Ferro
*Tom Jobim/Manuel Bandeira*

Globo/Columbia

## *Uma doce despedida*

*Antônio Brasileiro* chegou às lojas um mês antes do falecimento do maestro Tom Jobim, em dezembro de 1994. Era o fechamento com chave de ouro de uma trajetória longa e vitoriosa. Desde que se decidiu por viver de música, aos 23 anos, quando foi tocar piano na noite carioca, passando por seu importante trabalho na modernização do samba-canção, em meados dos anos 50, e por sua consagração, conquistada na década seguinte, quando levou sua bossa-nova para todo o planeta, Jobim experimentou de tudo, mas somente nesses últimos tempos estava vivendo como sempre quis: tranqüilo, junto à família e pensando em música o dia inteiro. *Antônio Brasileiro* reflete essa serenidade, a começar pelo elenco, integrado por seus amigos, como o violoncelista Jaques Morelenbaum e o flautista Danilo Caymmi, por sua esposa, Ana Lontra, e pelos filhos Paulo, Daniel, Elizabeth e Maria Luíza. Cercado por gente querida, Jobim gravou novas versões para antigos sucessos, como "*Só Danço Samba*", faixa de abertura do disco, e criações mais recentes, como "*Forever Green*" – a ecologia era uma de suas maiores preocupações na época. Há também três belíssimas interpretações de peças alheias: "*Maracangalha*" e "*Maricotinha*", do lendário Dorival Caymmi (que participa da segunda), e "*Trem Azul*", dos compositores mineiros Lô Borges e Ronaldo Bastos. Nesta última, há uma curiosidade: Jobim aparece como co-autor, mas sua intervenção foi apenas traduzir a letra original para a língua inglesa e dar o título "*Blue Train*". A tradução, aliás, se explica pela necessidade de atender aos mercados estrangeiros, sobretudo ao norte-americano, que, desde o show do **Carnegie Hall**, tornou-se o principal consumidor de suas obras. Também pelo mesmo motivo, em *Antônio Brasileiro*, Jobim preferiu abrir mão dos versos originais de Vinícius de Moraes para gravar o clássico "*Insensatez*" em inglês ao lado do pop-star Sting. Associar Jobim à bossa-nova é natural, mas *Antônio Brasileiro* faz lembrar que ele sempre criou com muita desenvoltura em outros ritmos, como o baião (em "*Pato Preto*"), o **foxe** ( em "*Querida*") e a **valsinha** (em "*Chora Coração*", um quase esquecido fruto temporão de sua parceria com Vinícius). Outro lado importante da obra do maestro é a sua vasta e sofisticada produção de temas instrumentais. No disco, foram registrados os excelentes "*Surfboard*", "*Meu Amigo Radamés*" e "*Radamés Y Pelé*" – os dois últimos, como se pode notar, trazem a memória de seu saudoso mestre **Radamés Gnatalli**. Consagrado internacionalmente há mais de 30 anos, Tom Jobim sabia estar acima dos modismos e dos imperativos mercadológicos. Gozando dessa liberdade, incluiu em *Antônio Brasileiro* um samba de agradecimento à Mangueira ("*Piano Na Mangueira*"), que o homenageou no carnaval daquele ano; uma interessante e bem arranjada melodia para o poema "*Trem De Ferro*", de Manoel Bandeira; e até uma canção dedicada à sua filha mais nova, "*Samba De Maria Luiza*", na qual divide o microfone com a própria.

*Carnegie Hall*
Foi no show do Carnegie Hall, em 1962, que, pela primeira vez, João Gilberto, Tom Jobim, Carlos Lyra, Roberto Menescal e outros artistas da bossa-nova tiveram contato com a platéia do maior centro econômico-cultural do planeta. É bem verdade que alguns músicos inexpressivos também se apresentaram nessa noite, mas impressão deixada pelos bossanovistas, sobretudo por João e Tom, foi muito boa – vale lembrar que nas cadeiras estavam inúmeros profissionais do show-biz e músicos ilustres, a exemplo de Miles Davis, Dizzy Gillespie e Peggy Lee –, tanto que impulsionou decisivamente a bossa-nova no exterior.

*Foxe*
Ritmo binário norte-americano utilizado pelos autores brasileiros desde os anos 20.

*Valsinha*
Apropriação brasileira da valsa européia, de muito sucesso de meados dos anos 30 aos 50, caracterizada pela marcação rítmica mais suave do que a da original.

*Radamés Gnatalli*
Maestro, pianista e compositor gaúcho, nascido em 1906 e falecido em 1988, que desempenhou uma função importantíssima na histtória da MPB no século XXC. Entre seus principais trabalhos estão o revolucionário arranjo para "*Copacabana*", gravado por Dick Farney em 1946, e a organização do inovador conjunto de choro Camerata Carioca, em 1979.

# AO VIVO

1989

Joyce

### FAIXAS

1. Feminina
*Joyce*
2. Todos Os Instrumentos
*Joyce*
3. Mistérios
*Joyce/M. Maestro*
4. Pindorama Blues
*Joyce/F. Pinto*
5. Monsieur Binot
*Joyce*
6. Barraco No Metrô
*Joyce*
7. Triste (Tom Jobim)
Inc.: Vivo Sonhando (*Tom Jobim*) e Águas De Março (*Tom Jobim*)
8. Aos Pés Da Cruz
*M. Pinto/Z. da Zilda*
9. Clareana
*Joyce*
10. Capitão
*Joyce/F. Brant*
11. Falando de Uma Revolução
*T. Chapman* – versão: *Joyce*
12. Mulheres do Brasil
*Joyce*
13. Dans Mon Ile/Chanson Douce
*H. G. Salvador/M. Pon/H. G. Salvador*

SBK (EMI)

## *Uma mulher que sonha e faz sonhar...*

Até meados do século XX, o meio musical brasileiro tinha a tradição de acolher melhor os talentos masculinos do que os femininos. Aracy Cortes, Carmen Miranda, Aracy de Almeida e Dalva de Oliveira foram algumas das cantoras de sucesso que começaram a reverter esse quadro. A cantora, compositora e violonista carioca Joyce, surgida anos mais tarde, é mais um marco na luta das mulheres por mais espaço na MPB. O belíssimo disco *Ao Vivo*, de 1989, gravado num teatro do Rio de Janeiro, traz Joyce em ótima fase, apoiada numa banda competente e interpretando um repertório que inclui, desde canções inéditas, até algumas das músicas mais significativas de sua trajetória. Na década de 60, quando Joyce iniciou sua carreira, ainda havia certa desconfiança contra as mulheres, sobretudo quando se "aventuravam" a compor, criar arranjos ou trabalhar como instrumentistas. Joyce, além de cantar maravilhosamente, fazia bem todas essas coisas. Porém, ela só se tornaria uma grande expressão feminina da MPB no início dos anos 80, quando obteve maior projeção, principalmente a partir do primeiro grande êxito de sua carreira, "*Clareana*" – defendida num festival de televisão que divulgou seu nome para todo o Brasil. Já nessa canção ficava evidente o seu esforço para apresentar uma nova visão sobre a alma feminina. "*Clareana*" comoveu o público pela maneira amorosa como falava da relação que tinha com suas filhas Clara e Ana (que, posteriormente, passariam a cantar com ela, inclusive no álbum *Ao Vivo*). "*Feminina*", outra composição de Joyce que se tornou conhecida em 1980, é mais um testemunho de sua intenção de explorar novas perspectivas para o tema da feminilidade, assim com a posterior "*Mulheres Do Brasil*". Mas Joyce não se restringiu a essa problemática em suas criações. O divertido **baião** "*Barraco No Metrô*" – um ponto alto do disco – mostra, por exemplo, seu talento como cronista, enquanto a romântica "*Mistérios*", outra preciosidade, comprova sua desenvoltura nos temas líricos. Mesmo que não compusesse muito bem, Joyce mereceria destaque como intérprete. Isso fica evidente nas versões de criações alheias presentes no disco: os clássicos brasileiros "*Aos Pés Da Cruz*" (de **Marino Pinto** e **Zé da Zilda)** e "*Triste*" (de Tom Jobim) e os hits estrangeiros "*Dans Mon Île*" e "*Chanson Douce*" (de Henry Salvador) e "*Talking 'Bout A Revolution*" (de Tracy Chapman, traduzido para o português como "*Falando De Uma Revolução*"). Quem ouve seu suingue e sua facilidade para a improvisação numa canção como "*Pindorama Blues*", logo percebe que a cantora, dona de uma voz bonita, educada e afinadíssima, além de dominar a linguagem musical brasileira, também consegue ser uma ótima jazzista. Aliás, seu substancioso estudo vocal, que lhe despertou a maneira de pensar na sua voz como um instrumento, é cantado ao lado do conjunto **Boca Livre** nos versos de "*Monsieur Binot*" (gravado à capela, mas em estúdio). O outro registro de estúdio do CD é a inédita "*Capitão*", que Joyce canta com Chico Buarque.

*Baião*
Canto e dança de ritmo binário, originário do interior do nordeste brasileiro, popularizado em âmbito nacional por Luiz Gonzaga.

*Marino Pinto*
Compositor fluminense, nascido em 1916 e falecido em 1965, autor dos clássicos "*Aos Pés Da Cruz*" (com Zé da Zilda), "*Cabelos Brancos*" (com Herivelto Martins) e outras canções.

*Zé da Zilda*
Cantor e compositor carioca, nascido em 1908 e falecido em 1954, criador das conhecidíssimas "*Saca Rolha*", "*Aos Pés Da Cruz*" entre outras.

*Boca Livre*
Conjunto vocal de sucesso formado no Rio de Janeiro, em 1978, por Maurício Maestro, Zé Renato, Cláudio Nucci e David Tygel. Mais tarde, também fizeram parte do grupo Fernando Gama e Lourenço Baeta.

# AO VIVO EM TATUÍ

1993

Renato Teixeira &
Pena Branca e Xavantinho

✔ Faixas escolhidas

1. Amanheceu, Peguei A Viola
*Renato Teixeira*
2. Chalana
*M. Zan/A. Pinto*
3. Rio De Lágrimas
*J. Careiro/L. Santos*
4. Raízes
*Renato Teixeira*
5. Romaria
*Renato Teixeira*
6. O Cio Da Terra
*M. Nascimento/C. Buarque*
7. Gente Que Vem De Lisboa/ Peixinhos Do Mar
*D. P.* adaptado por *T. Moura/ Fernando Brant*
8. Vide Vida Marvada
*Rolando Boldrim*
9. O Violeiro Toca
*Almir Sater/RenatoTeixeira*
10. Meu Veneno
*Renato Teixeira*
11. Amora
*Renato Teixeira*
12. Tocando Em Frente
*Almir Sater/Renato Teixeira*
13. Jardim Da Fantasia
*P. Pedra Azul*
14. Vaca Estrela E Boi Fubá
*P. do Assaré*
15. Cuitelinho
*D. P.* recolhido por *Paulo Vanzolini/A. Xandó*
16. Quebra De Milho
*T. Andrade/Manuelito*
17. Chuá Chuá
*P. S. Ferreira/A. Pavão*
18. De Papo Pro Á
*J. de carvalho/O. Mariano*
19. Calix Bento
*D. P.* adaptado por *T. Moura*

Kuarup Discos

## *O interior em festa*

A MPB tem um triste histórico de negligência e desprezo pela produção musical do interior do sudeste e do centro-oeste do Brasil. Esse quadro começou a mudar em meados dos anos 60, mas, sobretudo quando surgiu o modismo da **música sertaneja**, 20 anos depois. Foi quando a mídia passou a se ocupar de uma nova geração de artistas identificados com a cultura rural dessas regiões. Porém, logo aconteceu uma séria distorção: a necessidade de manutenção do sucesso levou a maioria dos sertanejos a se aproximar, cada vez mais, da música pop romântica internacional, abandonando as violas e o sotaque interiorano. Contudo, o modismo dos anos 80 também abriu novo espaço para artistas fiéis às origens dessa música, como o já renomado cantor e compositor paulista Renato Teixeira e a dupla mineira Pena Branca e Xavantinho. Esses artistas buscaram se aprofundar ainda mais nas raízes da música **caipira** e modernizá-la a partir de suas próprias estruturas. Em 1992, houve uma memorável série de encontros entre Renato Teixeira e a dupla Pena Branca e Xavantinho que resultou no premiadíssimo CD *Ao Vivo Em Tatuí*. Além de trazer músicas excelentes, o disco faz um retrospecto das trajetórias dos autores, lembrando canções que marcaram mais profundamente as suas carreiras. É o caso da famosa "*Romaria*", de Renato Teixeira, que projetou nacionalmente o seu nome em 1976, ao se tornar um grande êxito na voz de Elis Regina. Também é o caso de *Cio Da Terra*, faixa do primeiro LP de Pena Branca e Xavantinho (*Velha Morada*, 1980), que, ainda hoje, é um número obrigatório nos shows de Pena Branca (Xavantinho faleceu em 1999). *Ao Vivo Em Tatuí* mostra, também, a variedade do trabalho de cada um deles. De Renato Teixeira, por exemplo, o disco traz as criações mais alegres, como "*Amanheceu, Peguei A Viola*" e "*Rapaz Caipira*", cujo forte é o refrão, e as mais contemplativas e românticas, como "*Amora*" e "*Tocando Em Frente*", que cativam por suas elaboradas letras e belas melodias. Do repertório de Pena Branca e Xavantinho, que se caracterizou por interpretações de comovente simplicidade e por uma sincera devoção às **modas-de-viola**, estão representadas as principais vertentes: a que relê obras famosas da MPB, como *Canto Do Povo De Algum Lugar* (de Caetano Veloso) e a mencionada "*Cio Da Terra*" (de Milton Nascimento e Chico Buarque); a que se baseia no cancioneiro folclórico, representada pela **marujadas** "*Gente Que Vem De Lisboa/ Peixinhos Do Mar*", o **canto de reis** "*Calix Bento*" e a moda "***Cuitelinho***"; e a que se concentra em garimpar jóias do passado da música sertaneja, a exemplo de "*Vaca Estrela E Boi Fubá*" e "*Chuá, Chuá*". Renato Teixeira também partilha dessa última vertente, o que pode ser percebido em sua ótima interpretação dos clássicos caipiras "*Rio de Lágrimas*" e "*Chalana*". Também são dignas de nota as participações dos competentes músicos Zé Gomes (no violino) e Dinho Nascimento (na percussão e gaita) nas gravações desse disco irretocável.

*Música Sertaneja*
Nome genérico que, desde o início do século XX, designa as inúmeras variedades da música rural brasileira nas zonas urbanas.

*Caipira*
Palavra indígena (que significa "homem do mato") que passou a designar, às vezes pejorativamente, o camponês brasileiro. Na música, o nome caipira é usado para se referir a produção ligada ao viés mais tradicional do cancioneiro rural.

*Moda-de-Viola*
Nome genérico dado à música rural quando executada à maneira tradicional (basicamente, com violões e/ou violas de dez cordas, e canto em duas vozes, dispostas em intervalos de terças diatônicas).

*Marujada*
Canto e dança dramáticos, de provável origem portuguesa, que encenam as desventuras de uma embarcação desgovernada e outros temas ligados à época das grandes navegações lusitanas (séculos XV e XVI).

*Canto de Reis*
Cantos religiosos relativos às ao tradicional festejo coreográfico de folia-de-reis, que, geralmente, ocorre do Natal até o Dia de Reis (6 de janeiro).

*Cuitelinho*
Moda-de-viola, de difícil classificação, que o compositor Paulo Vanzolini aprendeu com Antônio Xandó que, por sua vez, afirmou ter ouvido de um velho pescador nas barrancas do Rio Paraná (sul-sudeste brasileiro). Vanzolini é o autor de sua última estrofe.

# BETH CARVALHO CANTA O SAMBA DE SÃO PAULO

1994

Beth Carvalho

✔ Faixas escolhidas

1. Iracema
*A. Barbosa*
2. Sereno
*O. da Cuíca*
3. Sem Ataque, Sem Defesa
*Sombra/A. Victor*
4. Fogo De Saudade
*Sombrinha/A. Victor*
5. Meu Sexto Sentido (Madrigais)
*Talismã/R. Prates*
6. Mania Da Gente
*M. Sérgio/Carica/L. SP*
7. Outro Amor
*W. W. da Fonseca*
8. Dia Seguinte
*C. Vergueiro/J. Petrolina*
9. Feitio De Oração
*N. Rosa/Vadico*
11. Maior É Deus
*E. Gudin/P. C. Pinheiro*
12. Regra Três
*Toquinho/V. de Moraes*
13. Meu Lirismo
*S. Modesto*
14. Tradição
*G. Filme*
15. Vem Pra Roda Versar
*M. da Mazzei*
16. Silêncio No Bixiga
*G. Filme*
18. Triste Madrugada
*J. Costa*
19. Praça Clóvis
*P. Vanzolini*
20. Volta Por Cima
*P. Vanzolini*
21. Despejo Na Favela
*A. Barbosa*
22. Saudosa Maloca
*A. Barbosa*
23. Trem Das Onze
*A. Barbosa*

Velas

## *Sambando na garoa*

No início do século XX, quando surgiu o samba no Rio de Janeiro, existiam outras variedades de samba pelo Brasil, tais como o **samba-de-roda** baiano ou os **sambas rurais** paulistas. Acontece, porém, que com a projeção do samba carioca para todo o país – afinal, o Rio era o centro da cultura nacional –, essas manifestações foram ficando marginalizadas, até porque muitos dos envolvidos em sua feitura também passaram a se dedicar ao samba carioca, que estava em evidência no país inteiro. Em 1994, quando a carioca Beth Carvalho gravou *Beth Carvalho Canta O Samba De São Paulo*, já se passara muito tempo desde que a maior parte dos autores paulistas aderiu ao ' telecoteco' das batucadas do Rio de Janeiro, mas ainda havia resquícios de um velho preconceito, traduzido na frase infeliz de Vinícius de Moraes: "São Paulo é o túmulo do samba". Beth, que se especializou em cantar sambas já nos primeiros anos de sua carreira, provou o contrário através de canções de autores nascidos ao radicados em São Paulo. Até os músicos convidados para acompanhá-la, liderados pelo ritmista Osvaldinho da Cuíca (autor da boa faixa "*Sereno*"), são paulistas – a única exceção é o violonista Paulão, carioca, também responsável pelos arranjos. A propósito: o disco foi gravado ao vivo num teatro paulista. É difícil falar no samba de São Paulo sem se deter no seu mais importante compositor, Adoniran Barbosa; mais difícil ainda é conseguir cantar seus sambas sem que o resultado pareça um mero arremedo de suas deliciosas interpretações. Beth Carvalho incluiu no repertório quatro composições de Adoniran e não se deixou ofuscar por seu brilho, sobretudo em "*Despejo Na Favela*" e "*Iracema*". Outro grande nome presente no disco é **Paulo Vanzolini**, que assina a clássica "*Volta Por Cima*" e a irônica "*Praça Clóvis*". **Geraldo Filme**, mais uma peça-chave do samba paulista, é o criador de "*Tradição*" e "*Silêncio No Bixiga*". Geraldo, que faleceu um ano depois, participou do álbum cantando o **partido-alto** "*Vem Pra Roda Versar*", ao lado de Beth, Maurinho da Mazzei (compositor desse samba) e Sílvio Modesto (autor de "*Meu Lirismo*"). A geração mais antiga do samba paulista tem ainda mais um representante no álbum: Jorge Costa, nascido em Alagoas e consagrado em São Paulo. São dele o conhecido "*Triste Madrugada*" e o excelente "*Castiguei*". Pertencentes a uma geração um pouco mais nova, **Eduardo Gudin** (idealizador do disco), Toquinho e Carlinhos Vergueiro também colaboraram com belos sambas, a exemplo de "*Maior É Deus*", "*Regra Três*" e "*Dia Seguinte*" (respectivamente). Beth provou que rivalidade entre Rio de Janeiro e São Paulo é uma bobagem. Alguns números do repertório ilustram especialmente a saudável união que pode haver entre as duas cidades. É o caso de "*Feitio De Oração*", obra histórica do carioca Noel Rosa, com seu maior parceiro, o paulista Vadico, e "*Fogo De Saudade*", cujo autor, Sombrinha (ex-integrante do grupo Fundo de Quintal), nasceu no litoral de São Paulo.

*Samba-de-Roda*
Variante de samba acompanhada apenas por batuque existente na Bahia, cujo surgimento precede ao do samba do Rio de Janeiro.

*Samba Rural*
Variantes de samba, de ritmo e dança bastante diferentes do samba carioca, inicialmente ligadas a festejos religiosos, encontrada a partir da segunda metade do século XIX em São Paulo e no interior de outros estados.

*Paulo Vanzolini*
Compositor paulista, nascido em 1924, autor de clássicos como "*Ronda*" e "*Volta Por Cima*".

*Geraldo Filme*
Compositor paulista, nascido em 1928 e falecido em 1995, que teve um papel importante na história das escolas de samba de São Paulo. Suas obras mais conhecidas são "*Tradição*" e "*Silêncio No Bixiga*".

*Partido-Alto*
Variedade de samba muito próxima à música africana, devido à predominância do ritmo, à repetição dos motivos melódicos e ao sentido lúdico marcante em sua origem – o partido-alto se constituía de um refrão cantado, em coro, e uma estrofe improvisada, cantada solo. Atualmente, são poucos os que improvisam versos e participam de autênticos desafios no partido-alto.

*Eduardo Gudin*
Compositor paulista, nascido em 1950, criador de canções como "Paulista" (com Costa Netto) e "Verde".

# BRASILIAN SERENATA

1990

Dori Caymmi

FAIXAS

1. Amazon River
*D.Caymmi/P. C. Pinheiro*
2. Três Curumins
*D. Caymmi/P. C. Pinheiro*
3. The Colors Of Joy
*D. Caymmi/T. Mann*
4. Mercador De Siri
*D. Caymmi/P. C. Pinheiro*
5. Ninho De Vespa
*D. Caymmi/P. C. Pinheiro*
6. Toucan's Dance
*D. Caymmi/P. C. Pinheiro*
7. Flower Of Bahia
*D. Caymmi/P. C. Pinheiro/T. Mann*
8. Você Já Foi À Bahia
*D. Caymmi*
9. To My Father/Pescaria
*D. Caymmi/Dorival Caymmi*
10. História Antiga
*D. Caymmi/P. C. Pinheiro*
11. The Desert/The Wraith
(*D. Caymmi/P. C. Pinheiro*)/ (*D. Caymmi/P. C. Pinheiro*)
12. Amazon River
*D. Caymmi/P. C. Pinheiro*

Warner

## *Filho de Caymmi, discípulo de Jobim, mestre da MPB*

Dentre os ilustres convidados que seu pai, o célebre Dorival Caymmi, costumava receber em casa, o jovem Dori tinha um preferido: Tom Jobim. Tal preferência se justifica, pois o rapaz, que bem cedo estudara piano, teoria musical e orquestração, era um apaixonado por harmonias e melodias requintadas, e, nesse sentido, Jobim representava o que havia de melhor na MPB. Dori Caymmi ficou conhecido nacionalmente com as ótimas colocações que obteve em **festivais** dos anos 60, e, desde essa época, até os anos 80, seguiu compondo, criando trilhas sonoras, gravando e fazendo arranjos e shows no Brasil. No final dos 80, sua vida ganhou novos horizontes com uma mudança para os Estados Unidos, onde conheceu e trabalhou com alguns dos melhores músicos do planeta. Graças ao seu inquestionável talento, conseguiu se destacar no competitivo meio musical local e, para isso, colaborou decisivamente o primeiro álbum de sua carreira internacional (quinto de sua trajetória): *Brasilian Serenata*, de 1990. Gravado ao lado de grandes instrumentistas brasileiros e estrangeiros, a exemplo do percussionista Paulinho da Costa e do contrabaixista Abrahan Laboriel, o disco mostra o impressionante grau de sofisticação que Dori atingiu em seus 30 anos de carreira, seja como compositor, arranjador, cantor ou violonista – Dori trocou o piano pelo violão ainda nos anos 60. Faixas deslumbrantes, como "*Amazon River*", "*Mercador De Siri*" e "*Flower Of Bahia*", atestam sua competência em todos esses sentidos. Produzido nos Estados Unidos e contendo, inclusive, algumas letras em inglês, *Brasilian Serenata* não deixa dúvidas quanto às suas raízes brasileiras. Em suas faixas, Dori aborda elegantemente alguns dos singularíssimos ritmos nacionais, como o **frevo**, em "*Ninho De Vespas*", e o **baião**, em "*The Wraith*" (unido à bela "*The Desert*" na faixa 11). A temática das letras em português, em sua maioria escritas por **Paulo César Pinheiro**, também colabora no sentido de uma reinterpretação do Brasil, falando de suas belezas e de suas mazelas. A antiga tradição seresteira, trazida ao país pelos colonizadores portugueses, também foi revisitada com maestria, mais especificamente na comovente "*História Antiga*", cuja adaptação do título para o inglês deu nome ao disco. Mas Dori não se limita a mostrar a vasta riqueza rítmica da MPB: nas interessantíssimas faixas "*Três Curumins*" e "*The Colors Of Joy*", além do samba híbrido "*Toucan's Dance*", ele explora criativamente uma difícil transposição dos **batuques** brasileiros, geralmente escritos em compassos binários, para surpreendentes compassos ternários. Muitos filhos de celebridades fraquejam ao tentar seguir a profissão de seus pais, mas com Dori Caymmi não foi assim. Dori conseguiu assimilar o legado de seu pai, de quem herdou em boa parte o timbre forte de sua voz, e lidar com sua origem de maneira respeitosa – veja a homenagem "*To My Father*" –, mas também corajosa. Isso fica evidente nas inventivas releituras dos clássicos "*Você Já Foi À Bahia*" e "*Pescaria*", de Dorival Caymmi.

*Festivais de MPB*
Os festivais musicais de televisão, que premiavam compositores e intérpretes, tiveram grande repercussão e importância na segunda metade década de 60, reunindo artistas das mais variadas tendências e revelando nomes como Caetano Veloso, Chico Buarque, Edu Lobo, Elis Regina, Gilberto Gil, e muitos outros.

*Frevo*
Acelerado ritmo de Pernambuco (em especial, de Recife e Olinda), com compasso binário, de acentuado parentesco com a marcha militar, surgido no final do século XIX e predominante no carnaval local.

*Baião*
Canto e dança de ritmo binário, originário do interior do nordeste brasileiro, popularizado em âmbito nacional por Luiz Gonzaga.

*Paulo César Pinheiro*
Compositor carioca, nascido em 1949, autor de "*Lapinha*" (com Baden Powell), "*Matita Perê*" (com Tom Jobim) e outros tesouros do cancioneiro nacional.

*Batuque*
Nome que, já no século XVII, designava uma dança de origem africana, mas que, posteriormente, passou a designar genericamente os ritmos e danças de forte instrumental percussivo.

FAIXAS

1. Cabeça Dinossauro
*P. Miklos/B. Mello/A. Antunes*
2. AA UU
*S. Britto/M. Fromer*
3. Igreja
*Nando Reis*
4. Polícia
*Tony Bellotto*
5. Estado Violência
*C. Gavin*
6. A Face Do Destruídos
*P. Miklos/A. Antunes*
7. Porrada
*A. Antunes/S. Britto*
8. Tô Cansado
*B. Mello/A. Antunes*
9. Bichos Escrotos
*A. Antunes/S. Britto/N. Reis*
10. Família
*A. Antunes/T. Bellotto*
11. Homem Primata
*S. Britto/N. Reis/M. Fromer/ C. Pessoa*
12. Dívidas
*B. Mello/A. Antunes*
13. O Quê
*Arnaldo Antunes*

Warner

# CABEÇA DINOSSAURO

1986

Titãs

## *Rock e rebeldia depois da ditadura*

Em 1986, quando os Titãs - Arnaldo Antunes (voz), Paulo Miklos (contrabaixo e voz), Nando Reis (contrabaixo), Branco Mello (voz), Tony Bellotto (guitarra), Sérgio Britto (teclados e voz), Marcelo Fromer (guitarra) e Charles Gavin (bateria e percussão) - lançaram seu terceiro álbum, *Cabeça Dinossauro*, o Brasil vivia uma grande onda de rock Uma nova geração de artistas ganhava espaço nos meios de comunicação com uma música simples, feita à base de instrumentos elétricos, mas inovadora por sua assimilação do punk rock, do new wave e de outros elementos da música pop internacional. A atitude desses jovens, acentuadamente contestadora, mas desvinculada das vertentes políticas tradicionais, refletia o sentimento de liberdade que o país experimentava depois de duas décadas de **ditadura militar**. Os Titãs - conjunto formado em 1982, em São Paulo, com o nome de **Titãs do Iê-Iê** - não foram os pioneiros desse movimento, que perdurou por boa parte dos anos 80, mas logo se estabeleceram como um dos seus principais representantes. No início, a banda parecia destinada ao fracasso, pois tinha integrantes demais: no princípio, 9, mas depois 8. Além disso, todos eram compositores, mas poucos se saíam bem com instrumentos nas mãos. Porém, logo veio o sucesso, sobretudo graças à fidelidade com que suas canções expressavam o sentimento da juventude urbana, à criatividade de suas letras, ora agressivas, ora irreverentes, e à boa combinação sonora que conseguiram entre vários tipos de rock e outros gêneros da música pop, como o reggae jamaicano. *Cabeça Dinossauro* registra alguns dos maiores êxitos do grupo, a exemplo das irônicas "*AA UU*" e "*Família*" ou da corrosiva "*Polícia*". Fazia parte da postura anárquica do conjunto – óbvia em "*Estado Violência*", "*Igreja*" e "*Tô Cansado*" – uma rigorosa visão crítica da sociedade de sua época. "*Homem Primata*", por exemplo, atacava duramente o sistema de produção capitalista, enquanto "*Bichos Escrotos*" – que, inclusive, teve sua divulgação na mídia censurada – desafiava o "bom gosto" ao entoar: "Bichos escrotos, saiam dos esgotos/ Bichos escrotos venham enfeitar/Meu lar, meu jantar/ Meu nobre paladar". A inventividade formal da banda, muitas vezes negligenciada pela crítica, fica mais evidente em algumas faixas ousadas: "*Cabeça Dinossauro*", cujo instrumental, segundo o encarte do disco, foi baseado num cerimonial indígena; "*A Face Do Destruidor*", cujos versos são gritados rapidamente sobre um acompanhamento musical bastante 'pesado', inspirado no heavy-metal; "*O Que*", que traz uma letra interessante em sua reiteração e circularidade ("Que não é o que não pode ser que não é o que não pode ser que não é..."). É óbvio seu parentesco com a **poesia concreta**. *Cabeça Dinossauro* ajudou a consolidar a carreira dos Titãs pelo respeito e pelo grande sucesso comercial que conseguiu. Graças ao bom trabalho feito nos anos 80, os artistas do grupo têm grande projeção na MPB até hoje.

*Ditadura Militar*
A ditadura militar instaurada em 1964, no Brasil, perdurou até 1985, tendo um histórico de intervenções brutais na arte brasileira, e entra elas, alguns destaques: a imposição de censura sobre todas as obras que, de alguma maneira, criticassem seu regime político; a perseguição, o aprisionamento e o exílio dos seus opositores; o incentivo às composições de cunho nacionalista.

*Titãs do Iê-Iê*
O primeiro nome dos Titãs trazia uma referência explícita e irônica à Jovem Guarda, cuja música também era chamada de "Iê-Iê-Iê".

*Poesia Concreta*
Gênero poético que tem como principais referências, no Brasil, os irmãos Augusto e Haroldo de Campos. Seu surgimento data da década de 50 e o princípio de que parte é uma evolução das formas que compõem a poesia segundo suas propriedades intrínsecas (som, figura e carga semântica).

FAIXAS

1. Tropicália
*Caetano Veloso*
2. Clarice
*C. Veloso/Capinam*
3. No Dia Em Que Eu Vim-Me Embora
*C. Veloso/G. Gil*
4. Alegria, Alegria
*Caetano Veloso*
5. Onde Andarás
*C. Veloso/F. Gullar*
6. Anunciação
*C. Veloso/R. Duarte*
7. Superbacana
*Caetano Veloso*
8. Paisagem Útil
*Caetano Veloso*
9. Clara
*P. Albuquerque/C. Veloso*
10. Soy Loco Por Ti América
*G. Gil/Capinam*
11. Ave Maria
*Caetano Veloso*
12. Eles
*C. Veloso/G. Gil*

Polygram (Universal)

# CAETANO VELOSO
1968

Caetano Veloso

## *Doce vanguarda*

O impressionante fenômeno de mídia surgido em torno dos **festivais de MPB** se explica, em boa parte, por esses eventos terem refletido a intensa agitação cultural vivida pelo Brasil na segunda metade dos anos 60. Na música, brigavam pelo mesmo espaço artistas da bossa-nova, da bossa-nova engajada, da jovem-guarda, do samba tradicional, além dos inúmeros talentos revelados nos próprios festivais, que não pertenciam a qualquer grupo estabelecido. Caetano Veloso fazia parte dos últimos, embora já começasse a organizar sua própria turma em torno da estética revolucionária que, em 1968, culminaria no **tropicalismo**. Na realidade, suas idéias musicais combinavam elementos de todos esses grupos, mas sua originalidade residia no fato de não se acomodar – e não querer se acomodar – em nenhuma das tendências da época. Foi num festival realizado em 1967 que Caetano sensibilizou o Brasil com a inovadora "*Alegria, Alegria*". Do ponto de vista musical, essa **marcha-rancho** surpreendeu menos por sua melodia simples, do que pelo arranjo, que valorizou as sonoridades elétricas do rock, então desprezadas pelos músicos "cultos" do Brasil. Sua letra libertária, por outro lado, também causou impacto, mas pela maneira diferente, quase cinematográfica, como sobrepunha e misturava imagens distintas – algo que foi típico da poética tropicalista. A repercussão conseguida com "*Alegria, Alegria*" fez com que a gravadora Phillips apressasse a produção do álbum *Caetano Veloso* (1968), a primeira gravação solo do compositor. Esse disco representava, para Caetano, uma oportunidade única para divulgar sua música que, tanto do ponto de vista da concepção, quanto da execução, não se assemelhava em nada com o que se ouvia no Brasil até então. Alguns futuros companheiros de tropicalismo (movimento consolidado poucos meses depois) estiveram presentes no disco: Gilberto Gil e Capinam, como compositores de algumas canções, e Gal Costa e Os Mutantes, que participaram das execuções de "*Clara*" e "*Eles*" (respectivamente). Para a abertura da obra, foi usada a canção/manifesto "***Tropicália***", que simbolizava a visão crítica proposta por Caetano, centrada na exposição dos contrastes que regiam a realidade brasileira. O memorável arranjo de "*Tropicália*", escrito por Júlio Medáglia, mostra a interessante fusão entre a música popular e as vanguardas eruditas que se tornaria uma característica do tropicalismo. Outro elemento tropicalista recorrente no disco é o largo recurso a imagens e sons do universo pop deslocados para contextos inusitados, do qual são exemplos as faixas "*Superbacana*", "*Paisagem Útil*" e "*Soy Loco Por Ti América*". Distantes do pop, as canções "*Clarice*" e "*Onde Andarás*", relêem a tradição musical brasileira da bossa-nova e do samba-canção, mostrando mais uma face importante do tropicalismo: a preocupação histórica. Aliás, a história, sinônimo de herança e de transformação – como ilustram os versos da bela "*No Dia Em Que Eu Vim-Me Embora*" –, parece ser o assunto e meta principal do álbum *Caetano Veloso.*

*Festivais de MPB*
Os festivais musicais de televisão, que premiavam compositores e intérpretes, tiveram grande repercussão e importância na segunda metade década de 60, reunindo artistas das mais variadas tendências e revelando nomes como Caetano Veloso, Chico Buarque, Edu Lobo, Elis Regina, Gilberto Gil, e muitos outros.

*Tropicalismo*
Movimento de vanguarda estética do final da década de 60, também chamado de Tropicália, liderado por Caetano Veloso e Gilberto Gil, que se baseava na combinação de elementos musicais bastante díspares e no radical experimentalismo sonoro.

*Marcha-Rancho*
Adaptação brasileira das marchas militares, tocada em andamento lento, que foi usada, inicialmente, em cortejos religiosos e, pouco depois, em blocos carnavalescos.

*Tropicália*
A canção "*Tropicália*", que acabou nomeando também o movimento formado por Caetano Veloso, Gilberto Gil, Tom Zé, Gal Costa e outros, se chamaria "*Mistura Fina*", se o produtor Manoel Barenbein não insistisse para que Caetano usasse o título da obra Tropicália do artista plástico Hélio Oiticica. Uma curiosidade: o batuque e o texto – que se refere à famosa carta escrita por Pero Vaz de Caminha para descrever o Brasil, quando de seu descobrimento – declamado pelo percussionista Dirceu Chuchu na introdução não são criação do autor, mas um improviso do próprio Dirceu que Caetano e Medáglia prontamente incorporaram à música.

# CANÇÃO DO AMOR DEMAIS

1958

Elizeth Cardoso

FAIXAS

1. Chega de Saudade
*A. C. Jobim/ V. de Moraes*
2. Serenata do Adeus
*Vinícius de Moraes*
3. As Praias Desertas
*A. C. Jobim*
4. Caminho de Pedra
*A. C. Jobim/ V. de Moraes*
5. Luciana
*A. C. Jobim/ V. de Moraes*
6. Janelas Abertas
*A. C. Jobim/ V. de Moraes*
7. Eu Não Existo Sem Você
*A. C. Jobim/ V. de Moraes*
8. Outra Vez
*A. C. Jobim*
9. Medo de Amar
*V. de Moraes*
10. Estrada Branca
*A. C. Jobim/ V. de Moraes*
11. Vida Bela
*A. C. Jobim/ V. de Moraes*
12. Modinha
*A. C. Jobim/ V. de Moraes*
13. Canção do Amor Demais
*A. C. Jobim/ V. de Moraes*

Festa

## *O nascimento da Bossa Nova*

Ao longo das décadas de 40 e 50 os arranjadores brasileiros experimentaram harmonias próximas às de jazz nos sambas e **sambas-canção**. No final dos anos 50, essas alterações foram somadas a uma forma rítmica mais econômica, dando origem à bossa-nova, da qual o álbum *Canção do Amor Demais* (1958), da cantora Elizeth Cardoso, é tido como o ato inaugural. *Canção do Amor Demais* foi idealizado pelo compositor Tom Jobim e pelo poeta Vinícius de Moraes, então pouco conhecidos do grande público, que almejavam modernizar a música popular brasileira e estabelecer uma cisão definitiva na maneira como era feita. Ambos acreditavam que as harmonias utilizadas eram pobres e a instrumentação muito carregada, além de repudiarem o peso dramático das interpretações. Ao trabalho dos dois se somou a concepção rítmica revolucionária de um baiano então desconhecido, chamado João Gilberto. João Gilberto conseguira reduzir a complexa (e, para ele, excessiva) batida do samba a poucas intervenções, tocando seu violão de maneira simples, mas incrivelmente eficaz. A inovação de Gilberto completava perfeitamente o projeto de Jobim e Vinícius, gerando um todo orgânico, uma proposta estética original. Faltava, apenas, uma voz ao projeto – haviam sondado a cantora Dolores Duran, mas esta recusara –, até que chegaram ao nome de Elizeth Cardoso, grande cantora carioca de sucesso no samba e no samba-canção. Elizeth aceitou a proposta, mas não abandonou sua forma de cantar, identificada com os padrões ainda vigentes. Isso levou a atritos com João Gilberto, que pedia uma interpretação seca, sem a forte impostação de voz e os vibratos que faziam o gosto da época. O contraste entre as duas concepções, contudo, não implicou em desarmonia, pois seu contato foi mediado pelo bom gosto do gênio Tom Jobim. O disco começa, justamente, com o violão de Gilberto e sua batida inovadora (que aparece na primeira faixa, "*Chega de Saudade*", e em "*Outra Vez*"). "*Chega de Saudade*" tem melodia compatível com o samba que então se fazia, mas a harmonia de Jobim e a rítmica de Gilberto fizeram da canção algo revolucionário. Se o próprio título da canção ("*Chega de Saudade*") já é um apelo para se olhar para o futuro, a elegante interpretação de Elizeth lhe acrescenta uma saborosa complexidade, na medida em que traz um tom nostálgico, próprio de algo que já se perdeu. Além da bossa-nova, *Canção do Amor Demais* também contém canções de outros gêneros, como valsinha ("*Luciana*"), **baião** ("*Vida Bela*"), **modinha** ("*Modinha*") e samba-canção, do qual há vários exemplos, dentre os quais se destaca o sucesso "*Eu Não Existo Sem Você*". Na organização de todos esses gêneros emerge a figura de Jobim que, ainda iniciante, já tornava marcantes algumas de suas obsessões, como os contracantos **cromáticos** e a economia na orquestração.

*Samba-canção*
Variante de samba surgida no final dos anos 20, tocada em ritmo lento, com temas freqüentemente sentimentais.

*Baião*
Canto e dança de ritmo binário, originário do interior do nordeste brasileiro, popularizado em âmbito nacional por Luiz Gonzaga.

*Modinha*
Derivante de uma forma melódica surgida no século XVII (comum em Mozart, por exemplo) que teve papel muito importante na formação da sensibilidade musical brasileira. Recorre, preferencialmente, a modulações para tons menores.

*Movimento cromático*
Progressão que vai passando de uma nota para sua imediatamente adjacente. É típico de Tom Jobim esse movimento, indo do agudo para o grave ou o contrário.

# CARA E CORAÇÃO

1978

Moraes Moreira

1. O Que É... O Que É
*Moraes Moreira*
2. Pombo Correio (Double Morse)
*Dodô/Osmar/M. Moreira*
3. Yogue De Ouvido
*Armandinho/M. Moreira*
4. Às Três Da Manhã
*H. Martins*
5. Samba Da Bahia De Todos Os Santos
*M. Moreira/R. Duarte*
6. Hino Nordestino
*Moraes Moreira*
7. Meiufiu
*M. Moreira/Chacall*
8. Davilicença
*Armandinho/M. Moreira*
9. Acordei
*Moraes Moreira*
10. Cara e Coração
*Moraes Moreira*

Sony

## *Samba, bossa, choro e a revolução do Carnaval baiano*

Moraes Moreira, baiano de Itauçú – mesma cidade onde cresceu o também cantor e compositor Gilberto Gil –, se tornou notório em todo o Brasil com o sucesso dos Novos Baianos, grupo que ajudou a criar no final dos anos 60 e no qual ficou até 1975. Seu segundo álbum solo, *Cara e Coração* (1978) é uma obra muito representativa na sua história pessoal e na da MPB. Acontece que, saído de um grupo de experimentação sonora radical, o compositor seguiu o caminho natural de organizar tais vivências e explorar a fundo sua personalidade musical, realçando sua filiação a certos clássicos da nossa música popular e reavaliando o uso dos parâmetros desenvolvidos pelos Novos Baianos. De seu antigo conjunto, Moraes manteve traços da linguagem poética (criada por Luiz Galvão e caracterizada pela livre associação de idéias e pelo farto uso de neologismos), o espírito inovador e a concepção instrumental, que primava por unir com harmonia os instrumentos elétricos e seus sons distorcidos aos sons tradicionais de bandolim, cavaquinho, percussão e outros. O gosto dos Novos Baianos pela releitura de clássicos da MPB foi aprofundado! Em *Cara e Coração*, Moraes não só relembra o samba antigo, interpretando brilhantemente "*Às Três da Manhã*", de Herivelto Martins, como deixa transparecer sua profunda influência por mestres da canção como Assis Valente (presença marcante em seus sambas), Dorival Caymmi (referência óbvia no "*Samba da Bahia de Todos os Santos*") e o amigo João Gilberto, que foi, ainda, um guru, aquele que chamou sua atenção para a os tesouros do passado musical brasileiro. Outro mestre da canção brasileira evocado em *Cara e Coração* é Luiz Gonzaga, indiretamente presente no belo **xote** "*Hino Nordestino*", para o qual Armandinho, parceiro nos arranjos do disco, criou uma interessante introdução com base na sonoridade das violas sertanejas. Aliás, a participação de Armandinho (músico habilidoso na guitarra, bandolim, cavaquinho e afins) é bastante relevante, podendo ser percebida em oportunas intervenções instrumentais e na parceria em duas excelentes composições: "*Yogue de Ouvido*" e "*Davilicença*" – esta, um **choro-canção** digno da mais alta tradição do estilo. Um dos primeiros atos da carreira solo de Moraes Moreira foi a renovação do carnaval da Bahia, do qual se tornou um ícone. Moraes associou-se à dupla Dodô e Osmar, inventora do **trio elétrico**, e, em 76, tornou-se o primeiro cantor de trios elétricos, inovando, também, no uso da parafernália instrumental de rock nos desfiles. A moda pegou. Moraes havia escrito, em 75, uma letra para "*Double Morse*", antiga composição de Dodô e Osmar, que foi rebatizada de "*Pombo Correio*". Esse **frevo** marcou a nova estética carnavalesca baiana e tornou-se um clássico da MPB, tendo enorme sucesso no Brasil em 77 e sendo gravado no ano seguinte. "*Pombo Correio*" foi, não só um impulso decisivo para a carreira vitoriosa de Moraes Moreira, mas também o começo de um movimento maior, que culminaria no gigantesco fenômeno do carnaval baiano da atualidade.

*Xote*
Ritmo binário nordestino que é uma livre apropriação do schottisch europeu, chegado ao Brasil no século XIX.

*Choro-canção*
Peça cantada que aproveita o fraseado do choro.

*Trio Elétrico*
Veículos (em geral, caminhões) adaptados para carregar aparelhagem de som de alta potência, criados em 1950 pelos baianos Dodô e Osmar.

*Frevo*
Acelerado ritmo de Pernambuco (em especial, de Recife e Olinda), com compasso binário, de acentuado parentesco com a marcha militar, surgido no final do século XIX e predominante no carnaval local.

# CARMEN MIRANDA
1998

Carmen Miranda

✔ Faixas escolhidas

1. Dona Balbina
*J. de Barros*
2. Yaya, Yoyo
*J. De Barros*
3. Burucuntum
*Sinhô*
4. Ta-Hi (Eu Fiz Tudo Pra Você Gostas De Mim)
*J. de Carvalho*
5. Carnavá Tá Aí
*Pixinguinha/J. de Barros*
6. Benzinho
*A. Barroso*
7. Tenho Um Novo Amor
*N. Rosa/Cartola*
8. Good-Bye
*A. Valente*
9. Etc
*A. Valente*
10. Moleque Indigesto
*L. Babo*
11. Chegou A Hora Da Fogueira
*L. Babo*
12. Alô... Alô...
*A. Filho*
13. Na Batucada Da Vida
*A. Barroso/L. Peixoto*
14. Isto É Lá Com Santo Antônio
*Lamartine Babo*
15. Alvorada
*S. Silva*
16. Primavera No Rio
*J. de Barro*
17. Minha Embaixada Chegou
*A. Valente*
18. Coração
*S. Silva*

RCA-Victor (BMG)

## *Antes do chapéu de frutas*

Carmen Miranda, a "Pequena Notável", foi o maior ícone brasileiro da cultura pop mundial. Chegada aos Estados Unidos em 1939, teve sucesso tal, que seu nome ficou por muito tempo na lista das estrelas mais bem pagas de Hollywood. Através do cinema, o mundo inteiro conheceu aquela figura simpática, com seu "chapéu" de frutas na cabeça, que encarnava uma caricatura do povo tropical, evocando sua exuberância, sua sensualidade, sua alegria, mas também seu subdesenvolvimento – evidente exagero de seus figurinos e no inglês propositadamente mal falado que mostrava nas telas, símbolo de pouca capacidade intelectual ou indolência. Porém, essa personagem vivida por Carmen até o dia de sua morte, aos 46 anos – ela sofreu um ataque cardíaco durante a gravação de um programa de televisão, em 1955 –, não resume quem ela realmente era nem sua importância para a MPB. A caixa *Carmen Miranda* (BMG), com 66 faixas divididas em 3 CDs, retrata o processo de amadurecimento da sua arte, reunindo belas gravações feitas entre janeiro de 1930 e junho de 1935 – bem antes de adotar seu espalhafatoso chapéu de frutas. Carmen profissionalizou-se em 1929 e estreou em discos de 78 rpm (na gravadora Brunswick) por intermédio do violonista e compositor baiano Josué de Barros. Também foi ele quem, no início do ano seguinte, a levou para a Victor para gravar "*Triste Jandaia*" e "*Dona Balbina*" (ambas de sua autoria). Ainda no carnaval desse ano, Carmen lançou "*Yaya, Yoyo*" e "*Burucuntum*", que tiveram boa repercussão, e seu maior sucesso, a hoje clássica **marchinha** "*Ta-Hi (Pra Você Gostar De Mim)*", que bateu o recorde nacional de vendagens com seus 36.000 discos comercializados. Carmen foi a primeira mulher a ter grande projeção na música brasileira. Seu canto agudo encantava, tanto pela divisão rítmica rica e precisa, quanto pela intensa expressividade de suas insinuantes interpretações. Durante esse ano e o ano seguinte, mesmo com visíveis dificuldades para encontrar músicas que se adequassem à sua personalidade, Carmen continuou tendo momentos bons, como as irreverentes "*Carnavá Tá Aí*" e "*Benzinho*". No carnaval de 1933, a cantora voltou a brilhar com "*Moleque Indigesto*", cantada ao lado do compositor **Lamartine Babo**, e com duas belas obras do novato **Assis Valente**: "*Good-Bye*" e "*Etc*". Em seguida, para as festas juninas, veio o sucesso "*Chegou A Hora Da Fogueira*", dividido com **Mário Reis**. Os últimos tempos de seu contrato com a Victor também foram pródigos: Carmen emplacou as memoráveis "*Alô... Alô...*", "*Na Batucada Da Vida*", "*Isto É Lá Com Santo Antônio*", "*Primavera No Rio*" e "*Minha Embaixada Chegou*", além de três sambas que revelaram o talento de **Synval Silva**: "*Alvorada*", "*Ao Voltar Do Samba*" e "*Coração*". Esse primeiro ciclo da trajetória de Carmen Miranda lhe deu fama e a possibilidade de fazer filmes, cantar peças dos melhores autores da MPB e ser acompanhada por excelentes músicos, geralmente com arranjos de Pixinguinha, a quem conhecia e admirava desde a adolescência. Em 1935, Carmen estava pronta para o mundo.

*Marchinha*
Adaptação brasileira da marcha militar européia, caracterizada pelo andamento rápido e pela marcação rítmica mais suave, que se estabeleceu enquanto um importantíssimo gênero carnavalesco na segunda década do século XX. Normalmente, seus temas são alegres e irônicos, mas também comporta protestos diversos (inclusive políticos) e desilusões amorosas (em geral, carnavalescas).

*Lamartine Babo*
Compositor, dramaturgo, humorista e produtor carioca, nascido em 1904 e falecido em 1963, autor de inúmeros sucessos, como "*O Teu Cabelo Não Nega*" (com Raul Valença e João Valença) e "*No Rancho Fundo*" (com Ary Barroso).

*Assis Valente*
Compositor baiano, nascido em 1911 e falecido em 1958, que ganhou fama por sambas como "*Minha Embaixada Chegou*" e "*Camisa Listada*".

*Mário Reis*
Cantor carioca, nascido em 1907 e falecido em 1981, que lançou grandes êxitos como "*Filosofia*" (de Noel Rosa e André Filho) e "*Agora É Cinza*" (de Bide e Marçal).

*Synval Silva*
Compositor mineiro, nascido em 1911 e falecido em 1994, autor de sambas famosos como "*Adeus Batucada*" e "*Coração*".

# CAVALO DE PAU

1982

Alceu Valença

FAIXAS

1. Rima Com Rima
*Alceu Valença*
2. Tropicana
*V. Barreto/Alceu Valença*
3. Como Dois Animais
*Alceu Valença*
4. Pelas Ruas Que Andei
*V. Barreto/Alceu Valença*
5. Martelo Alagoano
*Alceu Valença*
6. Lava Mágoa
*Dominguinhos/A. Valença*
7. Cavalo De Pau
*Alceu Valença*
8. Maracatu
*Alceu Valença/A. Ferreira*

Polygram (Universal)

## *O Nordeste universal*

Na década de 70, ganhou força no Brasil uma geração de artistas que tinha como princípio a combinação das inúmeras variedades da música regional brasileira ao rock. Essa tendência foi impulsionada, acima de tudo, pelas bem-sucedidas experiências do tropicalismo, que, no final da década de 60, acrescentou o som eletrificado dos roqueiros aos ritmos típicos brasileiros. Entusiasmados com as possibilidades estéticas oferecidas por essa combinação, mas também pela atitude das bandas de rock, jovens como Alceu Valença voltaram-se à música regional do país e criaram um estilo de muita vitalidade. Alceu, nascido no interior de Pernambuco, conviveu desde a infância com a densa cultura popular nordestina, que lhe fora apresentada nas transmissões radiofônicas de Luiz Gonzaga e Jackson do Pandeiro, nas feiras, nas ruas e até em sua família, que tinha poetas de **cordel** e **repentistas**. Na adolescência, vivida em Recife, passou a interessar-se bastante por Elvis Presley e outros roqueiros, de maneira que, quando começou a tocar e a compor, nos anos 60, já tinha essas duas influências consolidadas em sua sensibilidade. Alceu começou a conseguir projeção a partir de meados dos 70, quando algumas de suas músicas chegaram ao rádio e à televisão e possibilitaram o lançamento seus primeiros álbuns. Porém, sua carreira só decolou, mesmo, na década seguinte, quando emplacou seus primeiros grandes sucessos e se tornou famoso. O Lp *Cavalo De Pau*, de 1982, foi um marco de sua consagração, entre outros motivos, por trazer duas de suas canções mais populares: "*Tropicana*" e "*Como Dois Animais*". Curiosamente, ambas – assim como "*Lava Mágoas*" – têm como base o **xote** nordestino, que, na adaptação de Alceu, aproximou-se harmoniosamente ao rock e também ao reggae. Outro sucesso desse disco foi a bela parceria com o competente **Vicente Barreto** (também co-autor de "*Tropicana*") intitulada "*Pelas Ruas Que Andei*", um baião que tem como cenário as ruas históricas de Recife. Além de compositor, Alceu é um ótimo intérprete e sua maior qualidade é o apurado sentido cênico do canto. Essa sua excelência fica visível, especialmente, na faixa "*Cavalo De Pau*", que ainda sintetiza um traço importante da sua poética: o bom uso de imagens fortes, geralmente ancoradas num saboroso realismo fantástico (veja versos como: "de puro éter assoprava o vento/formando ondas sobre o milharal"). Ainda falando sobre suas letras, vale destacar, entre as muitas referências literárias que carregam, o gosto pelos poemas do modernista pernambucano Ascenso Ferreira (1895-1965). Alceu, que musicou as palavras de Ferreira muitas vezes ao longo de sua carreira, transformou os versos de "*Maracatu*" numa verdadeira jóia. Os poetas populares, que, como se disse, tiveram presença marcante nos seus primeiros anos de vida, também estão presentes em *Cavalo De Pau*, principalmente em duas faixas: "*Rima Com Rima*", cujo refrão remete diretamente à tradição dos **emboladores**, e "*Martelo Alagoano*", uma bela homenagem aos repentistas nordestinos.

*Literatura de cordel*
Literatura popular divulgada em folhetos, basicamente composta em versos, muito arraigada e tradicional no nordeste brasileiro.

*Repente*
Gênero musical típico do sertão do nordeste brasileiro no qual se alternam versos improvisados por dois antagonistas, que medem sua criatividade em longos desafios.

*Xote*
Ritmo binário nordestino que é uma livre apropriação do schottisch europeu, chegado ao Brasil no século XIX.

*Vicente Barreto*
Violonista, cantor e compositor baiano, nascido em 1950, autor de "*Tropicana*" (com Alceu Valença), "*Na Volta Que O Mundo Dá*" (com Paulo César Pinheiro) e outras canções conhecidas.

*Embolada*
Forma poético-musical nordestina em que o cantor quase declama os versos – muito rapidamente –, fazendo as palavras soarem 'emboladas'. Ocorre sob ritmos variados.

# CAYMMI: AMOR E MAR
2000

Dorival Caymmi

✔ Faixas escolhidas

1. O Mar
*D. Caymmi*
2. Noite De Temporal
*D. Caymmi*
3. Só Louco
*D. Caymmi*
4. Dora
*D. Caymmi*
5. Peguei Um Ita No Norte
*D. Caymmi*
6. Nem Eu
*D. Caymmi*
7. Fiz Uma Viagem
*D. Caymmi*
8. Maracangalha
*D. Caymmi*
9. Saudade Da Bahia
*D. Caymmi*
10. Acontece Que Eu Sou Baiano
*D. Caymmi*
11. História De Pescadores
*D. Caymmi*
12. Eu Não Tenho Onde Morar
*D. Caymmi*
13. Acalanto
*D. Caymmi*
14. Marina
*D. Caymmi*
15. Oração De Mãe Menininha
*D. Caymmi*
16. O Que É Que A Baiana Tem?
*D. Caymmi*
17. Roda Pião
*D. Caymmi*
18. Samba da Minha Terra
*D. Caymmi*

EMI

## *Criando o folclore do nosso tempo*

O maior sonho do baiano Dorival Caymmi era que uma de suas criações se diluísse na cultura popular, tal como uma canção de roda. Perto disso, um bom número de suas músicas – que pouco passam de 100 – têm entre o povo brasileiro um apelo bem semelhante ao das manifestações folclóricas. Sucessos como "*Roda Pião*", "*Promessa De Pescador*", "*Dora*", "*Peguei Um Ita No Norte*", "*Só Louco*", "*Fiz Uma Viagem*", "*Maracangalha*", "*Saudades Da Bahia*", "*Acalanto*" e "*Oração De Mãe Menininha*", de sua autoria, são exemplos do que podemos chamar mais propriamente de clássico na MPB. A caixa ***Caymmi: Amor E Mar***, que reúne a maior parte de seus LPs – distribuídos em 7 CDs –, é o melhor representante de sua arte. Caymmi deixou sua terra em 1938, aos 24 anos, pretendendo trabalhar na imprensa do Rio de Janeiro. Não imaginava, porém, que a dificuldade de achar um emprego o levaria ao rádio – em Salvador, ele já havia cantado no rádio, mas sem grande compromisso – e que, em seis meses, se tornaria muito famoso. Isso se deu, sobretudo, pela inclusão de sua brilhante "*O Que É Que A Baiana Tem?*" no filme *Banana da Terra*, estrelado por Carmen Miranda, que, em 1939, gravou-a ao seu lado em seu disco de estréia. Aos poucos, Dorival foi se tornando respeitado também como intérprete, graças à sua voz sublime – grave, seca e potente, mas também muito suingada – e ao seu belo repertório, centrado em sambas que tematizavam a Bahia e sua cultura sincrética. Esses sambas – "*A Preta Do Acarajé*", "*Acontece Que Eu Sou Baiano*", "*Samba Da Minha Terra*", "*Vatapá*" e outros – encantaram o público pelo sincopado de seu fraseado, que remetia aos batuques baianos, de forte influência africana, mas também ao samba amaxixado de **Sinhô**. Ainda no início dos anos 40, Caymmi teve grande êxito com outro tipo de canções, que falavam sobre a vida praiana, que sempre o fascinou, tais como "*Noite De Temporal*", "*O Mar*", "*A Jangada Voltou Só*", "*O Bem Do Mar*", "*É Doce Morrer No Mar*" e "*História De Pescadores*". Chamadas de "canções praieiras", essas músicas densas, geralmente compostas em modos ou tons menores, traziam sonoridades diferentes – reforçadas por seu singularíssimo toque de violão –, com certas dissonâncias e modulações pouco usuais, frutos de uma poderosa intuição. Caymmi destacou-se, ainda, por uma outra vertente de sua obra, a dos **sambas-canção**, impulsionada pelo sucesso "*Marina*" (gravado por Dick Farney em 1947), mas também exemplificada por "*Nem Eu*", "*Nunca Mais*", "*Sábado Em Copacabana*" e "*Não Tem Solução*". Harmônica e melodicamente sofisticados, seus sambas-canção são tidos como legítimos precursores da bossa-nova. Além das imbatíveis interpretações de Caymmi, a caixa traz versões alheias interessantes, como as feitas por **Ary Barroso** ou por seus filhos Nana, Dori e Danilo. Do ponto de vista das orquestrações, merecem especial atenção as faixas arranjadas pelos maestros Léo Peracchi – no LP *Caymmi E O Mar* (1957) –, e Lindolfo Gaya – nos LPs *Eu Não Tenho Onde Morar* (1960), *Caymmi* (1972) e *Caymmi Também É De Rancho* (1973).

*Caymmi: Amor E Mar*
Essa caixa reúne, além de gravações dispersas, os seguintes álbuns: *Canções Praieiras* (1954), *Sambas De Caymmi* (1955), *Eu Vou Pra Maracangalha* (1957), *Caymmi E O Mar* (1957), *Ary Caymmi E Dorival Barroso* (1958), *Caymmi E Seu Violão* (1959), *Eu Não Tenho Onde Morar* (1960), *Caymmi* (1965), *Caymmi* (1972), *Caymmi Também É De Rancho* (1973), *Caymmi's Grandes Amigos* (1986) e *Dori, Nana, Danilo E Dorival Caymmi* (1987).

*Sinhô*
Compositor e pianista carioca, nascido em 1888 e falecido em 1930, de extrema importância no processo de formação do samba. "*Jura*" e "*Gosto Que Me Enrosco*" (com Heitor dos Prazeres) são alguns de seus grandes sucessos.

*Samba-canção*
Variedade de samba surgida no final dos anos 20, tocada em ritmo lento, com temas preferencialmente sentimentais.

*Ary Barroso*
Pianista e compositor memorável da música brasileira, nascido em 1903 e falecido em 1964, autor dos clássicos "*Aquarela Brasileira*", "*É Luxo Só*", "*Morena Boca De Ouro*" e "*Rancho Fundo*", entre outras. Em 1958, Ary e Dorival Caymmi gravaram o interessante LP *Ary Caymmi E Dorival Barroso*, em que cada um interpreta os sucessos do outro.

# CHEIO DE DEDOS
1996

Guinga

FAIXAS

1. Cheio De Dedos
*Guinga*
2. Dá O Pé, Loro
*Guinga*
3. Impressionados
*Guinga/A. Blanc*
4. Inventando Moda
*Guinga*
5. Nó Na Garganta
*Guinga*
6. Me Gusta A Lagosta
*Guinga/A. Blanc*
7. Picotado
*Guinga*
8. Ária De Opereta
*Guinga/A. Blanc*
9. Divagar, Quase pairando
*Guinga*
10. Rio De Exageros
*Guinga*
11. Blanchiana
*Guinga*
12. Por Trás De Brás De Pina
*Guinga*
13. Desconcertante
*Guinga*
14. Sinuoso
*Guinga*
15. Cheio de Dedos
*Guinga*

Velas

## *Uma grande revelação tardia de música brasileira*

"Eu tinha tudo pra dar errado, para morrer anônimo, e o destino não quis", diz o compositor e violonista Guinga. Tal reflexão se justifica pela trajetória que seguiu na MPB: dentista de profissão, ele vinha trabalhando com música desde o final dos anos 60, disputando **festivais**, participando de discos alheios como violonista – por exemplo, do histórico disco *Cartola*, de 1976 – e buscando gravações para algumas de suas obras. Porém, ainda que muito respeitado entre os músicos, Guinga permaneceu desconhecido do público até o início da década de 90, quando a gravadora Velas se empenhou em lançar seu primeiro disco, *Simples E Absurdo* (1991). A chance de defender suas próprias obras foi aproveitada e, cinco anos depois, quando lançou o ótimo *Cheio De Dedos* (o terceiro disco de sua carreira), seu nome já era citado entre os grandes autores brasileiros. Era a realização do maior sonho do artista que, desde a infância, vivida no subúrbio carioca de Madureira, já sabia que iria ser um compositor e que, por isso, se impôs, aos 14 anos de idade, a disciplina de ouvir diariamente quatro horas de jazz e bossa-nova. Vale dizer que Guinga não pensava em ser jazzista e que não se sentia um bom compositor de bossa-nova – segundo ele, a calma da bossa não se refletia em suas criações por sua personalidade "incendiária, barroca, nervosa". Por ter crescido no subúrbio, na hora de criar, sua alma pedia **seresta**, **choro**, samba e outros gêneros de seu universo cotidiano. O resultado progressivo e sofisticado que conseguiu, não é, senão, fruto de uma criativa assimilação do jazz e da bossa-nova aos sons de sua primeira formação. As faixas de *Cheio De Dedos* refletem bem essa mistura, sobretudo as deliciosas "*Divagar, Quase Pairando*" e "*Rio De Exageros*". O disco mostra, ainda, a surpreendente versatilidade de Guinga ao registrar peças que não pertencem às vertentes principais de sua formação, tais como os **baiões** "*Dá O Pé, Loro*" e "*Por Trás De Brás De Pina*" – neste, participa o excelente conjunto **Nó Em Pingo D'Água** – e a salsa, "*Me Gusta A Lagosta*", gravada em Cuba ao lado de Chano Dominguez e do grupo Diapasón. Ao contrário dos álbuns anteriores, em que predominavam canções, o disco visou o mercado internacional e, por isso, concentrou-se em números instrumentais. Essa opção realçou a competência de Guinga e de seus convidados, como o clarinetista Paulo Sérgio Santos e o violonista Lula Galvão, em seus instrumentos. Entre os brilhantes temas instrumentais, destacam-se "*Cheio De Dedos*", "*Inventando Moda*" e "*Nó Na Garganta*". Também bonitas, as canções "*Impressionados*" e "*Ária De Opereta*" (com letras de Aldir Blanc, seu mais freqüente parceiro, a quem é dedicada a faixa "*Blanchiana*") foram interpretadas por dois nomes de peso da MPB: Chico Buarque e Ed Motta (respectivamente). *Cheio De Dedos* é uma obra delicada, mas vigorosa, comovente por sua beleza intensa e importantíssima por ter levado para o mundo todo a música de um dos maiores melodistas e harmonizadores do Brasil.

*Festivais de MPB*
Os festivais musicais de televisão, que premiavam compositores e intérpretes, tiveram grande repercussão e importância na segunda metade década de 60, reunindo artistas das mais variadas tendências e revelando nomes como Caetano Veloso, Chico Buarque, Edu Lobo, Elis Regina, Gilberto Gil, e muitos outros.

*Seresta*
Antiga tradição urbana, vinda de Portugal nos primeiros anos de colonização, que consiste na execução musical coletiva, geralmente com canto e acompanhamento, de um repertório lírico-amoroso ao ar livre (preferencialmente à noite e sob a janela de uma pessoa a quem se quer bem).

*Choro*
Gênero musical (inicialmente instrumental) surgido na segunda metade do século XIX cuja linguagem é resultado do abrasileiramento das danças de salão européias, sobretudo, a polca.

*Baião*
Canto e dança de ritmo binário, originário do interior do nordeste brasileiro, popularizado em âmbito nacional por Luiz Gonzaga.

*Nó Em Pingo D'Água*
Conjunto de choro, integrado por Rodrigo Lessa (bandolim), Rogério Souza (violão), Papito (contrabaixo), Mário Sève (sopros) e Celsinho Silva (percussão), muito importante no processo de revitalização e modernização pelo qual o gênero vem passando desde meados dos anos 70.

# CHICO BUARQUE DA MANGUEIRA

Vários Artistas

FAIXAS

1. Chão De Esmeraldas
*C. Buarque/H. B. de Carvalho*
2. Sala De Recepção/Alvorada/ Folhas Secas/Pranto De Poeta/ Saudosa Mangueira/Lá Em Mangueira
*(Cartola)/(Cartola/C. Cachaça/H. B. de Carvalho)/ (N. Cavaquinho/G. De Brito)/(N. Cavaquinho/G. de Brito)/(H. Martins)/(H. Martins/H. dos Prazeres)*
3. Linguagem Do Morro/ Favela/O Samba Do Operário
*(Padeirinho/F. dos santos)/ (J. Pessanha/Padeirinho)/(N. Sargento/Cartola/A. Português)*
4. Como Será O Ano 2000/ Cabritada Mal Sucedida/ Polícia No Morro
*(Padeirinho)/(G. Pereira/W. Wanderley)/(G. Pereira/A. Passos)/(N. Sargento)*
5. Pisei Num Despacho/ Resignação/Você está Sumindo/Se Eu Pudesse
*(G. Pereira/E. dos Santos)/ (G. Pereira/A. Provenzano)/ (G. Pereira/J. de Castro)/(Z. da Zilda/G. Augusto)*
6. Estação Derradeira
*Chico Buarque*
7. Piano Na Mangueira
*Chico Buarque/Tom Jobim* – inc.: Sei Lá, Mangueira *(P. da Viola/H. B. de Carvalho)*
8. Divina Dama
*Cartola*
9. Exaltação À Mangueira
*A. A. da Costa/E. Brites* – inc.: A Mangueira Não Morreu *(J. Zagaia)*
10. Capital Do Samba
*Z. Ramos*

BMG

## *Tradição de verde e rosa*

A Estação Primeira de Mangueira é, sem dúvida, a escola de samba que melhor simboliza o carnaval do Rio de Janeiro. Além de ter sido uma das primeiras da cidade (e do Brasil), a escola de cores verde e rosa é a mais popular e a que tem o mais prestigiado time de compositores em sua história – entre eles, os mestres Cartola, Nelson Cavaquinho e **Geraldo Pereira**. Para o carnaval de 1998, quando completaria 70 anos de glória, a Mangueira preparou uma homenagem a um de seus mais ilustres admiradores, o cantor e compositor Chico Buarque, e aproveitou a ocasião para rever e organizar seu passado, criando um grande centro de memória. O ponto de partida para conseguir fundos para esse empreendimento e para o desfile – com o qual, aliás, a escola sagrou-se campeã do carnaval –, foi a gravação de um CD histórico, que reuniu artistas mangueirenses para cantar os clássicos da escola: *Chico Buarque da Mangueira*. A única faixa inédita do disco é a primeira, "*Chão de Esmeraldas*", em que Chico Buarque canta uma bela louvação à escola feita por ele e Hermínio Bello de Carvalho. Em seguida, começa uma série de *pout-pourris* com composições célebres. O primeiro se inicia com dois clássicos assinados por Cartola, fundador e principal nome da Mangueira: "*Sala de*

*Recepção*" e "*Alvorada*". Ainda nesse pout-pourri, todo dedicado à escola, foram lembradas músicas de Herivelto Martins e da dupla Nelson Cavaquinho e Guilherme de Brito entoadas pelas vozes de Chico, Alcione, Lecy Brandão e João Nogueira. O segundo *pout-pourri*, cantado por João Nogueira e Christina Buarque – dois portelenses especialmente convidados –, traz a memória do bom compositor Padeirinho, que retratou a gente humilde dos morros em "*Linguagem do Morro*" e "*Favela*". No terceiro, em que Carlinhos Vergueiro se junta a Christina Buarque (irmã de Chico), destaca-se o mais belo samba do compositor Nelson Sargento, "*Agoniza, Mas Não Morre*". O último pout-pourri é quase todo de composto por obras-primas do talentosíssimo Geraldo Pereira ("*Pisei Num Despacho*", "*Resignação*" e "*Você Está Sumindo*"), exceto por um samba do também histórico Zé da Zilda: "*Se Eu Pudesse*" (que, inclusive, mereceu elogios do maestro Villa-Lobos pela originalidade de seu **contraponto**), executado por Nelson Sargento e Alcione. Adiante, o disco traz um interessante arranjo criado pelo violonista Maurício Carrilho (baseado na trilha sonora do filme *Amacord*) para "*Estação Derradeira*", de Chico Buarque, defendida pela voz de Alcione. Chega, então, a hora da voz possante de Jamelão – **puxador** da Mangueira desde o carnaval de 1951 – mostrar sua excelência na parceria de Chico e Tom Jobim "*Piano Na Mangueira*". Encerrando esse disco antológico, Chico Buarque canta mais uma jóia de Cartola, "*Divina Dama*", e divide com Nelson Sargento o "hino" mangueirense, "*Exaltação À Mangueira*", de 1956. O desfecho, naturalmente, ficou a cargo da **Velha-Guarda** da Mangueira, que entoou com graça e emoção o marcante samba de 1942, "*Capital do Samba*".

*Geraldo Pereira*
Cantor e compositor carioca, nascido em 1918 e falecido em 1955, autor de grandes sucessos como "*Falsa Baiana*" e "*Bolinha De Papel*". As principais características dos seus sambas são a originalidade melódica e a complexidade rítmica.

*Contraponto*
Composição ou trecho musical que conjuga, em planos diferentes, duas melodias independentes e simultâneas que se combinam harmonicamente.

*Puxador*
Nome dado ao cantor que, nos desfiles das escolas de samba, é a maior referência vocal de toda a agremiação.

*Velha Guarda*
É o nome dado ao grupo dos integrantes mais antigos de uma escola de samba. Eles representam o passado e a tradição da escola.

# 50 ANOS DE CHÃO
1988

Luiz Gonzaga

✔ Faixas escolhidas

1. Vira E Mexe (O Chamego)
*Luiz Gonzaga/M. Lima*
2. Dança Mariquinha
*Luiz Gonzaga/M. Lima*
3. Baião
*Luiz Gonzaga/H. Teixeira*
4. Asa Branca
*Luiz Gonzaga/H. Teixeira*
5. Pau de Arara
*Luiz Gonzaga/G. de Moraes*
6. Qui Nem Jiló
*Luiz Gonzaga/H. Teixeira*
7. Assum Preto
*Luiz Gonzaga/H. Teixeira*
8. ABC do Sertão
*Luiz Gonzaga/Z. Dantas*
9. Paraíba
*Luiz Gonzaga/H. Teixeira*
10. Estrada De Canindé
*Luiz Gonzaga/H. Teixeira*
11. Boiadeiro
*K. Caldas/A. Cavalcanti*
12. A Volta da Asa Branca
*Luiz Gonzaga/Z. Dantas*
13. O Xote Das Meninas
*Luiz Gonzaga/Z. Dantas*
14. Riacho Do Navio
*Luiz Gonzaga/Z. Dantas*
15. Danado De Bom
*L. Gonzaga/J. Silva*
16. Ovo de Codorna
*S. Ramos*
17. Forró N° 1
*Luiz Gonzaga/J. Silva*
18. Tá Bom Demais
*Luiz Gonzaga/O. de Almeida*

RCA (BMG)

## *A voz do sertão*

O próprio Luiz Gonzaga (1912-1989) fez a seleção dos melhores momentos de sua carreira contida na coletânea *50 Anos De Chão*, lançada pela RCA-Victor em 1988. Gonzaga, o "Rei do Baião", chegou com sua sanfona ao Rio de Janeiro em 1939 com o projeto de viver de música, sua maior paixão. As primeiras apresentações foram nos bares do Mangue – região situada próxima ao porto e conhecida pela desordem e pelo comércio sexual –, onde tocava polcas, valsas, sambas e choros (gêneros em moda na época) para uma platéia em que predominavam marinheiros, estivadores, malandros, boêmios e prostitutas. Naturalmente, o "salário" – algumas moedas depositadas num pires – era pequeno, assim como as perspectivas de crescimento artístico. Numa noite, porém, um grupo de estudantes cearenses chamou-o para conversar e, percebendo que vinha do interior dos estado vizinho, Pernambuco, fez um desafio: "Olha, **caboclo**, quando nós voltarmos aqui, só daremos dinheiro se você tocar um negócio lá daquele **pé-de-serra**!". Luiz Gonzaga, que saíra de sua terra natal havia quase dez anos, precisou de algum esforço para se lembrar das canções que ouvia de seu pai. Mas, dias depois, quando os estudantes retornaram, apresentou dois temas nordestinos e, para a sua surpresa, o público todo se incendiou. Animado com a repercussão, o sanfoneiro decidiu fazer do **sertão** a sua morada musical e, pouco tempo depois, já estava gravando música regional nordestina como instrumentista – a exemplo de "*Vira E Mexe*", de 1943 – e com sua voz de '**taboca rachada**', estreada em "*Dança Mariquinha*", de 1945. O êxito também não demorou, chegando ainda em 45 com "*Cortando O Pano*" e, principalmente, no ano seguinte, com o hoje clássico "*Baião*". "*Baião*", composto com um de seus 3 maiores parceiros, Humberto Teixeira – os outros foram Zé Dantas e João Silva –, apresentou o **baião** aos não-nordestinos e simbolizou a padronização rítmica e formal desse importante estilo musical feita por Gonzaga. Desde então, até meados da década seguinte, o artista continuou com muito sucesso, gravando, ano após ano, tesouros como "*Asa Branca*", "*Pau de Arara*", "*Qui Nem Jiló*", "*Assum Preto*", "*ABC do Sertão*", "*Paraíba*", "*Boiadeiro*", "*A Volta da Asa Branca*", "*O* ***Xote*** *Das Meninas*" e "*Riacho Do Navio*". Porém, a partir de meados da década de 50, quando o baião caiu de moda, Luiz Gonzaga perdeu espaço nos grandes centros urbanos e passou por um longo tempo de relativo esquecimento. Somente no final dos anos 60, com os enfáticos elogios de artistas como Gilberto Gil e Caetano Veloso, Gonzaga retomou seu trono. Foi quando voltou a fazer shows e a gravar – recebeu até um disco de ouro com *Danado de Bom* (1984) –, dividindo o microfone com Milton Nascimento, Gonzaguinha (seu filho), Alceu Valença, entre outros talentos, e chegando à definitiva consagração. *50 Anos De Chão* mostra de modo exemplar a inventividade melódica, as saborosas interpretações de histórias sertanejas, a riqueza rítmica e a doce simplicidade que eternizaram o nome de Luiz Gonzaga.

*Caboclo*
Nome que designa, originalmente, o mestiço de branco com índio, mas que costuma se estender a qualquer morador de zonas rurais.

*Pé-de-Serra*
Maneira regional de se referir ao sertão nordestino.

*Sertão*
Região árida e muito pobre, porém de cultura riquíssima, situada no interior do nordeste brasileiro.

*Taboca Rachada*
Maneira como Luiz Gonzaga definia sua voz anasalada e de timbre metálico, comparando-a com o estalido do bambu ao ser rachado.

*Baião*
Canto e dança de ritmo binário, originário do interior do nordeste brasileiro, popularizado em âmbito nacional por Luiz Gonzaga.

*Xote*
Ritmo binário nordestino que é uma livre apropriação do schottisch europeu, chegado ao Brasil no século XIX. Luiz Gonzaga foi uma dos maiores compositores e intérpretes de xote do Brasil.

FAIXAS

1. Só Danço samba
*T. Jobim/V. de Moraes*
2. Embola A Bola
*Djavan*
3. Lá Vem Samba
*J. L. Guimarães*
4. Essa Maré
*Ivan Lins/R. M. de Souza*
5. Esses Moços
*L. Rodrigues*
6. Olha
*R. Carlos/E. Carlos*
7. Samba De Uma Nota Só
*Tom Jobim/N. Mendonça*
8. Saudades Da Guanabara
*M. Luz/A. Blanc/ P. C. Pinheiro*
9. Samba Tempo
*Pingarrilho/M. Vasconcelos*
10. Muito Obrigado
*Djavan*
11. Cabrocha Da Mangueira
*M. Proença/P. C. Pinheiro*
12. Nostalgia da Bossa
*R. Werneck/D. Ferreira*

Perfil

# COISA FINA

1994

Leny Andrade e Romero Lubambo

## *O Brasil devora o jazz*

O jazz teve na música brasileira do pós-guerra uma importância semelhante à da **polca** em meados do século XIX. Se a polca, ao se abrasileirar, gerou condições para o surgimento do revolucionário **choro**, o jazz trouxe uma nova maneira de conceber melodias e harmonias que propiciou a bossa-nova – estilo que marca a modernização da música brasileira no século XX. Leny Andrade e Romero Lubambo, que assinam o primoroso álbum *Coisa Fina* (1994), são bons exemplos de artistas bastante influenciados pela música norte-americana que se destacaram no Brasil fazendo uma música que combina, criativamente, o jazz e os ritmos brasileiros. Já em seu primeiro LP, *A Sensação* (1961), e, um ano depois, no trabalho como crooner da Orquestra Dick Farney, a carioca Leny Andrade deixava transparecer sua intenção de trilhar esse caminho. Três anos mais tarde, Leny conheceu o sucesso com show (depois editado em disco) *Gemini V*, integrado por ela, o cantor **Pery Ribeiro** e o conjunto Bossa Três, de **Luiz Carlos Vinhas**. A partir de então, Leny passou a ser considerada uma das maiores cantoras do Brasil, conquistando um público fiel, apaixonado por sua voz grave e rouca e pelo sabor jazzístico que mistura em suas interpretações. O também carioca Romero Lubambo, por sua vez, estudou violão clássico até os 17 anos, quando resolveu dedicar-se ao jazz . Essa opção o levou, naturalmente, aos Estados Unidos, onde, vivendo desde meados dos anos 80, destacou-se tocando com Astrud Gilberto, Herbie Mann, Paquito D'Rivera, Dianne Reeves e outros. Quando Leny e Romero se encontraram, em Nova York, para gravar *Coisa Fina*, ambos já estavam suficientemente experientes e maduros para saber o que queriam do trabalho. O formato escolhido, o econômico "voz e violão" eternizado pela bossa-nova, garantiu espaço para a requintada e criativa improvisação de ambos. É interessante notar nas faixas do disco – por exemplo, no clássico "*Samba De Uma Nota Só*" – que a familiaridade com a música norte-americana não implicou, de maneira alguma, numa negligência da linguagem musical brasileira. Pelo contrário, Leny e Romero mostram muita segurança e suingue no sambas e bossas-novas, inclusive ao enfrentarem com maestria a difícil tarefa de reinterpretar outros grandes clássicos da MPB como "*Esses Moços*" e "*Só Danço Samba*". A escolha do repertório do CD não privilegiou canções inéditas, mas recaiu sobre obras de riqueza rítmica e melódica que possibilitassem o sofisticado tratamento harmônico e interpretativo de Leny e Romero. Bons exemplos disso são "*Essa Maré*", "*Saudades Da Guanabara*", "*Muito Obrigado*" e "*Cabrocha Da Mangueira*", cujos nomes dos compositores – Ivan Lins e Ronaldo M. de Souza; Moacyr Luz, Aldir Blanc e Paulo César Pinheiro; Djavan; Márcio Proença e Paulo César Pinheiro (respectivamente) – dispensam mais comentários. Outro destaque de *Coisa Fina*, um disco que vale a pena guardar, é a releitura bossanovista do sucesso "*Olha*", da famosa dupla Roberto e Erasmo Carlos, lançado em 1975.

*Polca*
Dança e música de ritmo binário de origem européia – provavelmente bávara – que chegou ao Brasil em meados do século XIX e que fez muito sucesso por mais de 50 anos no país. Já abrasileirada, poucos anos depois de sua chegada, a polca teve um papel fundamental na formação do choro.

*Choro*
Gênero musical (inicialmente instrumental) surgido na segunda metade do século XIX cuja linguagem é resultado do abrasileiramento das danças de salão européias, sobretudo, a polca.

*Pery Ribeiro*
Conhecido compositor e intérprete brasileiro, nascido em 1937, filho do célebre casal Dalva de Oliveira e Herivelto Martins, que lançou a mundialmente famosa "*Garota de Ipanema*" (T. Jobim/V. de Moraes).

*Luiz Carlos Vinhas*
Pianista revelado na bossa-nova, nascido em 1940 e falecido em 2001, cuja maior qualidade era seu impressionante senso rítmico.

# COM VIDA
1995

Clara Nunes

FAIXAS

1. Morena De Angola
*Chico Buarque*
2. Peixe Com Coco
*A. Lonato/Josias/M. do Cavaco*
3.Na Linha Do Mar
*Paulinho da Viola*
4. Coisa Da Antiga
*W. Moreira/N. Lopes*
5. Nação
*João Bosco/A. Blanc/P. Emílio*
6. Viola de Penedo
*L. Bandeira*
7. Ijexá (Filhos De Gandhi)
*E. Pacheco*
8. Conto De Areia
*R. S. Bastos/Toninho*
9. Sem Companhia
*I. Lancellotti/P. C. Pinheiro*
10. Coração Leviano
*Paulinho da Viola*
11. À Flor Da Pele
*M. Tapajós/C. Nunes/P. C. Pinheiro*
12. As Forças Da Natureza
*J. Nogueira/P. C. Pinheiro*
13. Amor Perfeito
*I. Lancellotti/P. C. Pinheiro*
14. Menino Deus
*M. Duarte/P. C. Pinheiro*

EMI

## *Homenagem a uma artista inesquecível*

Havia 12 anos do falecimento da cantora Clara Nunes (1943-1983) quando seu marido **Paulo César Pinheiro** planejou uma comovente homenagem: um disco em que ela, mais uma vez, pudesse dividir sua música com os amigos e parceiros de sua vitoriosa trajetória. Esse notável trabalho, intitulado *Com Vida*, foi feito com auxílio da tecnologia fonográfica mais avançada, que enxertou nas gravações originais as vozes de grandes nomes da MPB, propiciando encontros emocionantes. Com um repertório muito bem escolhido, que não privilegia apenas os sucessos da cantora, esse belíssimo álbum teve o mérito de reafirmar com eloqüência o talento e a importância de Clara Nunes. Mineira de Paraopeba, Clara começou sua carreira em 1960, após vencer a etapa de seu estado do concurso *A Voz de Ouro*, no qual terminaria em 3° lugar. Porém, ainda que já chamasse a atenção por sua bela voz, que guardava influências evidentes das grandes damas da MPB dos anos 40 e 50, Clara só conseguiria renome nacional muito tempo depois, quando passou a se dedicar intensamente ao samba, no início dos anos 70. Foi uma grata surpresa, pois ela revelou-se uma sambista de primeira, brilhante nos partidos-altos (como '*Peixe Com Coco*", cantado com Martinho da

Vila), nos sambas-canção (como "*Amor Perfeito*", cantado com Marisa Gata Mansa), nos samba-enredo (como "*Nação*", cantado com João Bosco) e nas demais variantes do gênero. Essa mudança em sua carreira não demorou a render bons frutos: logo em 1974, seu LP *Alvorecer* alcançou a surpreendente marca de 312 mil cópias vendidas, tendo como maior sucesso a faixa "*Conto De Areia*", que, em *Com Vida*, recebeu uma ótima participação de Milton Nascimento. Outra canção famosa desse álbum é o samba "*Menino Deus*", ao qual Emílio Santiago emprestou sua voz. Ainda que também tenha gravado diversas obras de outros gêneros – a exemplo do **coco** "*Viola De Penedo*", cantado com Elba Ramalho, e do **ijexá** "*Ijexá (Filhos de Gandhi)*", cantado com Gilberto Gil –, o êxito de Clara está mesmo relacionado ao samba. Clara, inclusive, foi um verdadeiro símbolo da grande ascensão das cantoras de samba na MPB em meados dos 70, da qual também participou Alcione, que canta ao seu lado em "*Sem Companhia*". Clara gravou obras de diversos compositores, mas, naturalmente, foi a principal lançadora do repertório de Paulo César Pinheiro. *Com Vida* contém 5 faixas de sua autoria, dentre as quais "*As Forças Da Natureza*", que traz a saborosa participação de **João Nogueira**, parceiro de Paulo nesse samba e em muitas outros. O LP *As Forças Da Natureza* (1977), em que a canção homônima foi lançada, é o disco que cedeu mais gravações originais para *Com Vida*. Estão nele as interessantes "*Coisa Da Antiga*" (com Roberto Ribeiro), "*À Flor Da Pele*" (com Ângela Maria) e o sucesso "*Coração Leviano*" (com Paulinho da Viola). Outros pontos altos de *Com Vida* são as lindíssimas participações de Chico Buarque, em "*Morena de Angola*", e Nana Caymmi, em "*Linha Do Mar*".

*Paulo César Pinheiro*
Compositor carioca, nascido em 1949, autor de "*Lapinha*" (com Baden Powell), "Matita Perê" (com Tom Jobim) e outros tesouros do cancioneiro nacional.

*João Nogueira*
Excelente sambista carioca, cuja marca era a originalidade e a variedade da divisão rítmica de seu canto. Nascido em 1941 e falecido em 2000, é o autor de "Espelho", "Poder da Criação" (ambas com Paulo César Pinheiro) e outras músicas de sucesso.

*Coco*
Ritmo binário tradicional do nordeste brasileiro. Acredita-se que sua origem esteja nos cantos e batuques dos escravos negros.

*Ijexá*
Ritmo binário de origem africana freqüentemente encontrado na Bahia em manifestações como os afoxés (blocos carnavalescos) e cultos de candomblé.

# CONSTRUÇÃO

1971

Chico Buarque

FAIXAS

1. Deus Lhe Pague
*Chico Buarque*
2. Cotidiano
*Chico Buarque*
3. Desalento
*C. Buarque/V. de Moraes*
4. Construção
*Chico Buarque*
5. Cordão
*Chico Buarque*
6. Olha Maria
*T. Jobim/V. de Moraes/C. Buarque*
7. Samba De Orly
*C. Buarque/V. de Moraes/ Toquinho*
8. Valsinha
*C. Buarque/V. de Moraes*
9. Minha História (Gesubambino)
*Dalla/Pallotino* – versão *C. Buarque*
10. Acalanto
*Chico Buarque*

Polygram (Universal)

## *A demolição musical da ditadura*

Assim como boa parte dos artistas revelados nos **festivais de MPB**, Chico Buarque, nascido no Rio de Janeiro e criado em São Paulo, tinha na bossa-nova uma grande referência. Porém, ao contrário de alguns colegas de geração, Chico não buscou ampliar os domínios harmônicos, rítmicos ou conceituais da bossa: as conquistas de Tom Jobim, João Gilberto e sua turma já lhe pareciam suficientes, sobretudo seu projeto de recuperação e modernização da canção tradicional brasileira (principalmente, do samba). Seguindo essa linhagem, que se adequava perfeitamente à sua admiração por Noel Rosa, **Ismael Silva** e outros mestres, o cantor e compositor desenvolveu um cancioneiro refinado harmônica e melodicamente, que se valorizava ainda mais por sua exuberante verve poética. Quando foi projetado nacionalmente, em 1965, graças ao enorme sucesso da singela "*A Banda*", o interesse da mídia em apresentá-lo como um novo Noel Rosa fez com que sua imagem ficasse associada a um misto de doçura, romantismo e inofensiva irreverência que perdurou até 1968. Nesse ano, marcado pelo recrudescimento da ditadura militar instaurada em 1964, Chico rompeu com isso tudo e assumiu um importante papel de liderança na resistência contra o regime, revelando uma face angustiada e duramente crítica do governo e da parcela conservadora da sociedade que o apoiava. A agressividade dessa postura, que o levou a se exilar na Itália em 1970, é a tônica do excelente *Construção* (1971), gravado em sua volta ao Brasil. *Construção* tem como maior atrativo a música homônima, habilmente composta sobre versos dodecassílabos, que descreve um dia - o último dia - da vida de um trabalhador da construção civil. Seu arranjo tenso e grandioso, escrito por **Rogério Duprat**, tornou-se célebre - os demais arranjos do disco são de Magro, do **MPB 4**, conjunto que participa de várias faixas. Outro destaque, outra jóia poética, é "*Deus Lhe Pague*" (citada no final da faixa-título e executada integralmente na abertura do álbum), que evoca uma duvidosa justiça divina para punir os responsáveis pela sofrida situação do país. O profundo teor de sua revolta contra a tirania governante também fica claro nos versos repetidos em "*Acalanto*" ("Dorme minha pequena/Não vale à pena despertar") e "*Cordão*" ("Ninguém vai me acorrentar/Enquanto eu puder cantar/Enquanto eu puder sorrir"). Composto sob o mesmo tipo de inspiração, o "*Samba De Orly*", parceria com **Toquinho**, tornou-se uma ode aos exilados políticos. Outras críticas, mas puramente sociais, aparecem em canções conhecidas como "*Cotidiano*" e "*Minha História*" (versão de "*Gesubambino*"), que questionam tabus como o modo de vida e a religiosidade burguesa. O tom contestatório marcou o álbum *Construção*, mas nele seu romantismo inicial também se fez presente. Bons exemplos disso são suas belas parcerias com os amigos e ídolos Vinícius de Moraes, "*Desalento*" e "*Valsinha*", e Tom Jobim, "*Olha Maria*" - de cuja gravação o maestro participou, ao piano.

*Festivais de MPB*
Os festivais musicais de televisão, que premiavam compositores e intérpretes, tiveram grande repercussão e importância na segunda metade década de 60, reunindo artistas das mais variadas tendências e revelando nomes como Caetano Veloso, Chico Buarque, Edu Lobo, Elis Regina, Gilberto Gil, e muitos outros.

*Ismael Silva*
Cantor e compositor fluminense, nascido em 1905 e falecido em 1978, autor de "*Se Você Jurar*" (com Francisco Alves e Nilton Bastos), "*Para Me Livrar Do Mal*" (com Noel Rosa) e outros sambas clássicos.

*Rogério Duprat*
Maestro e compositor carioca, nascido em 1932, cuja atuação foi fundamental nos movimentos Música Nova e Tropicalismo.

*MPB 4*
Conjunto vocal fluminense, formado por Magro, Rui, Aquiles e Miltinho em 1962, que gravou sucessos como "*Amigo É Pra Essas Coisas*" (de Sílvio Silva Jr.e Aldir Blanc) e "*Cantiga*" (de Dori Caymmi e Nelson Motta).

*Toquinho*
Cantor, violonista e compositor paulista, nascido em 1946, autor de músicas conhecidas como "*Que Maravilha*" (com Jorge Ben) e "*Regra Três*" (com Vinícius de Moraes). "*Samba De Orly*" também leva a assinatura de Vinícius de Moraes, mas consta que sua participação foi muito pouco relevante.

FAIXAS

1. Copacabana
*A. Ribeiro/Braguinha*
2. Barqueiro Do São Francisco
*A. Ribeiro/A. P. Vermelho*
3. Era Ela
*O. Belandi/L. M. Filho*
4. Ela Foi Embora
*O. Belandi/D. Ferreira*
5. Marina
*D. Caymmi*
6. Foi E Não Voltou
*O. Belandi/Chuca-Chuca*
7. Ser Ou Não Ser
*J. M. de Abreu /A. Ribeiro*
8. Um Cantinho E Você
*J. M. de Abreu/J. Amorim*
9. Meu Rio De Janeiro
*O. Belandi/N. Trigueiro*
10. A Saudade Mata A Gente
*Braguinha/A. Almeida*
11. Esquece
*G. Milfont*
12. Somes Dois
*A. Cavalcanti/K. Caldas/L. Antônio*
13. Ponto Final
*J. M. de Abreu/J. Amorim*
14. Olhos Tentadores
*O. Belandi/C. Silva*
15. Junto De Mim
*J. M. de Abreu/A. Ribeiro*
16. Sempre Teu
*J. M. de Abreu/J. Amorim*
17. Uma Loura
*H. Cordovil*
18. Meu Erro
*L. Bittencourt/G. Milfont*
19. Nick Bar
*J. Vasconcelos/Garoto*
20. Mundo Distante
*L. Bonfá*
21. Alguém Como Tu
*J. M. de Abreu/J. Amorim*

Revivendo

# COPACABANA
2002

Dick Farney

## *O "ponto de mutação" da MPB*

Nos elegantes piano-bares, que viraram moda no final dos anos 40, reinou o memorável cantor e pianista Dick Farney, um dos maiores responsáveis pela assimilação do jazz à MPB. A coletânea *Copacabana* (2002) retrata o período mais importante de sua carreira, compreendido entre 1946 e 1952. Dick, oriundo de uma parcela culta da classe média carioca, fora educado musicalmente segundo os padrões da música erudita, mas estudou e se especializou no jazz por conta própria, tendo Nat King Cole como ídolo. Seus primeiros passos na carreira musical foram dados no rádio no final dos anos 30 e, a partir de 1941, num luxuoso **cassino**, cantando com um inglês impecável os standarts da música norte-americana – a suavidade e o suingue de seu canto tornavam inevitáveis as comparações ao astro Bing Crosby. A guinada em sua trajetória, porém, ocorreu em 1946, quando **Braguinha**, então diretor da gravadora Continental, convenceu-o a interpretar obras brasileiras – em geral, **sambas-canção** – que se adaptassem ao seu estilo de cantar, com intenções mais amenas, impostação relaxada, menos vibratos e volume bem mais baixo do que se usava na época. Em agosto daquele ano, saía seu histórico disco de 78 rotações com "*Copacabana*" e "*Barqueiro* *do São Francisco*". O sucesso "*Copacabana*", com seu sofisticado e inovador arranjo de cordas escrito por **Radamés Gnatalli** – que já dominava bem a maneira de distribuir vozes dos maestros norte-americanos –, é considerado o marco inicial da modernização da MPB que culminaria na bossa-nova. Mas, mesmo com o sucesso, Dick Farney resolveu partir, ainda nesse ano, para os Estados Unidos – onde, aliás, foi muito bem sucedido –, deixando o público brasileiro somente com algumas gravações suas, como as belas "*Ser Ou Não Ser*" e "*Meu Rio De Janeiro*" ou as hoje clássicas "*Marina*" e "*A Saudade Mata A Gente*". Dick voltou aclamado, mas somente no final de 1948, e continuou lançando obras que primavam pelo refinamento melódico e harmônico, a exemplo dos sucessos "*Uma Loura*", "*Nick Bar*" e "*Alguém Como Tu*". O êxito e a perseverança de Dick fizeram consolidar os elementos da música norte-americana que introduziu na MPB. É interessante notar que a originalidade de um intérprete como ele levou ao fortalecimento de uma forma de composição mais moderna, diferente do que predominava na MPB até então. Isso implicou, tanto na maior valorização de alguns autores já estabelecidos, como a dupla José Maria de Abreu e Jair Amorim (criadores de algumas peças fundamentais em seu repertório, a exemplo de "*Um Cantinho E Você*", "*Ponto Final*" e "*Sempre Teu*"), quanto na projeção de nomes desconhecidos, como Gilberto Milfont (em "*Esquece*"), Klécius Caldas (em "*Somos Dois...*"), Oscar Belandi (em "*Ela Foi Embora*" e "*Olhos Tentadores*") e Luiz Bonfá (em "*Mundo Distante*"). Dick Farney é um marco da MPB. Sua música deixou sementes na fértil sensibilidade de muitos artistas, principalmente de Johnny Alf, João Donato, Tom Jobim e outros que viriam a fazer a bossa-nova.

*Cassino*
A proibição dos jogos de azar no Brasil, decretada em 1946, pôs fim aos cassinos, que, além de explorar a roleta, o bacará e caça-níqueis em geral, promoviam luxuosos shows com grandes estrelas da nossa música e do exterior.

*Braguinha*
Compositor, cantor e produtor musical carioca, também conhecido como João de Barro, nascido em 1907, que tem em sua extensa lista de sucessos, canções clássicas como "*Copacabana*" (com Alberto Ribeiro) e "*Carinhoso*" (com Pixinguinha).

*Samba-canção*
Variedade de samba surgida no final dos anos 20, tocada em ritmo lento, com temas preferencialmente sentimentais.

*Radamés Gnatalli*
Maestro, pianista e compositor gaúcho, nascido em 1906 e falecido em 1988, que desempenhou uma função importantíssima na história da MPB no século XX. Entre seus principais trabalhos estão o revolucionário arranjo para "*Copacabana*", gravado por Dick Farney em 1946, e a organização do inovador conjunto de choro Camerata Carioca, em 1979.

# CORRUPIÃO
1993

Edu Lobo

**FAIXAS**

1. Corrupião
*Edu Lobo*
2. Frevo Diabo
*Edu Lobo/Chico Buarque*
3. Valsa Brasileira
*Edu Lobo/Chico Buarque*
4. Dos Navegantes
*Edu Lobo/P. C. Pinheiro*
5. Falando de Amor/Prelúdio N° 3
*T. Jobim/Heitor Villa-Lobos*
6. A Mulher De Cada Porto
*Edu Lobo/Chico Buarque*
7. Nego Maluco
*Edu Lobo/Chico Buarque*
8. Sem Pecado
*Edu Lobo/A. Blanc*
9. Choro Bandido
*Edu Lobo/Chico Buarque*
10. Ave Rara
*Edu Lobo/A. Blanc*

Velas

## *Samba, frevo, baião... tudo pode ser bossa-nova*

No início dos anos 60, fascinado pela efervescente bossa-nova, o talentosíssimo Edu Lobo dava seus primeiros vôos como instrumentista e compositor, seguindo fielmente a escola de Tom Jobim e João Gilberto. Porém, pouco a pouco, Edu foi se afastando da bossa-nova "pura", movido pelo desejo de aplicar as inovações que esta havia trazido para o samba em outros ritmos brasileiros, tais como o **frevo** e o **baião** – que ouvia durante as férias escolares passadas em Recife, onde moravam seus avós. Edu Lobo conseguiu sucesso rapidamente. Aos 21 anos já tinha uma atuação destacada na música, e, ainda por cima, venceu o primeiro grande **festival** de televisão com "*Arrastão*", composta ao lado de Vinícius de Moraes e defendida por Elis Regina. A partir de então, sua carreira deslanchou, colecionando outros êxitos, como "*Ponteio*" (com Capinam), canção também vitoriosa num festival de TV. Em 1969, procurando novos horizontes e pressionado pela tensa situação política do Brasil – que sofria o auge da violência da ditadura militar instaurada em 1964 –, Edu foi estudar música nos Estados Unidos, onde aprendeu muito sobre composição e harmonia, além de ter ampliado bastante seu conhecimento de jazz e música erudita. No início dos anos 70, de volta ao Brasil, preferiu se distanciar da mídia, mas continuou criando obras importantíssimas. *Corrupião*, lançado em 1993, é um ótimo exemplo da qualidade pela qual o compositor zelou em toda a sua trajetória. Nele, gravado ao lado de músicos competentes como o guitarrista Paulo Bellinati, o flautista Teco Cardoso e o pianista Gilson Peranzzetta (também arranjador do álbum), Edu interpretou composições novas e antigas, testemunhos de seu enorme talento. O disco cativa logo na primeira faixa, "*Corrupião*", um belo tema instrumental que mistura **maracatu** e baião. Edu Lobo, que tem se destacado por criar melodias e harmonias muito sofisticadas, também mostra em *Corrupião* algumas preciosidades em que seu trabalho foi complementado pelo de três letristas de primeira grandeza da MPB: Chico Buarque, Paulo César Pinheiro e Aldir Blanc. Com Chico, um de seus mais freqüentes parceiros, Edu assina "*Frevo Diabo*", "*Valsa Brasileira*", "*A Mulher De Cada Porto*" e "*Nego Maluco* – esta última é uma divertida sátira do conhecido samba "*Nega Maluca*", que tem **Fernando Lobo** (pai de Edu) como co-autor. Paulo César colaborou na interessante "*Dos Navegantes*". Já Aldir, que começou a compor com Edu neste disco, escreveu os versos de duas canções: "*Ave Rara*" e "*Sem Pecado*". O disco traz, ainda, uma homenagem ao mestre e amigo Tom Jobim, cuja composição "*Falando De Amor*" foi brilhantemente recriada por Edu Lobo, que mostrou ousadia e habilidade ao a fundi-la ao "*Prelúdio N° 3*" de Heitor Villa-Lobos. Aliás, a impressionante afinidade musical que havia entre Edu e Jobim, manifesta no gosto por compor nos mais diversos gêneros da música brasileira e por elaborar melodias e harmonias muito requintadas, fez dele um dos maiores herdeiros do maestro.

*Frevo*
Acelerado ritmo de Pernambuco (em especial, de Recife e Olinda), com compasso binário, de acentuado parentesco com a marcha militar, surgido no final do século XIX e predominante no carnaval local.

*Baião*
Canto e dança de ritmo binário, originário do interior do nordeste brasileiro, popularizado em âmbito nacional por Luiz Gonzaga.

*Festivais de MPB*
Os festivais musicais de televisão, que premiavam compositores e intérpretes, tiveram grande repercussão e importância na segunda metade década de 60, reunindo artistas das mais variadas tendências e revelando nomes como Caetano Veloso, Chico Buarque, Edu Lobo, Elis Regina, Gilberto Gil, e muitos outros.

*Maracatu*
Ritmo binário rural de Pernambuco, de forte caráter percussivo, cuja origem é, predominantemente, africana.

*Fernando Lobo*
Jornalista e compositor pernambucano, nascido em 1915 e falecido em 1996, autor de sucessos como "*Nega Maluca*" (com Evaldo Rui) e "*Chuvas De Verão*".

# CURARE
1991

Rosa Passos

FAIXAS

1. Curare
*Bororó*
2. Fotografia
*Tom Jobim*
3. Tim Tim Por Tim Tim
*Haroldo Barbosa/G. Jacques*
4. Coisa Mais Linda
*C. Lyra/V. de Moraes*
5. Dindi
*Tom Jobim/A. de Oliveira*
6. Aquarela Do Brasil
*A. Barroso*
7. A Felicidade
*T. Jobim/V. de Moraes*
8. Folha Morta
*A. Barroso*
9. Só Danço Samba
*T. Jobim/V. de Moraes*
10. Sim Ou Não
*Djavan*
11. O Nosso Amor
*T. Jobim/V. de Moraes*
12. Adeus América/Eu Quero Um Samba
(*H. Barbosa/G. Jacques*)/(*H. Barbosa/J. de Almeida*)
13. Ilusão À Toa
*J. Alf*

Velas

## *A rosa tardia da bossa-nova*

A bossa-nova abriu as portas do mercado mundial para a música brasileira.É verdade que, bem antes de seu surgimento (no final da década de 50), já havia músicos brasileiros com boa reputação internacional, porém, foi somente a partir do movimento deflagrado por Tom Jobim e João Gilberto que a demanda do mercado estrangeiro se tornou significativa na definição dos rumos da MPB. A baiana Rosa Passos, excelente cantora, instrumentista e compositora, é um exemplo de artista que, por sua música bem elaborada, divide seu tempo igualmente entre o Brasil e o exterior. Sua trajetória musical, iniciada em 1968 com algumas apresentações na televisão, teve seu primeiro êxito num **festival de MPB** destinado a universitários realizado em 1972, o qual venceu com a composição "*Mutilados*". Porém, a partir de então, pouco aconteceu em sua carreira e, só em meados dos anos 80, Rosa começou a ser reconhecida como uma das grandes cantoras brasileiras.Nessa época, começou a ganhar o renome internacional que viria a se consolidar no início da década seguinte. Corria o ano de 1991 quando a artista lançou o sofisticadíssimo álbum *Curare*, o terceiro de sua carreira, que marcou sua consagração definitiva. Preenchido por verdadeiras jóias do cancioneiro nacional, a exemplo de "*Aquarela Do Brasil*" e "*Folha Morta*" (do memorável **Ary Barroso**), seu repertório privilegiou escancaradamente a bossa-nova. Basta dizer que a maioria das 14 peças escolhidas já haviam sido interpretadas por João Gilberto e que no disco foram incluídas 5 peças do maestro Tom Jobim: "*A Felicidade*", "*Só Danço Samba*", "*O Nosso Amor*" (todas com Vinícius de Moraes), "*Dindi*" (com Aloysio de Oliveira) e "*Fotografia*". As demais faixas não pertenceram diretamente ao movimento – exceto pela famosa parceria de **Carlos Lyra** e Vinícius de Moraes "*Coisa Mais Linda*" –, mas, em geral, fazem parte do conjunto de canções relido, recuperado e eleito como precursor pelos bossanovistas, a exemplo das saborosas "*Adeus América*" e "*Eu Quero Um Samba*", unidas num medley. O ponto mais alto do disco se enquadra nesse segundo grupo: trata-se da faixa-título "*Curare*", de **Bororó**, que recebeu um arranjo bastante original, com andamento mais lento e harmonia recriada. A bela "*Sim Ou Não*", de Djavan, é a única posterior à bossa-nova, mas recebeu um tratamento harmônico e rítmico bastante afinado com sua sofisticação. Nesse álbum, em que Rosa não gravou nenhuma música de sua autoria, destacam-se suas graciosíssimas interpretações, criadas com uma voz pequena, mas cheia de recursos – nela são perceptíveis as indisfarçáveis influências das jazzistas norte-americanas, mas sobretudo de João Gilberto e Elis Regina, que Rosa diz serem suas maiores referências musicais. O legado de João, óbvio na colocação contida, suave e precisa de sua voz, ressalta-se na comovente "*Ilusão À Toa*", de Johnny Alf, em que o canto é acompanhado apenas por um violão. A complexidade da divisão rítmica de Elis, sua maior herança para Rosa, fica evidente a ótima versão para "*Tim Tim Por Tim Tim*".

*Festivais de MPB*
Os festivais musicais de televisão, que premiavam compositores e intérpretes, tiveram grande repercussão e importância na segunda metade década de 60, reunindo artistas das mais variadas tendências e revelando nomes como Caetano Veloso, Chico Buarque, Edu Lobo, Elis Regina, Gilberto Gil, e muitos outros.

*Ary Barroso*
Pianista e compositor memorável da música brasileira, nascido em 1903 e falecido em 1964, autor dos clássicos "*Aquarela Brasileira*", "*É Luxo Só*", "*Morena Boca De Ouro*" e "*Rancho Fundo*", entre outras.

*Carlos Lyra*
Compositor, violonista e cantor carioca, nascido em 1940, co-autor de sucessos como "*Maria Ninguém*", "*Lobo Bobo*" e "*Marcha De Quarta-Feira De Cinzas*".

*Bororó*
Violonista e compositor carioca, nascido em 1898 e falecido em 1986, autor de poucas, mas bem-sucedidas canções, a exemplo das sofisticadas "*Da Cor Do Pecado*" e "*Curare*".

FAIXAS

1. Parte 1: Quarto Mundo #1/ Dança Das Cabeças/Águas Luminosas/Celebração De Núpcias/Porta Encantada/ Quarto Mundo #2 – (*E. Gismonti*)/ (*E. Gismonti*)/ (*D. Bressane*)/ (*E. Gismonti*)/ (*E. Gismonti*)/ (*E. Gismonti*)
2. Parte 2: Tango/Bambuzal/ Fé Cega Faca Amolada/Dança Solitária – (*E. Gismonti/G. E. Carneiro*)/(*E. Gismonti*)/ (*M. Nascimento/R. Bastos*)/ (*E. Gismonti*)

ECM

# DANÇA DAS CABEÇAS

1977

Egberto Gismonti

## *Música popular de talhe erutido*

O compositor, cantor, arranjador e multi-instrumentista Egberto Gismonti considera-se um herdeiro da "doce irresponsabilidade" de **Heitor Villa-Lobos**, maestro brasileiro que contrariou uma série de normas cristalizadas na música erudita e criou uma obra de estreitas relações com a produção popular nacional. A fecunda despreocupação de ambos com as doutrinas estéticas já consagradas valoriza uma forma de se pensar a criação artística que atenua – se não arruína – algumas distinções estabelecidas, como a definição do que é erudito ou não. A diferença entre eles, porém, é que Villa-Lobos usou elementos da música popular – uma antiga paixão – para fazer, principalmente, música clássica, enquanto seu discípulo buscou o caminho inverso. O fluminense Egberto teve uma educação musical sólida, começando a estudar piano num conservatório aos 5 anos de idade e depois fazendo aulas com os renomados Jacques Klein e Aurélio Silveira. Sua opção pela música popular se deu em 1967, aos 23 anos, quando abriu mão de uma bolsa de estudos na Áustria para tentar a sorte nos disputadíssimos **festivais de MPB**. Ainda no final da década de 60, gravou seus primeiros discos, trabalhou e estudou na Europa, compôs trilhas para filmes e peças de teatro e começou a concentrar seu trabalho na música instrumental, em que se consagraria internacionalmente. Um marco na sua consagração foi o álbum que gravou com o exímio percussionista Nana Vasconcelos em 1977, *Dança Das Cabeças*, que atesta o altíssimo grau de sofisticação que atingiu. A primeira parte desse disco é aberta com "*Quarto Mundo #1*", um tema simples e bonito – mostrar complexidade em idéias simples é uma especialidade do autor –, habilmente construído sobre o rico manancial de modos da música nordestina, que é solado por Egberto na flauta. Em seguida, vem o agitado e contrastante "*Dança Das Cabeças*", conduzido por ele no violão de 8 cordas, que também se norteia pela sonoridade nordestina, inclusive passando por alguns de seus ritmos peculiares, como o **baião**. Mais adiante, "*Águas Luminosas*" causa um rompimento no discurso musical com sua calmaria bela e serena. O mesmo lirismo também se encontra na melodia cíclica, mas algo tensa, de "*Celebração De Núpcias*". "*Porta Encantada*", o penúltimo momento dessa parte, traz uma nova ruptura com seu fraseado agressivo, dissonante e entrecortado, que desemboca numa reexposição do tema inicial batizada "*Quarto Mundo #2*". A segunda parte começa com "*Tango*", que Egberto já havia gravado com boa repercussão no início dos anos 70, executada por um piano solo. Logo a seguir, vem "*Bambuzal*", que traz interessantíssimas experimentações de texturas sonoras com um arrojado naipe de sopros, e, em seguida, uma releitura do sucesso "*Fé Cega Faca Amolada*", de Milton Nascimento e **Ronaldo Bastos**. Encerrando esse belíssimo disco, Egberto sola ao piano a boa "*Dança Solitária*", que subverte radicalmente a continuidade e fluidez rítmica comum às composições classificadas como "dança".

*Villa-Lobos*
O carioca Heitor Villa-Lobos (1887-1959) é o maior expoente da música erudita brasileira, compositor das belíssimas "*Bachianas Brasileiras*". Teve o mérito de transpor com elegância motivos folclóricos e temas populares nacionais para uma linguagem de maior sofisticação e penetração nos meios acadêmicos do mundo todo.

*Festivais de MPB*
Os festivais musicais de televisão, que premiavam compositores e intérpretes, tiveram grande repercussão e importância na segunda metade década de 60, reunindo artistas das mais variadas tendências e revelando nomes como Caetano Veloso, Chico Buarque, Edu Lobo, Elis Regina, Gilberto Gil, e muitos outros.

*Baião*
Canto e dança de ritmo binário, originário do interior do nordeste brasileiro, popularizado em âmbito nacional por Luiz Gonzaga.

*Ronaldo Bastos*
Letrista fluminense, nascido em 1948, autor de "*Cais*" e "*Nada Será Como Antes*" (ambas com Milton Nascimento), entre outras canções famosas.

# DJAVAN AO VIVO

1999

Djavan

✔ Faixas escolhidas

1. Samurai
*Djavan*
2. Azul
*Djavan*
3. Meu Bem Querer
*Djavan*
4. Nem Um Dia
*Djavan*
5. Álibi
*Djavan*
6. Cigano
*Djavan*
7. Serrado
*Djavan*
8. Oceano
*Djavan*
9. Açaí
*Djavan*
10. Fato Consumado
*Djavan*
11. Flor de Lis
*Djavan*
12. Eu Te Devoro
*Djavan*
13. Se...
*Djavan*
14. Sina
*Djavan*
15. Pétala
*Djavan*
16. Lilás
*Djavan*
17. Acelerou
*Djavan*
18. Um Amor Puro
*Djavan*

Sony

## *O show de Djavan*

Djavan não se interessa pelos discos que gravou. Como explicar, então, o álbum duplo *Djavan ao Vivo*, composto, quase todo, por regravações? Acontece que Djavan nunca tinha lançado um registro de seus shows, no qual se pudesse apreciar suas emocionantes performances de palco. Fora o ineditismo da empreitada, havia, ainda, a necessidade de recriar suas composições, pois Djavan sofisticou-se muito em seus quase 30 anos de carreira, e suas canções mais antigas mereciam um tratamento que espelhasse esse crescimento. O CD vendeu mais de 1.200.000 cópias, e tal vendagem se justifica à primeira audição, tanto pelo brilhantismo de Djavan, quanto pela atuação dos extraordinários músicos que o acompanham, como Carlos Bala, Paulo Calasans, François de Lima e Marcelo Martins. A seqüência das faixas é fiel ao desenvolvimento do show, começando vibrante com "*Samurai*" (remodelada ao ponto de não ser reconhecida antes das primeiras palavras), suavizando-se aos poucos e, depois, já no segundo CD, voltando à agitação inicial com uma longa série de peças dançantes. O primeiro CD traz músicas históricas: "*Flor de Lis*" e "*Fato Consumado*", sambas de seu LP de estréia, de 76; "***Meu Bem Querer***" e "***Álibi***", seus primeiros grandes êxitos;

"*Samurai*" e "*Açaí*", do álbum *Luz*, de 1982, que o consagrou definitivamente ("*Sina*" e "*Pétala*", do disco 2, também são desse LP); e o maior sucesso de sua carreira: "*Oceano*", de 1989. A faixa "*Oceano*", aliás, reflete toda a emoção da platéia, que canta com Djavan do início ao fim, sustentando sozinha a melodia por vários compassos. No segundo disco, "*Seduzir*" é um ponto alto, com um arranjo qbastante diferente da gravação original, de 1981, por conta da maior aproximação do rhithm'n blues, que deixou a música mais rápida e swingada – Djavan se aprofundou bastante na linguagem musical negra norte-americana nos anos 80, em especial no blues, no jazz e no funk. A enorme popularidade que Djavan conquistou nos anos 90 pode ser medida pela calorosa recepção do público para os hits que emplacou nessa década, como "***Eu Te Devoro***" e "***Se...***" (esta com belos contracantos e improvisos vocais). *Djavan Ao Vivo* traz, ainda, duas canções inéditas gravadas em estúdio: "*Acelerou*" e "*Um amor Puro*". A primeira teve sucesso imediato, chegando rapidamente às pistas de dança do Brasil; a segunda é mais um exemplo de suas melodias belas e sinuosas. Hoje, Djavan sorri contemplando sua vitoriosa trajetória: do menino pobre que tocava violão de ouvido, passando pelo crooner de boates, até o grande artista, admirado no Brasil e no mundo. Contra o sentimento de exclusão por causa de sua cor negra e de sua origem pobre e nordestina, Djavan concebeu uma obra majestosa e de apelo universal, misturando elementos regionais nordestinos e nacionais, influências africanas e norte-americanas. Suas composições, que se destinam a ricos e pobres, brancos e pretos, brasileiros e estrangeiros, sem restrições, não são mais que a própria essência de seu criador.

*Álibi*
Canção que atingiu grande sucesso após ser gravada por Maria Betânia em seu álbum *Álibi*, de 1979.

*Meu Bem Querer*
Música que projetou nacionalmente o nome de Djavan também como cantor. Está gravada no álbum *Alumbramento* (1980).

*Eu Te Devoro*
Sucesso do disco *Bicho Solto, O XIII*, lançado por Djavan em 1998.

*Se...*
Sucesso do disco *Coisa De Acender*, lançado por Djavan em 1992.

## 2 em 1: ADONIRAN BARBOSA
1993

Adoniran Barbosa

✔ Faixas escolhidas

1. Vide Verso Meu Endereço
*Adoniran Barbosa*
2. Tocar Na Banda
*Adoniran Barbosa*
3. Malvina
*Adoniran Barbosa*
4. Samba Italiano
*Adoniran Barbosa*
5. Triste Margarida (Samba Do Metrô)
*Adoniran Barbosa*
6. Mulher Patrão E Cachaça
*Adoniran Barbosa/O. Molles*
7. Pafunça
*Adoniran Barbosa/O. Molles*
8. Samba Do Arnesto
*Adoniran Barbosa/Alocin*
9. Joga A Chave
*Adoniran Barbosa/O. França*
10. Tiro Ao Álvaro
*Adoniran Barbosa*
11. Bom Dia, Tristeza
*A. Barbosa/V. de Moraes*
12. Agüenta A Mão, João
*A. Barbosa/H. Cordovil*
13. Apaga O Fogo, Mané
*Adoniran Barbosa*
14. Prova De Carinho
*A. Barbosa/H. Cordovil*
15. Vila Esperança
*A. Barbosa/M. César*
16. Iracema
*Adoniran Barbosa*
17. Despejo Na Favela
*Adoniran Barbosa*
18. Torresmo À Milanesa
*A. Barbosa/C. Vergueiro*

EMI

### *São Paulo em verso e melodia*

Nascido em Valinhos (SP) e chegado a São Paulo aos 22 anos de idade, o ator, cantor e compositor Adoniran Barbosa (1910-1982) é tido como o principal tradutor da maior cidade do Brasil. Um homem simples, mas dono de uma sensibilidade especialmente aguçada e de um enorme talento para a crônica social, Adoniran retratou, como ninguém, a vida de São Paulo, sobretudo dos bairros mais humildes. Compositor renomado desde o início da década de 50, quando teve seus primeiros sucessos, Adoniram só foi plenamente reconhecido nos anos 70, quando recebeu diversas homenagens e teve a oportunidade de gravar seus primeiros LPs individuais. O volume *Adoniran Barbosa* da série *2 em 1* traz, reunidos em um CD, dois álbuns muito representativos de sua obra: *Adoniran Barbosa*, o segundo de sua carreira, de 1975, e *Adoniran E Convidados*, feito em comemoração dos seus 70 anos, em 1980. Ambos trabalhos se concentram em regravações de suas composições, ainda que também tragam peças inéditas de muita qualidade, a exemplo dos sambas "*Triste Margarida (Samba Do Metrô)*" e "*Vide Verso Meu Endereço*", no primeiro, e "*Fica Mais Um Pouco, Amor*" e "*Torresmo À Milanesa*" – cantada ao lado de Clementina de Jesus e **Carlinhos Vergueiro**, co-autor da música –, no segundo. As faixas de *Adoniran Barbosa* mostram exemplarmente a voz rouca e as interpretações caprichadas do artista. Adoniran encarna os personagens das letras com perfeição, graças à sua larga experiência como rádio-ator, acumulada durante quase meio século de profissão. O clássico "*Samba Do Arnesto*" – que, junto com "*Joga A Chave*" e "*Malvina*", foi uma das canções que o projetaram nacionalmente na década de 50 – mostra a competência e a graciosidade de suas interpretações, que reproduzem com muita naturalidade o linguajar coloquial e o difícil sotaque paulistano, meio caipira, meio italianado. Aliás, vale frisar que Adoniran era filho de italianos, o que também explica a criação do interessantíssimo "*Samba Italiano*", cantado no idioma de seus pais. Outros ótimos momentos do disco de 1975 são "*Mulher, Patrão E Cachaça*", "*Pafunça*", "*Tocar Na Banda*" e "*No Morro Da Casa Verde*". Ainda que, inexplicavelmente, não tenha participação dos **Demônios da Garoa** (os principais intérpretes de Adoniran), *Adoniran Barbosa E Convidados* registra encontros memoráveis do compositor com grandes intérpretes, como Elis Regina (em "*Tiro Ao Álvaro*"), Djavan (em "*Agüenta A Mão, João*"), **Gonzaguinha** (em "*Despejo Na Favela*") e Clara Nunes (em "*Iracema*"). Um destaque do repertório é a única parceria de Adoniran com Vinícius de Moraes, a triste e bela "*Bom Dia, Tristeza*" (cantada por **Roberto Ribeiro**), que foge ao tom bem humorado da maioria de suas composições. Outras músicas do disco que marcaram a trajetória do originalíssimo Adoniran são "*O Casamento Do Moacir*", "*Acende O Candeeiro*", "*Prova De Carinho*", "*Vila Esperança*" e "*Apaga O Fogo, Mané*" – que, na opinião de seu amigo e colega **Paulo Vanzolini**, fala mais sobre São Paulo do que qualquer enciclopédia sobre o assunto.

*Carlinhos Vergueiro*
Compositor e cantor paulista, nascido em 1952, criador de "Torresmo À Milanesa" (com Adoniran Barbosa) e "Dia Seguinte" (com J. Petrolina), entre outras canções.

*Demônios da Garoa*
Conjunto vocal e instrumental paulista de grande sucesso que atua com esse nome desde 1943. Hoje, é integrado por Toninho, Ventura Ramirez, Serginho Rosa, Sidney Tomazzi e Simbad.

*Gonzaguinha*
Cantor e compositor carioca, filho adotivo de Luiz Gonzaga, nascido em 1945 e falecido em 1991, autor de sucessos como "O Que É, O Que É?" e "Grito De Alerta".

*Roberto Ribeiro*
Cantor e compositor carioca, nascido em 1940, autor de sambas como "Lágrima Morena" e "Vem" (ambas com Toninho Nascimento).

*Paulo Vanzolini*
Compositor paulista, nascido em 1924, autor de clássicos como "Ronda" e "Volta *Por Cima*".

# 2 EM 1 – SYLVIA TELLES

1957/1959

Sylvia Telles

FAIXAS

1. Por Causa De Você
*Tom Jobim/D. Duran*
2. Sucedeu Assim
*Tom Jobim/M. Pinto*
3. Tu E Eu
*A. Carrilho/A. Nunes*
4. Se Todos Fossem Iguais A Você
*T. Jobim/V. de Moraes*
5. Canção Da Volta
*I. Netto/A. Maria*
6. Chove Lá Fora
*T. Madi*
7. Duas Contas
*Garoto*
8. Foi A Noite
*Tom Jobim/N. Mendonça*
9. Dindi
*Tom Jobim/A. de Oliveira*
10. De Você, Eu Gosto
*T. Jobim/A. de Oliveira*
11. Discussão
*T. Jobim/N. Mendonça*
12. Sem Você
*T. Jobim/V. de Moraes*
13. Fotografia
*Tom Jobim*
14. Janelas Abertas
*T. Jobim/V. de Moraes*
15. Demais
*T. Jobim/A. de Oliveira*
16. O Que Tinha De Ser
*T. Jobim/V. de Moraes*
17. A Felicidade
*T. Jobim/V. de Moraes*
18. Canta, Canta Mais
*T. Jobim/V. de Moraes*
19. Só Em Teus Braços
*Tom Jobim*
20. Esquecendo Você
*Tom Jobim*

EMI-Odeon

## *A primeira rainha da bossa-nova*

Seus pais ficaram chocados quando Sylvia Telles, aos 21 anos de idade, aceitou fazer um papel na peça de **teatro de revista** *Gente Bem E Champanhota*. Acontece que, em meados dos anos 50, era escandaloso uma menina "de família" se apresentar como artista e, ainda por cima, num ambiente permissivo como aquele. Mas ela se manteve firme na decisão e, com a promessa de que os scripts não seriam imorais, teve o consentimento do pai para interpretar "*Amendoim Torradinho*", que a revelaria como cantora, em 1955. Sylvia tinha uma voz menos potente do que as cantoras de sucesso da época, mas suas interpretações personalíssimas, despidas do excesso de ornamentos e sentimentalismo que imperava, surpreenderam e agradaram ao público, sobretudo a uma certa parcela que se interessava por acompanhar as profundas transformações melódicas e harmônicas que vinham ocorrendo na MPB desde o final da 2ª Guerra Mundial. Sylvia Telles se adequava perfeitamente ao tipo intérprete que essas transformações pediam e, antes de João Gilberto – com quem, curiosamente, havia namorado anos antes – apresentar o modelo vocal da bossa-nova, celebrizou-se por seu canto preciso, contido e gracioso. O volume *Sylvia Telles* da coleção *2 em 1* mostra o brilho dessa inesquecível cantora em dois momentos distintos: o seu primeiro LP, *Carícia* (1957), e o terceiro álbum de sua carreira, *Amor De Gente Moça* (1959). *Carícia*, que reúne uma série de canções bem elaboradas, com arranjos econômicos e arrojados de Tom Jobim, é um valioso documento dos últimos instantes antes da bossa-nova, já prenunciada em faixas como "*Sucedeu Assim*". Sylvia interpreta sucessos alheios ("*Se Todos Fossem Iguais A Você*", "*Canção Da Volta*", "*Chove Lá Fora*" e "*Duas Contas*") e registra dois dos primeiros êxitos de sua carreira: os **sambas-canção** "*Por Causa De Você*", uma das principais peças criadas por **Dolores Duran** (parceria com Tom Jobim) e "*Foi A Noite*", de Jobim e Newton Mendonça, que já havia gravado num disco de 78 rpm em 1956. Outro belo momento de *Carícia* é o dueto que Sylvia faz em "*Tu E Eu*" com seu ex-marido, o violonista Candinho. Em *Amor De Gente Moça*, que tem arranjos de **Lindolfo Gaya**, a cantora gravou apenas músicas de Jobim (teve pioneirismo nisso), de quem, aliás, foi a principal divulgadora nos primeiros anos da bossa-nova. *Amor De Gente Moça* mistura canções já gravadas – "*Discussão*", "*A Felicidade*", "*Janelas Abertas*", "*O que tinha De Ser*", entre outras – a uma coleção de preciosidades inéditas, como "*Fotografia*" e "*Demais*". O principal lançamento desse disco, porém, é a belíssima "*Dindi*" (de Jobim e **Aloysio de Oliveira** – produtor dos dois discos comentados e futuro marido de Sylvia), que se tornou um verdadeiro clássico da MPB. Sylvia Telles foi a primeira grande personalidade feminina da bossa-nova e o enorme prestígio que vinha conseguindo – inclusive internacionalmente – a teria elevado à condição das maiores vozes da música brasileira, se não tivesse falecido precocemente, em 1966, num acidente de carro.

*Teatro-de-Revista*
Espécie de peça teatral musicada muito popular no Brasil entre meados do século XIX e meados do século seguinte. Seus quadros enfocavam, de maneira humorística, os fatos da vida social e política do país, além de apresentar canções e intérpretes populares e números de dança (por vezes, marcados pelo erotismo).

*Samba-Canção*
Variedade de samba surgida no final dos anos 20, tocada em ritmo lento, com temas preferencialmente sentimentais.

*Lindolfo Gaya*
Importante maestro, pianista e compositor paulista, nascido em 1921 e falecido em 1987.

*Dolores Duran*
Cantora e compositora carioca, nascida em 1930 e falecida em 1959, autora de sucesos como "*Por Causa De Você*" (com Tom Jobim) e "*A Noite Do Meu Bem*".

*Aloysio de Oliveira*
Cantor, instrumentista, produtor musical e narrador carioca, nascido em 1914 e falecido em 1995, autor de "*Dindi*", "*Inútil Paisagem*" (ambas com Tom Jobim) e outras canções muito conhecidas.

# DOIS IRMÃOS
1992

Paulo Moura e Raphael Rabello

FAIXAS

1. Ronda/Sampa
*(P. Vanzolini)/(C. Veloso)*
2. Chorando Baixinho
*A. Ferreira*
3. Domingo No Orfeão Portugal
*P. Moura*
4. Violão Vadio
*P. C. Pinheiro/Baden Powell*
5. Morena Boca De Ouro
*A. Barroso*
6. Tempos Felizes
*P. Moura*
7. 1x0
*Pixinguinha/B. Lacerda*
8. Tarde De Chuva
*P. Moura*
9. Luíza
*Tom Jobim*
10. Um Chorinho Em Aldeia
*S. Araújo*

Caju Music

## *Um encontro memorável*

Paulo Moura e Raphael Rabello são dois artistas que militaram por muito tempo nas fileiras da melhor música instrumental do Brasil. O clarinetista Paulo Moura, nascido em 1932, cresceu ouvindo o som das **bandas de música** – seu pai era clarinetista de uma –, cujo repertório ia de marchas a valsas, mas privilegiava bastante o choro. Mais tarde, já em vias de se profissionalizar, Paulo foi bastante influenciado pelo bebop norte-americano. Já trabalhando como músico, estudou orquestração de música popular e erudita com grandes nomes, a exemplo dos maestros Moacir Santos e Guerra-Peixe. Já o violonista Raphael Rabello, falecido em 1995, era trinta anos mais novo que Paulo. Sua formação se deu na tradição do choro, tendo sido discípulo de dois dos maiores violonistas do gênero: Meira e Dino 7 Cordas. Ainda adolescente, Raphael Rabello conseguiu prestígio em todo o Brasil ao integrar o memorável conjunto Camerata Carioca (a partir de 1979), organizado por **Radamés Gnatalli**, que difundiu um tipo de arranjos e interpretações de esmero orquestral que representou uma verdadeira revolução no choro. Mais tarde, o virtuoso Raphael dedicou-se bastante ao aprendizado do estilo flamenco/espanhol de tocar violão, o que o tornou um violonista ainda mais técnico. Quando os dois músicos se reuniram para gravar o excelente *Dois Irmãos*, em 1992, nem um nem outro sabia bem o que seria feito. Só quando Raphael chegou ao estúdio, Paulo lhe mostrou o repertório que tinha em mente: choros de diversos períodos e algumas jóias da MPB que poderiam ser interpretadas à maneira do choro. No início, o clarinetista tocava as melodias e exemplificava trechos da harmonia no piano, enquanto o violonista apenas ouvia. Aos poucos, foram surgindo os primeiros acordes, as primeiras frases, e logo estavam feitos os arranjos das músicas. Já na abertura de *Dois Irmãos*, o medley "*Ronda*"/"*Sampa*" – uma homenagem à cidade de São Paulo –, Paulo Moura e Raphael Rabello demonstram o belo casal que o violão e a clarineta podem formar. Paulo concilia o suingue e a elegância dos maiores nomes do choro com **improvisos** de uma inventividade melódica que pende, ora para a tradição brasileira, ora para o jazz. Raphael Rabello, por sua vez, destaca-se pelo virtuosismo de seu fraseado e pela variedade rítmica de suas levadas. O disco é repleto de bons momentos, mas, entre eles, vale ressaltar alguns: "*Chorando Baixinho*", umas das primeiras composições do grande clarinetista Abel Ferreira; "*Domingo No Orfeão Portugal*", a mais nostálgica – e a melhor – das três boas peças de Paulo Moura gravadas nessa obra (as outras são "*Tempos Felizes*" e "*Tarde De Chuva*"); "*Luíza*", uma linda valsa do sofisticado Tom Jobim; "*Um Chorinho Em Aldeia*", um dos temas de difícil execução assinados pelo maestro Severino Araújo. Num disco dedicado ao choro, o mestre maior, Pixinguinha, não poderia ficar de fora. Paulo e Raphael escolheram a intrincada melodia de "*1x0*", uma das preferidas de Radamés Gnatalli, para figurar em *Dois Irmãos*.

*Banda de Música*
Formação instrumental, de origem européia, que reúne apenas sopros e percussão. Apareceu no Brasil em meados do século XIX e foi responsável por uma verdadeira revolução por seu amplo uso de metais, por ter aberto especo para o repertório de choro e por ter popularizado uma música mais organizada e sofisticada do que as pequenas – e elitistas – orquestras de sua época.

*Radamés Gnatalli*
Maestro, pianista e compositor gaúcho, nascido em 1906 e falecido em 1988, que desempenhou uma função importantíssima na história da MPB no século XX. Entre seus principais trabalhos estão o revolucionário arranjo para "*Copacabana*", gravado por Dick Farney em 1946, e a organização do inovador conjunto de choro Camerata Carioca, em 1979.

*Improviso*
Trecho musical executado sem preparação prévia. O jazz notorizou-se mundialmente como música improvisada, mas o choro brasileiro também tem essa característica. A diferença é que a improvisação do choro remete diretamente ao tema da peça executada, enquanto a jazzística é mais livre, quase sempre atrelada apenas à harmonia.

# DOMINGO

1967

Caetano Veloso e Gal Costa

1. Coração Vagabundo
*Caetano Veloso*
2. Onde Eu Nasci Passa Um Rio
*Caetano Veloso*
3. Avarandado
*Caetano Veloso*
4. Um Dia
*Caetano Veloso*
5. Domingo
*Caetano Veloso*
6. Nenhuma Dor
*Caetano Veloso*
7. Candeias
*Edu Lobo*
8. Remelexo
*Caetano Veloso*
9. Minha Senhora
*Gilberto Gil/T. Neto*
10. Quem Me Dera
*Caetano Veloso*
11. Maria Joana
*S. Miller*
12. Zabelê
*G. Gil/T. Neto*

Philips (Poligram)

## *Brisa bossanovista no final dos 60*

Quando João Araújo (então diretor artístico da gravadora Philips) contratou os novíssimos Caetano Veloso e Gal Costa, estava certo de ter encontrado dois grandes talentos, mas achava que era cedo demais para fazer um LP solo com cada um. Preferiu gravá-los num só disco, daí surgiu o antológico *Domingo* (1967). O resultado foi surpreendente, pois os artistas mostraram ter personalidade suficiente para merecer não só um álbum próprio, mas toda a prolífera e bem-sucedida carreira que tiveram a partir dali. A grande afinidade que havia entre eles, evidente na obra, se explica pela intimidade que tinham: amigos desde 1963, quando ainda moravam na Bahia, Caetano e Gal fizeram muitos shows juntos antes de chegarem ao Rio de Janeiro, onde estrearam no musical *Arena Canta Bahia* – ao lado de Gilberto Gil, Tom Zé e Maria Betânia –, em 1965. Foi nos festivais de televisão, o principal acontecimento musical da época, que os baianos começaram a se tornar conhecidos. Num deles, em 1966, Caetano recebeu o prêmio de "melhor letra" por sua composição "*Um Dia*", noutro, no mesmo ano, Gal destacou-se interpretando "*Minha Senhora*" (de Gilberto Gil e Capinam). Em relação a *Domingo* há uma curiosidade: embora tivesse qualidade inegável para ser o 'cartão de visitas' da dupla, o disco já foi para as lojas com uma ressalva do próprio Caetano escrita na contracapa. Nela, estava dito que sua inspiração não tendia mais para aquele tipo de composições e que ele estava abandonando a serenidade e nostalgia do bossanovismo tardio que partilhava com Gal Costa até ali. Essa advertência se explica, pois, na verdade, seus olhos já estavam voltados para o movimento revolucionário que faria emergir no ano seguinte, o **tropicalismo**. *Domingo* é mesmo todo perpassado por uma profunda influência de João Gilberto, a qual se reflete nas composições amenas, nos arranjos sóbrios e sofisticados (feitos por Dori Caymmi, **Roberto Menescal** e **Francis Hime**) e no canto intimista e contido de ambos – Gal, inclusive, aparece com um timbre diferente, mais suave e menos anasalado do que nos trabalhos posteriores. Embora o disco não tenha conseguido a mesma repercussão que teve no meio musical entre o público, algumas de suas canções ficaram famosas. É o caso, principalmente, da bela "*Coração Vagabundo*", mas também de "*Onde Eu Nasci Passa Um Rio*", "*Avarandado*" e "*Candeias*". Entre as menos conhecidas, vale a pena prestar maior atenção em "*Domingo*", de concepção poética interessantíssima – aliás, como todas as demais composições de Caetano incluídas na obra –, "*Remelexo*", inspirada nos **sambas-de-roda** baianos, e "*Quem Me Dera*", que mistura **samba-canção** e **afoxé**. Criador de oito das doze faixas de *Domingo*, Caetano Veloso ficou muito respeitado como compositor e cantor – o que era raro para um autor – depois desse disco, recebendo elogios até do maestro Tom Jobim. Gal Costa também teve seu trabalho de intérprete reconhecido, sendo apontada por alguns como "João Gilberto de saias".

*Tropicalismo*
Movimento de vanguarda estética do final da década de 60, também chamado de Tropicália, liderado por Caetano Veloso e Gilberto Gil, que se baseava na combinação de elementos musicais bastante díspares e no radical experimentalismo sonoro.

*Roberto Menescal*
Violonista, arranjador e compositor capixaba, nascido em 1937, consagrado pela bossa-nova. Algumas de suas mais conhecidas criações são "*O Barquinho*" (com Ronaldo Bôscoli) e "Bye Bye, Brasil" (com Chico Buarque).

*Francis Hime*
Prestigiado pianista, arranjador, cantor e compositor carioca, nascido em 1939, conhecido por composições como "*Vai Passar*" e "*Atrás da Porta*" (ambas com Chico Buarque).

*Samba-De-Roda*
Variante de samba acompanhada apenas por batuque existente na Bahia, cujo surgimento precede ao do samba do Rio de Janeiro.

*Samba-canção*
Variedade de samba surgida no final dos anos 20, tocada em ritmo lento, com temas preferencialmente sentimentais.

*Afoxé*
Ritmo binário (mais propriamente chamado de Ijexá), de forte apelo à dança, proveniente dos blocos de ascendência africana da Bahia.

# DRAMA – ANJO EXTERMINADO

1972

Maria Bethânia

FAIXAS

1. Ponto
*D. P.*
2. Esse Cara/Bodas De Prata
*(Caetano Veloso)/(H. Martins/M. Rossi)*
3. Volta Por Cima
*Paulo Vanzolini*
4. Bom Dia
*H. Martins/A. Cabral*
5. Anjo Exterminado
*Jards Macalé/Waly Salomão*
6. Maldição
*A. Duarte/A. V. Pinto*
7. Iansã
*Gilberto Gil/Caetano Veloso*
8. Trampolim
*Caetano Veloso/Maria Bethânia*
9. Negror Dos Tempos
*Caetano Veloso*
10. O Circo
*Batatinha*
11. Estácio Holy Estácio
*Luis Melodia*
12. Drama
*Caetano Veloso*

Polygram (Universal)

## *Canto em carne-viva*

"...Sou eu que realço tudo, sou eu que não tenho medo", canta Maria Bethânia, com sua voz grave e vigorosa, apresentando um **ponto** folclórico que escolheu para a abertura de *Drama – Anjo Exterminado* (1972), seu 8° disco de carreira. Tal escolha não se explica apenas pela forte tendência de valorização da cultura afro-brasileira que havia na época, mas, principalmente, por esses versos traduzirem traços importantes da personalidade da cantora e de sua trajetória artística: a coragem e a independência. Bethânia, nascida e criada na Bahia, foi tentar a sorte no Rio de Janeiro em 1964, levada por Nara Leão. Por sua participação no histórico musical ***Opinião***, rapidamente se tornou uma musa da música de protesto. A fama de cantora "engajada", no entanto, logo a incomodou e foi recusada. O movimento tropicalista, liderado por seu irmão Caetano Veloso e pelo amigo Gilberto Gil, tampouco conseguiu sua adesão, embora Caetano assegure que muitas das idéias revolucionárias que propôs surgiram de conversas com ela. Da mesma forma, nem os sambas-canção e boleros da infância, nem a bossa-nova da adolescência, nem o rock da Jovem Guarda, que a fascinou quando já era cantora profissional, nada a prendeu a uma vertente ou outra da MPB: Bethânia realçava o que via de bonito em cada uma e tinha coragem para seguir cantando sem o abrigo de nenhuma delas. *Drama* atesta esse ecletismo, misturando peças dispersas como o samba-canção "*Bom Dia*", do célebre Herivelto Martins (em parceria com Aldo Cabral), a valsinha "*Bodas De Prata*", dos também famosos Roberto Martins e Mauro Rossi, a marcha "*O Circo*", do pouco conhecido Batatinha, e a salsa "*Anjo Exterminado*", que deu subtítulo à obra, criada pelos tropicalistas Jards Macalé e Waly Salomão. A pluralidade também é a marca dos excelentes arranjos, confiados ao estreante Perinho Albuquerque, que, na época, trabalhava com Caetano (produtor do disco). Sob evidente influência do tropicalismo, Perinho explorou fortes contrastes nas orquestrações, como no clássico "*Volta Por Cima*", que começa com um **groove** comandado por guitarra e contrabaixo e só recupera sua condição original de samba (embora ainda transformado pelo som elétrico da instrumentação de rock) na segunda parte. Outro achado do maestro foi a execução à capela de "*Maldição*", em que interferem, mas brevemente, violão, teclado, bateria, flauta e um **surdo** de escola de samba. Outra presença importante no disco é a de Caetano, que assina 5 canções, dentre as quais vale ressaltar a bela "*Esse Cara*", que alcançou grande sucesso, e a faixa-título "*Drama*", inspirada em Bethânia, que enfatiza a intensa emotividade de seu canto e a qualidade teatral de suas interpretações. No tocante aos compositores, o álbum trouxe, ainda, duas boas surpresas: Luiz Melodia, autor de "*Estácio Holy Estácio*", sua segunda criação a ser gravada, e a própria Bethânia, que estreou como letrista em "*Trampolim*", que traz os belos versos, a exemplo de "O amor não é mais do que o ato da gente ficar/No ar/ Antes de mergulhar".

*Ponto*
Canção ritual de cultos afro-brasileiros.

*Opinião*
Peça musical de Oduvaldo Viana Filho, Paulo Pontes, Armando Costa e Fereira Gullar estreada em 10 de dezembro de 1964. Foi um marco na dramaturgia brasileira com seu forte viés politizado e contestador.

*Groove*
Maneira de conceber o acompanhamento com a repetição de uma linha de instrumental que parte da união de um pequeno fragmento melódico a uma idéia de forte apelo rítmico.

*Surdo*
Tambor grande e grave de apenas uma pele, cuja invenção é atribuída a Bide (Alcebíades Barcelos) no início dos anos 30.

# ED MOTTA E CONEXÃO JAPERI

1988

Ed Motta

FAIXAS

1. Manuel
*F. Fonseca/M. Serejo*
2. Vamos Dançar
*Ed Motta/R. Cardoso*
3. Lady
*Ed Motta/F. Fonseca/M. Kovac/E. Pálpebras*
4. Seis Da Tarde
*Ed Motta/R. Cardoso/F. Bouéres*
5. Um Love
*Ed Motta/F. Fonseca/Bom Bom*
6. Baixo Rio
*Ed Motta/L. Fernando/F. Fonseca/M. Mansur*
7. Caminhos (Não É Só O Meu)
*Ed Motta/F. Bouéres*
8. A Rua
*E. Motta/R. Cardoso*

Warner

## *Muito mais que sobrinho de Tim Maia*

Ed Motta formou-se musicalmente dividido entre as influências do soul e do jazz norte-americanos. Em sua mente, porém, acima de tudo estava a figura ímpar do cantor e compositor Tim Maia, seu tio e ídolo maior. Ed começou a se dedicar intensamente à música aos 11 anos de idade e, cinco anos mais tarde, depois de passar por algumas bandas e aprimorar sua habilidade para cantar e tocar alguns instrumentos, formou um grupo que atendia às suas exigências musicais: o Expresso Realengo. Esse grupo, depois rebatizado Conexão Japeri, foi criado com Luiz Fernando (guitarra), Bom Bom (contrabaixo), Marcelo Pereira (bateria) e Fran Bouéres (percussão). No ano seguinte, quando Ed Motta foi convidado para gravar seu primeiro disco, fez questão de ter a Conexão Japeri como banda de apoio. Assim que saiu o álbum, intitulado *Ed Motta E Conexão Japeri* (1988), a imprensa logo se ocupou de comentar a semelhança do talentoso estreante com seu famoso tio. Afinal, além dos laços familiares, eles tinham em comum o tipo físico corpulento, o temperamento forte, um vozeirão afinadíssimo e o gosto pela música negra norte-americana dos anos 60 e 70 – da qual Tim foi um introdutor no Brasil. Mas Ed Motta logo superou as inevitáveis comparações, inclusive porque, em pouco tempo, sua voz já chegava às paradas de sucesso com as agitadas "*Vamos Dançar*" e "*Manuel*", que apresentaram ao público sua rica personalidade musical. Apaixonado por temas dançantes, Ed mostrou desenvoltura ao interpretar desde canções rápidas e extrovertidas, como "*A Rua*" (cujas estrofes são apenas faladas, quase à maneira dos rappers), até peças românticas, como "*Seis Da Tarde*", ou meditativas, como o sucesso "*Baixo Rio*". Excelente cantor, Ed surpreendeu a todos por sua segurança ao introduzir improvisos vocais de inspiração jazzística em faixas como "*Um Love*". É interessante notar que muitas das canções do disco remetem aos bairros pobres da Zona Norte do Rio de Janeiro, região onde o artista nasceu e se criou – a boa "*Parada De Lucas*" traz no título o nome de um desses lugares. Isso se deve ao fato de ter sido essa região carioca a que mais absorveu o soul, o funk e os demais ritmos negros norte-americanos, num processo de assimilação cultural desencadeado no final dos anos 60. Profundo conhecedor dessa música, Ed soube compreender sua linguagem particular e traduziu-a em melodias de bastante qualidade, a exemplo da que compôs para "*Caminhos (Não É Só O Meu)*". Vale avisar, contudo, que seu trabalho não se limitou à mera reprodução dos padrões de uma estética estrangeira. Sua originalidade se faz sentir nas composições, mas, principalmente, no suingue das execuções: seja no complexo e suave sincopado de seu canto; seja no bom uso de um grande e interessante set de percussão, que caminha com muita desenvoltura entre a black-music norte-americana e o gingado brasileiro. Aliás, entre os instrumentos usados na percussão – em sua maior parte, de origem afro-americana –, constam alguns muito característicos da MPB, como o **afoxé**, o **ganzá** e o **pandeiro**.

*Afoxé*
Instrumento de percussão de origem africana. É também o nome dado aos blocos afro, atrações tradicionais do carnaval baiano, em que é muito usado, e a um vibrante ritmo binário característico desses blocos.

*Ganzá*
Instrumento de percussão de origem africana que, ao ser agitado, produz um som semelhante ao do chocalho.

*Pandeiro*
Instrumento de percussão de origem árabe trazido ao Brasil pelos portugueses. É uma das principais peças da percussão brasileira.

# EXPRESSO 2222

1972

Gilberto Gil

FAIXAS

1. Pipoca Moderna
*S. Biano*
2. Back In Bahia
*Gilberto Gil*
3. O Canto Da Ema
*A. Cavalcanti/A. Viana/J. do Vale*
4. Chiclete Com Banana
*Gordurinha/Almira*
5. Ele E Eu
*Gilberto Gil*
6. Sai Do Sereno
*O. Almeida*
7. Expresso 2222
*Gilberto Gil*
8. O Sonho Acabou
*Gilberto Gil*
9. Oriente
*Gilberto Gil*
10. Cada Macaco No Seu Galho
*Riachão*
11. Vamos Passear No Astral
*Gilberto Gil*
12. Está Na Cara, Está Na Cara
*Gilberto Gil*

Polygram (Universal)

## *Um trem para depois do ano 2000*

Gilberto Gil afirma que o disco ***Expresso 2222***, de 1972, retrata com exatidão um momento singular de sua vida: "Vi tudo, vivi tudo, o sonho acabou, os anos 60 passaram, a música levou tudo às últimas conseqüências. Bem, então, agora, vou ver o que sobrou, o que é que eu sou, o que é que eu posso". Essa inquietação repercutiu profundamente nas faixas dessa obra histórica, como "*Back In Bahia*", "*Oriente*" e "*O Sonho Acabou*". Gilberto Gil já havia sido um garoto nordestino apaixonado pelos cantadores de rua na sua terra natal (Ituaçu, Bahia), mas também pelo **forró** ouvido no rádio, em que brilhavam Luiz Gonzaga e Jackson do Pandeiro; um adolescente entusiasta da bossa-nova de João Gilberto, quando morava em Salvador, capital da baiana; um jovem com idéias revolucionárias que brilhou nos **festivais** e participou da criação do **tropicalismo**, já vivendo em São Paulo. Porém, Gil também fora um homem que, no final de 1968, enfrentou a prisão e o exílio no exterior impostos pela ditadura militar instaurada em 1964. Quando lançou *Expresso 2222*, Gil acabava de voltar de Londres, onde viveu durante o exílio, e trazia na bagagem novas idéias musicais influenciadas pela forte contracultura local e pela música pop, que crescia no mundo inteiro. É bom dizer, porém, que, em se tratando de Gilberto Gil, nenhuma influência musical é simplesmente repetida: a balada "*Ele E Eu*", por exemplo, traz elementos pop, porém saborosamente misturados e enriquecidos por motivos bossanovistas. Entretanto, o ponto mais importante de *Expresso 2222* é o reencontro de Gil com as primeiras referências musicais de sua vida, marcante logo na abertura do disco, confiada à Banda de **Pífanos** de Caruaru, uma legítima representante da música regional nordestina, que executou o belo tema "*Pipoca Moderna*", de Sebastião Biano (depois letrada por Caetano Veloso). Também fazem parte desse movimento as belíssimas versões para "*Chiclete Com Banana*" e "*O Canto Da Ema*", dois clássicos da MPB lançados por Jackson do Pandeiro nos anos 50, e "*Sai do Sereno*" (da qual participa Gal Costa), de Onildo Almeida, antigo parceiro de Luiz Gonzaga. Porém, vale frisar que essa volta de Gil à música tradicional não foi uma mera recuperação de padrões preexistentes; pelo contrário, foi uma intervenção criativa que envolveu o desenvolvimento de novas batidas de violão – aliás, é espantoso o crescimento de Gil como instrumentista durante a temporada londrina –, de nuances mais modernas de interpretação vocal e de arranjos sofisticados que, inclusive, comportam instrumentos eletrificados. A interessantíssima faixa-título, o coco-baião "*Expresso 2222*", mostra com clareza a conjunção de tradição e novidade pretendida pelo artista, já evidente por seus versos confessadamente inspirados nas 'viagens' proporcionadas por alucinógenos. Essa renovação da música regional ainda é uma vertente importante do trabalho de Gil, como se percebe em *Quanta* (1997) ou *Eu Tu Eles* (2000). Seus alicerces, porém, estão no antigo *Expresso 2222*.

*Expresso 2222*
Na versão em CD, o disco traz as faixas-bônus "*Cada Macaco No Seu Galho*" – com participação de Caetano Veloso –, "*Vamos Passear No Astral*" e "*Está Na Cara, Está Na Cara*".

*Forró*
Nome genérico aplicado às diferentes formas musicais da zona rural nordestina, tais como baião, coco, xaxado, geralmente dançadas em par. Originalmente, se referia apenas à festa em que ocorriam essas formas musicais e danças.

*Festivais de MPB*
Os festivais musicais de televisão, que premiavam compositores e intérpretes, tiveram grande repercussão e importância na segunda metade década de 60, reunindo artistas das mais variadas tendências e revelando nomes como Caetano Veloso, Chico Buarque, Edu Lobo, Elis Regina, Gilberto Gil, e muitos outros.

*Tropicalismo*
Movimento de vanguarda estética do final da década de 60, também chamado de Tropicália, liderado por Caetano Veloso e Gilberto Gil, que se baseava na combinação de elementos musicais bastante díspares e no radical experimentalismo sonoro.

*Pífano*
Pequena flauta (geralmente feita de madeira) sem chaves encontrada nas regiões nordeste e norte brasileiras. Também chamado de pife e pífaro, costuma acompanhar diversas manifestações folclóricas.

FAIXAS

1. Como Nossos Pais
*Belchior*
2. Velha Roupa Colorida
*Belchior*
3. Los Hermanos
*A. Yupanqui*
4. Um Por Todos
*João Bosco/A. Blanc*
5. Fascinação (Fascination)
*F. D. Marchetti/M. de Ferraudy* – versão: *A. Louzada*
6. Jardins De Infância
*João Bosco/A. Blanc*
7. Quero
*T. Roth*
8. Gracias A La Vida
*V. Parra*
9. O Cavaleiro E Os Moinhos
*João Bosco/A. Blanc*
10. Tatuagem
*Chico Buarque/R. Guerra*

Philips (Polygram/Universal)

# FALSO BRILHANTE
1976

Elis Regina

## *Um furacão na música brasileira*

"Furacão", um dos vários apelidos que a gaúcha Elis Regina recebeu, é uma de suas melhores definições. A adequação se faz sentir logo em sua maneira vibrante e arrebatadora de cantar – embora fascinada pela bossa-nova, Elis não seguia a escola econômica e introspectiva consagrada por João Gilberto, que estava na moda quando começou sua carreira, no início dos anos 60. O apelido também traduz a personalidade forte e imprevisível da cantora: aqueles de quem ela gostava eram carregados em seus braços; os que ela odiava – bastante mais numerosos – eram atacados com todas as suas forças. Porém, um furacão, mesmo, foi a sua passagem pela MPB. Quando se estabeleceu no eixo **Rio-São Paulo**, em 1964, Elis sagrou-se a vencedora do primeiro grande **festival** televisivo, bateu o recorde de vendas do mercado fonográfico nacional com o LP *Dois Na Bossa* (gravado ao lado de **Jair Rodrigues** e do **Jongo Trio)**, e comandou (com Jair) o musical de maior sucesso da televisão da época: o célebre "O Fino Da Bossa". Elis conseguiu tudo isso em menos de dois anos! Sua ótima técnica vocal e sua maneira quase teatral de interpretar fizeram dela o principal modelo de cantora de seu tempo. Em meados dos anos 70, ainda no auge de sua carreira, estreou com muito sucesso o show "*Falso Brilhante*", base do LP homônimo lançado em 1976 e igualmente bem-sucedido. O disco retrata a grandeza de Elis e enfatiza uma faceta muito importante da música brasileira dos anos 70: a **canção de protesto** (vertente musical à qual Elis dedicou 8 das 10 faixas do disco). **Belchior**, um grande nome de tal vertente, foi projetado nacionalmente por esse disco, que, logo na abertura, trazia duas de suas boas composições: "*Como Nossos Pais*" e "*Velha Roupa Colorida*". A dupla João Bosco e Aldir Blanc, também revelada pela cantora, assina outras três faixas de caráter contestador. Dentre estas, se destaca "*Jardins De Infância*", cuja letra tece uma dura e inteligente crítica à ditadura militar instaurada em 1964 ao compará-la, veladamente, com as brincadeiras infantis – sobretudo, as de certa crueldade. A inclusão de obras da chilena Violeta Parra ("*Gracias A La Vida*") e do argentino Atahualpa Yupanqui ("*Los Hermanos*") reforçam o caráter contestador da obra e demonstram uma forte solidariedade então existente em alguns setores da sociedade brasileira para com as demais nações latino-americanas, que enfrentavam problemas políticos e sociais semelhantes. As duas canções que fogem à problemática política-social são, também, preciosidades do repertório de Elis Regina: "*Fascinação*", uma bela versão brasileira do clássico norte-americano "*Fascination*", e "*Tatuagem*", música de Chico Buarque e Rui Guerra, em que a cantora mostra a inabalável segurança e o impressionante domínio de sua voz que levaram muitos críticos a apontá-la como a maior intérprete brasileira de todos os tempos. Elis Regina faleceu em 1982, aos 37 anos de idade, ostentando a mesma qualidade vocal que a consagrou e o prestígio de seus melhores dias.

*Festivais de MPB*
Os festivais musicais de televisão, que premiavam compositores e intérpretes, tiveram grande repercussão e importância na segunda metade década de 60, reunindo artistas das mais variadas tendências e revelando nomes como Caetano Veloso, Chico Buarque, Edu Lobo, Elis Regina, Gilberto Gil, e muitos outros.

*Jair Rodrigues*
Intérprete paulista, nascido em 1939, responsável pelo lançamento de grandes sucessos, como "*Disparada*" (T. de Barros/G. Vandré) e "*Deixa Isso Pra Lá*" (A. Paz/ E. Meneses).

*Jongo Trio*
Excelente trio vocal e instrumental bossanovista formado por Cido Bianchi (piano), Toninho Pinheiro (bateria) e Sabá (contrabaixo) em 1965. Durou apenas até julho do ano seguinte, mas marcou bastante a música dos anos 60.

*Canção de Protesto*
Categoria musical, surgida em meados da década de 60, caracterizada por sua aspiração à conscientização popular sobre os problemas sócio-políticos do país. Seus versos, um tanto influenciados por intelectuais de formação marxista, contêm mensagens diretas ou cifradas de repúdio ao governo, à ideologia das elites e aos costumes vigentes na sociedade.

*Belchior*
Compositor cearense, nascido em 1946, autor de canções de sucesso a exemplo de "*Como Nossos Pais*" e "*Apenas Um Rapaz Latino Americano*".

# FA-TAL - GAL A TODO VAPOR

1972

Gal Costa

FAIXAS

1. Fruta Gogóia
*D. P.*
2. Charles Anjo 45
*Jorge Ben*
3. Como Dois E Dois
*Caetano Veloso*
4. Coração Vagabundo
*Caetano Veloso*
5. Falsa Baiana
*G. Pereira*
6. Antonico
*I. Silva*
7. Sua Estupidez
*R. Carlos/E. Carlos*
8. Fruta Gogóia
*D. P.*
9. Vapor Barato
*J. Macalé/W. Salomão*
10. Dê Um Rolê
*M. Moreira/L. Galvão*
11. Pérola Negra
*Luis Melodia*
12. Mal Secreto
*J. Macalé/W. Salomão*
13. Como Dois E Dois
*Caetano Veloso*
14. Hotel Das Estrelas
*J. Macalé/Duda*
15. Assum Preto
*H. Teixeira/L. Gonzaga*
16. Bota A Mão Nas Cadeiras
*D. P.*
17. Maria Betânia
*Caetano Veloso*
18. Chuva, Suor e Cerveja
*Caetano Veloso*
19. Luz Do Sol
*C. Pinto/W. Salomão*

Polygram (Universal)

## *O verão de Gal*

F*a-Tal - Gal A Todo Vapor*, de 1972, resume boa parte do período conturbado passado pelo Brasil no início dos anos 70. Através dele, a cantora baiana Gal Costa faz transparecer várias faces desse importantíssimo momento histórico: a turbulência política do país, que amargava um tempo tenebroso sob o domínio de uma truculenta ditadura militar; a transformação cultural alavancada pelo movimento internacional de liberação dos costumes; a impressionante efervescência artística que o país tinha nessa época; a enorme polêmica musical despertada pelo **tropicalismo** – movimento do qual ela fazia parte – em 1968. Em meio a um contexto tão complexo, Gal teve o mérito de escolher posições sensatas e de defendê-las com firmeza, o que lhe rendeu um papel de liderança entre a juventude. Além disso, o fato de ser uma mulher bonita lhe valeu a admiração do público também enquanto símbolo sexual, fazendo dela um dos maiores modelos femininos do Brasil. O álbum *Fa-Tal* é resultado das gravações de uma série de shows no teatro Teresa Raquel, no Rio de Janeiro, apontada como o grande acontecimento musical do verão de 71. Gal Costa apresenta-se sozinha, ao violão, e com banda, cantando um repertório bem tropicalista que mistura os mais diversos gêneros, desde peças folclóricas brasileiras a rocks psicodélicos, com guitarras distorcidas tocadas à moda de Jimi Hendrix pelos competentes Lanny Gordin e Pepeu Gomes. A variedade também se encontra na maneira de Gal interpretar: ora contida como seu mestre João Gilberto; ora explosiva como Janis Joplin. Dois importantes lançamentos marcaram o show e o disco: "*Vapor Barato*" (da dupla **Jards Macalé** e **Waly Salomão**), que se tornou uma espécie hino dos hippies brasileiros – assim como outra jóia do disco, "*Dê Um Rolê*", que foi registrada antes pelos Novos Baianos – e o sucesso "*Pérola Negra*", que projetou o então iniciante Luiz Melodia. Entre as peças regravadas, destacam-se os antigos e belíssimos sambas "*Falsa Baiana*", em que Gal, com muito suingue, parte para uma corajosa improvisação melódica, e "*Antonico*", cuja letra pede auxílio em favor de um sambista fictício, mas que, na verdade, funcionava como incentivo às correntes de doações que sustentavam Caetano Veloso e Gilberto Gil no exílio. Aliás, Caetano é uma presença marcante no disco, colaborando com quatro ótimas composições: "*Coração Vagabundo*", "*Como Dois E Dois*", "*Maria Betânia*" e "*Chuva Suor e Cerveja*". Um ponto alto do disco é a versão séria e profunda de "*Sua Estupidez*" (da dupla Roberto e Erasmo Carlos), que arruína o rótulo de "ingênuo", equivocadamente aplicado a toda a **Jovem-Guarda**. Por partir de uma gravação ao vivo, *Fa-Tal* não tem boa qualidade sonora. A valorização do despojamento e da espontaneidade – uma marca da época – também causa certa estranheza aos ouvidos de hoje, pois a edição não maquiou os erros ocorridos durante as execuções ou corrigiu os eventuais excessos dos músicos. Porém, tudo isso só faz ressaltar a boa tradução que *Fa-Tal* faz de seu tempo.

*Ditadura Militar*
A ditadura militar instaurada em 1964, no Brasil, perdurou até 1985, tendo um histórico de intervenções brutais na arte brasileira, e entra elas, alguns destaques: a imposição de censura sobre todas as obras que, de alguma maneira, criticassem seu regime político; a perseguição, o aprisionamento e o exílio dos seus opositores; o incentivo às composições de cunho nacionalista.

*Tropicalismo*
Movimento de vanguarda estética do final da década de 60, liderado por Caetano Veloso e Gilberto Gil, que se baseava na combinação de elementos musicais bastante díspares e no radical experimentalismo sonoro.

*Waly Salomão*
Poeta, compositor e produtor musical baiano, nascido em 1940 e falecido em 2003, profundamente identificado com o tropicalismo. Foi também o diretor artístico do show e do disco *Fa-Tal – Gal A Todo Vapor.*

*Jards Macalé*
Cantor, compositor e instrumentista carioca, nascido em 1943, cuja obra se caracteriza pelo experimentalismo vanguardista. É tido como "maldito" na MPB desde os anos 70.

*Jovem-Guarda*
Grupo de artistas, tidos como inocentes, liderado por Roberto Carlos e Erasmo Carlos, introdutor do rock no Brasil no início dos anos 60.

# FRANCISCO ALVES - 50 ANOS DEPOIS

2002

Francisco Alves

✔ Faixas escolhidas

1. Lua Nova
*F. Alves/L. Iglezias*
2. Deusa
*F. Júnior*
3. Refloris Da Minha Vida
*S. Sena*
4. A Voz Do Violão
*F. Alves/H. Campos*
5. Eu Sonhei Que Tu Estavas Tão Linda
*F. Matoso/L. Babo*
6. Boa Noite Amor
*J. M. de Abreu/F. Matoso*
7. Para Me Livrar Do Mal
*Noel Rosa/I. Silva*
8. Favela
*R. Martins/W. Silva*
9. Serra Da Boa Esperança
*L. Babo*
10. Aquarela Do Brasil
*A. Barroso*
11. Caminhemos
*H. Martins*
12. Cadeira Vazia
*L. Rodrigues*
13. Dá Nela
*A. Barroso*
14. Grau 10
*A. Barroso*
15. É Bom Parar
*R. Soares*
16. Sandália De Prata
*A. P. Vermelho/P. Caetano*
17. Eu Brinco
*C. Cruz/P. Caetano*
18. Confete
*J. Júnior/D. Nasser*

Revivendo

## *A voz do Brasil dos nossos avós*

Se a primeira metade do século XX na MPB pode ser representada por uma voz, esta seria a do cantor e compositor carioca Francisco Alves, que brilhou intensamente de 1919 (ano em que foi descoberto pelo célebre **Sinhô**) a 1952, quando faleceu num acidente automobilístico. Seu canto possante – uma necessidade para os que se aventuravam a gravar no tempo do sistema mecânico de gravação, que perdurou até 1927, quando o próprio Francisco fez o primeiro registro pelo sistema elétrico no Brasil – tinha, além de um bonito timbre, a graça e o balanço do que, na época, se chamava de "brejeiro", algo incomum entre os vozeirões daquele tempo. Além dessas qualidades, Chico Alves era dono de um aguçadíssimo faro para o sucesso, evidente na escolha de seu repertório, mas também nos grandes nomes que revelou, como os compositores Bide e Ismael Silva e o cantor Orlando Silva. Em 2002, homenageando aos 50 anos de sua morte, foi lançada a ótima caixa *Francisco Alves – 50 Anos Depois*, que traz em 4 CDs uma boa amostra dos seus maiores êxitos, com registros de 1930 a 1952. O primeiro volume, *Seresteiro*, enfoca a parcela de seu repertório preenchida por modinhas, valsinhas e outros gêneros abrangidos na categoria '**seresta**'. Nele, estão representados em regravações alguns de seus primeiros sucessos, a exemplo de "*A Voz Do Violão*", "*Lua Nova*" e "*Malandrinha*". Em versões originais, o disco traz outras jóias do seu cancioneiro, tais como "*Deusa*", "*Meu Companheiro*", "*A Mulher Que Ficou Na Taça*", "*Reflorir Da Minha Vida*", "*Meu Romance*", "*Eu Sonhei Que Tu Estavas Tão Linda!*", "*A Dama De Vermelho*", "*A Última Valsa*" e "*Vidas Mal-Traçadas*". Aliás, Chico Alves era tão identificado com a tradição seresteira, que elegeu uma composição desse estilo para ser seu "prefixo" nas apresentações públicas: a bela valsa "*Boa Noite Amor*", de 1936 (a caixa *50 Anos Depois* aproveitou uma regravação de 1950). O volume *Sambista* realça sua importância no gênero, seja na divulgação das transformações criadas pelos sambistas de **Estácio de Sá** – exemplares nos clássicos "*Nem É Bom Falar*" e "*Para Me Livrar Do Mal*" –, seja em lances como o lançamento do **samba-exaltação**, ocorrido em 1939 com sua célebre gravação de "*Aquarela Do Brasil*", que teve memorável arranjo de Radamés Gnatalli. Além destas, é possível ouvir nesse volume grandes êxitos como "*Na Virada Da Montanha*", "*Favela*", "*Serra Da Boa Esperança*", "*Fracasso*", "*Caminhemos*" e "*Cadeira Vazia*". O terceiro disco, *Carnavalesco*, é dedicado a pérolas do carnaval, a exemplo de "*Formosa*", "*Grau 10*", "*É Bom Parar*", "*Júlia*", "*Sandália De Prata*", "*Eu Brinco*", "*Que Rei Sou Eu?*", "Palhaço" e "*Retrato Do Velho*". Coincidem nesse volume seu primeiro grande sucesso, "*Dá Nela*", de 1930, e o último, "*Confete*", de 1952. O último disco, curioso mas menos importante que os anteriores, foi batizado de *Grandes Versões* por trazer apenas versões brasileiras para famosas canções internacionais, como "*As Time Goes By*" ("*Amor É Sempre Amor*") e "*El Día Que Me Quieras*" ("*O Dia Em Que Me Quieras*").

*Sinhô*
Compositor e pianista carioca, nascido em 1888 e falecido em 1930, de extrema importância no processo de formação do samba. "*Jura*" e "*Gosto Que Me Enrosco*" (com Heitor dos Prazeres) são alguns de seus grandes sucessos.

*Seresta*
Antiga tradição urbana, vinda de Portugal nos primeiros anos de colonização, que consiste na execução musical coletiva, geralmente com canto e acompanhamento, de um repertório lírico-amoroso ao ar livre (preferencialmente à noite e sob a janela de uma pessoa a quem se quer bem).

*Estácio de Sá*
Bairro carioca em que surgiu a primeira escola de samba do Brasil (a Deixa Falar, da qual Francisco Alves foi integrante) e que foi reduto de célebres sambistas como Ismael Silva, Bide e Marçal. Os sambistas do Estácio alteraram a rítmica do samba para facilitar a dança nos desfiles carnavalescos.

*Samba-Exaltação*
Nome genérico dos sambas dedicados ao elogio da pátria, figuras históricas brasileiras ou regiões e cidades do país surgido no final dos anos 30. Usualmente acompanhados de arranjos grandiosos, foram moda entre o final dos anos 30 e meados dos 40, quando incentivados pela ditadura nacionalista de Getúlio Vargas. "*Canta Brasil*" (de Alcyr Pires Vermelho e David Nasser) e "*Onde O Céu É Mais Azul*" (de João de Barro, Alberto Ribeiro e Alcyr Pires Vermelho), incluídos nessa coleção, são exemplos do estilo.

# GALOS DE BRIGA
1976

João Bosco

FAIXAS

1. Incompatibilidade De Gênios
*João Bosco/Aldir Blanc*
2. Gol Anulado
*João Bosco/Aldir Blanc*
3. O Cavaleiro E Os Moinhos
*João Bosco/Aldir Blanc*
4. Rumbando
*João Bosco/Aldir Blanc*
5. Vida Noturna
*João Bosco/Aldir Blanc*
6. O Ronco Da Cuíca
*João Bosco/Aldir Blanc*
7. Miss Suéter
*João Bosco/Aldir Blanc*
8. Latin Lover
*João Bosco/Aldir Blanc*
9. Galos De Briga
*João Bosco/Aldir Blanc*
10. Feminismo No Estácio
*João Bosco/Aldir Blanc*
11. Transversal Do Tempo
*João Bosco/Aldir Blanc*
12. O Rancho Da Goiabada
*João Bosco/Aldir Blanc*

RCA (BMG)

## *João e Aldir, uma parceria imbatível*

Em 1970, quando João Bosco conheceu Aldir Blanc, os dois ainda eram estudantes, mas já pretendiam abandonar tudo pela música. Começava ali uma parceria memorável, que durou até o início dos anos 80, quando, após sucessivas brigas, deixaram de se falar. Aldir, grande letrista carioca, era mais experiente, pois já havia conseguido boas colocações em **festivais** e tinha até um sucesso: "*Amigo É Pra Essas Coisas*" (com Silvio Silva Jr). João, nascido no interior de Minas Gerais, tinha uma formação musical bastante eclética, que abrangia da música erudita ao rock, incluindo, naturalmente, a riquíssima tradição de seu estado. Na juventude, passada em **Ouro Preto**, já era um cantor e violonista competente quando conheceu o compositor Vinícius de Moraes, que colocou versos em algumas de suas melodias e o incentivou bastante a mudar-se para o Rio de Janeiro para se tornar músico profissional. Juntos, João e Aldir conquistaram renome em 1971, a partir de "*Bala Com Bala*", gravada por Elis Regina, que, além de lançadora da dupla, foi sua principal intérprete. Em 1973, João Bosco começou a gravar seus discos e, três anos mais tarde, lançou o álbum *Galos De Briga*, que representou o auge de sua parceria com Aldir. Faixas como "*O Cavaleiro*

*E Os Moinhos*" e "*Vida Noturna*" comprovam o notável casamento entre suas melodias e letras. Além de ter uma voz segura e tocar violão muito bem, João notorizou-se por desenvolver uma capacidade quase teatral de encarnar os personagens das letras de Aldir, em especial nos divertidíssimos sambas "*Incompatibilidade De Gênios*", "*Gol Anulado*" e "*Feminismo No Estácio*". Um ótimo samba do disco é o pungente "*O Ronco Da Cuíca*", que expõe o teor crítico da visão política-social de Aldir. Outro exemplo dessa visão, mas que pende para um cronismo de humor ácido, é "*Miss Suéter*", cantada com participação de **Ângela Maria**, que retrata a vida patética de uma atriz decadente. O samba é, sem dúvida, o gênero em que João e Aldir mais se destacaram, ainda que suas obras misturem referências musicais de diversas origens, como a sonoridade ibérica da faixa-título "*Galos De Briga*", que transita entre as tradições portuguesas e a espanholas, ou o suingue caribenho de "*Rumbando*". *Galos De Briga* foi especialmente significativo na carreira de João Bosco, pois, diferentemente de seus dois Lps anteriores, foi preenchido apenas com músicas inéditas – "*Transversal Do Tempo*", também famosa pela versão de Elis Regina em seu álbum homônimo, só foi cantada por ela dois anos depois de seu lançamento. Foi a partir desse disco, em que estavam registrados sucessos como o bolero "*Latin Lover*" e a **marcha-rancho** "*O Rancho Da Goiabada*", que João se tornou o principal lançador e intérprete de suas obras. Desde então, conseguiu enorme prestígio no Brasil e, pouco depois, também no exterior. Em sua trajetória vitoriosa, contudo, não houve outra parceria que se assemelhasse em quantidade e qualidade à que fez com Aldir.

*Festivais de MPB*
Os festivais musicais de televisão, que premiavam compositores e intérpretes, tiveram grande repercussão e importância na segunda metade década de 60, reunindo artistas das mais variadas tendências e revelando nomes como Caetano Veloso, Chico Buarque, Edu Lobo, Elis Regina, Gilberto Gil, e muitos outros.

*Ouro Preto*
Cidade situada numa região montanhosa de Minas Gerais famosa por seu casario colonial erguido no século XVIII durante o ciclo do ouro. Faz parte do patrimônio histórico da humanidade.

*Marcha-Rancho*
Adaptação brasileira das marchas militares, tocada em andamento lento, que foi usada, inicialmente, em cortejos religiosos e, pouco depois, em blocos carnavalescos.

*Ângela Maria*
Intérprete carioca, nascida em 1928, de muito sucesso na década de 50. Alguns de seus maiores êxitos são: "*Não Tenho Você*" (de Paulo Marques e Ary Monteiro) e "*Babalu*" (de Margarita Lecuona).

# GERAES
1976

Milton Nascimento

**FAIXAS**

1. Fazenda
*N. Ângelo*
2. Calix Bento
*D. P.* adaptado por *T. Moura*
3. Volver A Los 17
*V. Parra*
4. Menino
*M. Nascimento/R. Bastos*
5. O Que Será (À Flor Da Pele)
*Chico Buarque*
6. Carro De Boi
*M. Tapajós/Cacaso*
7. Caldeira
*N. Araya*
8. Promessas Do Sol
*M. Nascimento/F. Brant*
9. Viver De Amor
*T. Horta/R. Bastos*
10. Lua Girou
*D. P.* adaptado por *M. Nascimento*
11. Circo Marimbondo
*M. Nascimento/R. Bastos*
12. Minas Geraes
*Novelli/R. Bastos*
13. Primeiro De Maio
*M. Nascimento/C. Buarque*
14. O Cio Da Terra
*M. Nascimento/C. Buarque*

EMI

## *Ouro nobre de Minas Gerais*

Em meados dos anos 60, ao mesmo tempo em que os norte-americanos buscavam uma música que conciliasse o jazz e o rock, chegando ao chamado 'fusion', havia artistas no Brasil que também seguiam esse caminho. Os brasileiros tinham, porém, uma dificuldade a mais, pois, além de tentar uma conciliação semelhante – entre a bossa-nova, que trazia o jazz diluído, e o rock da **jovem-guarda** –, queriam lidar, ainda, com outros inúmeros matizes da música nacional. O excelente cantor e compositor Milton Nascimento, pela formação musical que teve, é um bom exemplo desse movimento. Na infância, vivida no interior de Minas Gerais – estado de fortíssima tradição cultural –, teve contato com uma música regional riauíssima e, através do rádio, com os grandes sucessos nacionais e internacionais. Mais tarde, tocou rock em bailes, cantou de tudo em bares noturnos e chegou até a formar um grupo de jazz. O domínio de gêneros tão diferentes permitiu-lhe realizar fusões musicais novas e de altíssima qualidade que conquistaram crítica e público, ficando como a maior característica da sua produção. Nos anos 70, quando já era muito respeitado no Brasil, Milton começou a alçar vôos maiores, sobretudo pelos mercados norte-americano e europeu. Os principais lances dessa investida foram a gravação do disco *Native Dancer* com o saxofonista Wayne Shorter (em 1975) e do álbum *Milton* (lançado nos Estados Unidos no ano seguinte, composto por versões em inglês de suas canções), que contou com participações de jazzistas de bastante renome. Mas é preciso dizer, porém, que nem por um instante o artista se descuidou do seu país; pelo contrário, ainda em 1976, lançou o Brasil um dos álbuns mais representativos de sua carreira: ***Geraes***, um trabalho simultaneamente regional e cosmopolita (a começar pelo nome, que remete tanto ao nome do estado natal de Milton Nascimento, quanto ao conceito de universo). Nele, Milton soube mesclar músicas típicas do Brasil – que têm na adaptação da folclórica "*Lua Girou*" seu ponto mais alto – com temas influenciados pelo que havia de mais moderno na música estrangeira, a exemplo do interessante "*Viver De Amor*". A canção latino-americana também recebeu atenção especial: Milton convidou a cantora argentina Mercedes Sosa para dividir uma nova versão de "*Volver A Los 17*" e os chilenos do grupo Água para participar das faixas "*Caldeira*" e "*Promessa Do Sol*". Duas participações especiais de brasileiros também merecem ser destacadas: a de Chico Buarque, na deslumbrante "*O Que Será (À Flor Da Pele)*", e a de Clementina de Jesus, no **samba-rock** "*Circo Marimbondo*". Entre as demais faixas, os melhores momentos são a comovente "*Fazenda*", cuja melodia traz um delicioso toque de blues, e a balada "*Menino*" (uma das boas criações de Milton com o letrista **Ronaldo Bastos**) que traz acompanhamentos de órgão feitos por João Donato, um dos ótimos músicos que colaboram no disco. *Geraes* comprova que Milton Nascimento ganhou o mundo, mas sem nunca perder de vista o quintal de sua casa.

*Jovem-Guarda*
Grupo de artistas, tidos como inocentes, liderado por Roberto Carlos e Erasmo Carlos, introdutor do rock no Brasil no início dos anos 60.

*Geraes*
A edição em CD de *Geraes* tem duas belas faixas de bônus: "*Primeiro De Maio*" e "*Cio Da Terra*", de Milton Nascimento e Chico Buarque (também cantadas pelos dois artistas), gravadas em 1977.

*Samba-Rock*
Mistura de muito suingue entre o samba brasileiro e o rock norte-americano.

*Ronaldo Bastos*
Letrista fluminense, nascido em 1948, autor de "*Cais*" e "*Nada Será Como Antes*" (ambas com Milton Nascimento), entre outras canções famosas.

# GITA
1974

Raul Seixas

FAIXAS

1. Super-Heróis
*Raul Seixas/Paulo Coelho*
2. Medo Da Chuva
*Raul Seixas/Paulo Coelho*
3. As Aventuras De Raul Seixas Na Cidade De Thor
*Raul Seixas*
4. Água Viva
*Raul Seixas/Paulo Coelho*
5. Moleque Maravilhoso
*Raul Seixas/Paulo Coelho*
6. Sessão Das 10
*Raul Seixas*
7. Sociedade Alternativa
*Raul Seixas/Paulo Coelho*
8. Trem Das 7
*Raul Seixas*
9. S.O.S.
*Raul Seixas*
10. Prelúdio
*Raul Seixas*
11. A Loteria De Babilônia
*Raul Seixas/Paulo Coelho*
12. Gita
*Raul Seixas/Paulo Coelho*

Philips (Poligram-Universal)

## *Filósofo de guitarra na mão*

Entre o som distorcido de guitarras elétricas surgia um inusitado canto, inspirado nos **repentes** nordestinos, que dizia: "Acredite que eu não tenho nada a ver com a 'Linha Evolutiva da Música Popular Brasileira'". Era o anárquico roqueiro baiano Raul Seixas (1945-1989) externando sua recusa das preocupações da bossa-nova e do **tropicalismo** em "*As Aventuras De Raul Seixas Na Cidade De Thor*" (faixa do LP *Gita*, de 1974). Na realidade, ele não se sentia inserido na tradição brasileira (tomada em seu sentido forte), nem queria comungar de evolução nenhuma. Embora partilhasse o gosto dos tropicalistas pela fusão do rock com elementos diversos (preferencialmente, símbolos populares brasileiros e estrangeiros tidos como bregas ou de mau-gosto), Raul via no ritmo de seu ídolo Elvis Presley algo mais do que um simples objeto estético: para ele, o inicialmente marginalizado rock'n roll era uma arma poderosa para popularizar mensagens e atitudes revolucionárias, que eram, enfim, o que mais lhe importava. Essa arma, que já vinha se mostrando eficaz nos sucessos de seu primeiro disco solo, ***Krig-Há, Bandolo!***, acertou o alvo de novo em *Gita*, que rapidamente passou de 100.000 cópias vendidas, tornando famosas todas as suas 12 faixas e difundindo críticas ácidas, irreverentes e bem elaboradas da vida burguesa – do que são exemplos "*S.O.S.*" e "*Super-Heróis*". O amor, um dos temas mais importantes e recorrentes em todo o cancioneiro nacional, é abordado com o mesmo tom contestador, seja na bela "*Medo Da Chuva*", que combate o tabu da monogamia, seja na irônica "*Sessão Das 10*", um bolero que retrata a patética decepção amorosa de um jovem inocente e sonhador. Uma característica relevante dessa fase, a de maior importância em sua carreira, é o misticismo que exala das canções, sobretudo das feitas com **Paulo Coelho**. Raul e Paulo cultivavam um grande interesse pelo ocultismo (sua citação preferida era a do polêmico bruxo e pensador inglês Aleister Crowley) e o difundiam em obras visionárias como "*Água Viva*", que fala sobre uma fonte oculta que contém o segredo da vida, ou "*Trem Das 7*", que descreve uma viagem misteriosa ao final dos tempos – a última imagem dessa música é notável: "Oi, olha o Mal/ Vem de braços e abraços com o Bem num romance astral". Contudo, o exemplo mais evidente de sua procura por uma religiosidade alternativa é o enorme sucesso "*Gita*", uma bonita e inteligente adaptação da revelação divina contida no milenar livro hindu *Braghavad-Gita*. O disco também mostra a seriedade de sua militância anarquista, que até levou a um auto-exílio nos Estados Unidos em 1974. Esta é sugerida na singela "*Prelúdio*" e na auto-referente "*Moleque Maravilhoso*", mas escancarada na famosíssima canção-manifesto "*Sociedade Alternativa*". Bastante ligado às letras (sua "*Loteria De Babilônia*" homenageia Jorge Luis Borges), Raul Seixas foi uma espécie de filósofo da contracultura dos anos 70. Hoje, anos depois de sua morte, continua sendo um mito da MPB.

*Repente*
Gênero musical típico do sertão do nordeste brasileiro no qual se alternam versos improvisados por dois antagonistas, que medem sua criatividade em longos desafios.

*Tropicalismo*
Movimento de vanguarda estética do final da década de 60, também chamado de Tropicália, liderado por Caetano Veloso e Gilberto Gil, que se baseava na combinação de elementos musicais bastante díspares e no radical experimentalismo sonoro.

*Krig-Há, Bandolo!*
Ótimo disco lançado por Raul Seixas em 1973, no qual estavam registrados sucessos como "*Ouro De Tolo*" (R. Seixas), "*Mosca Na Sopa*" (R. Seixas/P. Coelho) e "*Metamorfose Ambulante*" (R. Seixas). Muitos o consideram o melhor álbum de Raul.

*Paulo Coelho*
Compositor e escritor carioca, nascido em 1947, co-autor de "*Gita*", "*Eu Nasci Há Dez Mil Anos Atrás*" (com Raul Seixas, de quem foi o maior parceiro) e outros sucessos.

# IHU

1995

Marlui Miranda

## *Festa na tribo*

Há uma grande ignorância de muito do que se refere à arte indígena brasileira, sobretudo por causa da soma da violentíssima disputa territorial entre índios e europeus na colonização do Brasil – que reduziu drasticamente a população dos primeiros – com a secular negligência dos brancos em relação à preservação da cultura dos povos nativos. Na música, em que o desconhecimento é especialmente profundo, surgiram no final do século XX algumas iniciativas importantes para a revelação dos tesouros guardados por incontáveis gerações. Uma delas, a principal, foi o trabalho da cantora, compositora, violonista e pesquisadora cearense Marlui Miranda, que começou a estudar a música indígena no final dos anos 70 e que vem registrando esse trabalho em álbuns desde 1995, quando lançou seu precioso ***Ihu*** *– Todos Os Sons*. Esse disco é um apanhado de canções de tribos que vivem no centro-oeste e, principalmente, no norte do Brasil, sobre as quais Marlui criou arranjos pessoais, mas que mantêm a melodia e a rítmica originais, além de procurar reproduzir a fonética e a sonoridade características das vozes de seus criadores. As peças por ela escolhidas falam sobre rituais, lendas, festas, atividades cotidianas e o meio-ambiente em que viviam os

FAIXAS

1. Tchori Tchori
*Índios Jaboti de Rondônia*
2. Pamé Dawöro
*Índios Jaboti de Rondônia*
3. Tche Nane
*Índios Jaboti de Rondônia*
4. Ñaumu
*ÍndiosYanomami de Roraima*
5. Awina/Ijain Je E'
*Índios Pakaa Nova de Rondônia*
6. Araruna
*Índios Parakanã do Pará*
7. Mena Barsáa (Baya Barsáa)
*Índios Tukano do Amazonas*
8. Bep
*Índios Kayapó do Pará*
9. Festa Da Flauta
*Índios Nambikwara do Mato Grosso*
10. Yny Maj Hyrynh (A Você Eu Canto)
*J. P. Karitiana*
11. Hirigo
*Índios Tupari de Rondônia*
12. Wine Merewá
*Índios Suruí de Rondônia*
13. Mekô Merewá
*Índios Suruí de Rondônia*
14. Ju Paraná
*Índios Juruna do Mato Grosso*
15. Kworo Kango
*Índios Kayapó do Pará*
16. Mito - Metumji Iarén
*Índios Suyá do Mato Grosso*
17. 15 Variações De Hai Nai Hai
*Índios Nambikwara do Mato Grosso*

Pau Brasil

índios; enfim, sobre sua vida. Como foram recolhidas na tradição oral das aldeias – algumas são tão antigas que muito poucos ainda sabem seu significado exato –, as músicas são de autoria coletiva, com a exceção de "*Yny Maj Hyrynh*", que, embora aproveite trechos muito antigos de canções dos Índios Karitiana, é de José Pereira Karitiana. A impressionante diversidade de *Ihu* enfatiza a excelente seleção de repertório feita por Marlui, uma combinação harmoniosa de canções tão distintas quanto a longa "*Kworo Kango*" e as curtíssimas "*Hirigo*", "*Wine Merewá*" e "*Mekô Merewá*", que se resumem a uma ou duas frases. Algumas obras se destacam pela melodia (como as belas "*Araruna*" e "*Ju Paraná*"), outras pela rítmica (como "*Awina/ Ijain Je E*"", que traz um inesperado e saboroso uso de colcheias), outras pela poética (como "*Ñaumu*", baseada num interessante jogo de metáforas tradicionais, a exemplo de 'um ponto que brilha sob o sol' para 'facão') e outras por seu sentido lúdico (como as complexas "*15 Variações De Hai Nai Hai*"). As interpretações concebidas pela artista também têm como marca a variedade, exemplar na narrativa musicada de "*Mito - Metumji Iamén*", com sua brilhante exploração de timbres distintos. *Ihu* contou com importantes colaborações de alguns bons artistas, e dentre elas é preciso ressaltar a de Gilberto Gil em "*Ñaumu*", a do **Uakti** em "*Tchori Tchori*", a do **Grupo Beijo** em "*Mena Barsáa (Baya Barsáa)*" e a de **Teco Cardoso** em "*Festa Da Flauta*". Esta faixa, que combina duas melodias executadas bastante dissonantes em flautas indígenas kulutá (uma de taquara rachada, que representa os espíritos masculinos, outra doce, que representa os espíritos femininos) e é a única peça instrumental do disco.

*Ihu*
'Ihu' significa 'som' no dialeto dos Índios Kamayurá.

*Uakti*
Renomado conjunto instrumental de forte caráter percussivo formado em Minas Gerais em 1978.

*Grupo Beijo*
Grupo vocal formado no Coralusp, famoso coral da Universidade de São Paulo.

*Teco Cardoso*
Músico, compositor e arranjador paulista, nascido em 1962. Além de seu consistente trabalho musical, tem se destacado na liderança (dividida com Benjamin Taubkin) da gravadora Núcleo Contemporâneo.

1. Último Desejo
*Noel Rosa*
2. Camisa Amarela
*A. Barroso*
3. Tenha Pena De Mim
*C. de Souza/Babaú*
4. Quebrei A Jura
*M. de Oliveira/H. Lobo*
5. Vai Trabalhar
*C. de Souza*
6. Triste Cuíca
*Noel Rosa/H. Cordovil*
7. Palpite Infeliz
*Noel Rosa*
8. Fez Bobagem
*A. Valente*
9. Rapaz Folgado
*Noel Rosa*
10. Engomadinho
*P. Caetano/C. Cruz*
11. O Passarinho Do Relógio
*M. de Oliveira/H. Lobo*
12. Século Do Progresso
*Noel Rosa*
13. O Que Foi Que Eu Fiz
*C. de Souza*
14. O Maior Castigo Que Te Dou
*Noel Rosa*

RCA (BMG)

# IN MEMORIAM: ARACY DE ALMEIDA

1993

Aracy de Almeida

## *A poderosa voz do "Samba em Pessoa"*

Quem conheceu a carioca Aracy de Almeida (1914-1988) nos seus últimos anos de vida, quando trabalhava como jurada em programas de calouros, tem a desagradável lembrança de uma mulher mau-humorada, ranzinza, antipática. Porém, essa imagem não condiz com aquela guardada pelos que puderam vê-la atuando como cantora, sobretudo na sua fase mais brilhante, do final dos anos 30 ao começo dos 50. Também chamada de "O Samba em Pessoa", Aracy eternizou uma série de canções e foi uma das primeiras vozes femininas a conseguir destaque no Brasil. Para se ter uma idéia de seu pioneirismo, basta dizer que, antes dela, apenas Aracy Cortes e Carmen Miranda haviam conseguido grande repercussão no meio musical, que era predominantemente masculino. A coletânea *In Memoriam*, lançada pela RCA em 1993, registra com fidelidade o trabalho de Aracy de Almeida, desde quando apareceu para o grande público, até o auge de sua popularidade, reunindo gravações de 1935 a 1942. O sofisticado compositor **Custódio Mesquita** foi quem a levou para a Rádio Educadora, onde conseguiu seu primeiro emprego, em 1933. Vinda do subúrbio, com uma educação pouco refinada e com uma maneira de cantar – suingada e com uma impostação mais leve – mais próxima das rodas de samba da periferia do que dos teatros e rádios da cidade, Aracy foi recebida com certa desconfiança, até que passou a ser protegida pelo respeitado Noel Rosa. Além de garantir o emprego da amiga Aracy, Noel foi fundamental em sua carreira por dar a ela a chance de gravar, em primeira mão, algumas jóias de seu repertório, tais como "*Triste Cuíca*", "*O Maior Castigo Que te Dou*" e "*Século Do Progresso*". Não há consenso sobre se Aracy de Almeida foi a melhor intérprete de Noel Rosa ou não – ele próprio, certa vez, afirmou que preferia a cantora Marília Batista –, mas é inegável que foi a mais importante por ter lançado grande parte dos maiores clássicos do compositor. *In Memoriam* traz dois deles: o genial testamento cantado "*Último Desejo*", de 1937, e o conhecidíssimo "*Palpite Infeliz*", de 1936, com o qual Noel encerrou a célebre **polêmica musical** que travou com **Wilson Batista**. Embora tenha se destacado como intérprete de Noel, Aracy também obteve muito sucesso cantando obras de outros célebres autores de seu tempo, a exemplo da saborosa "*Camisa Amarela*" (1939), de **Ary Barroso** – Ary acreditava ser a melhor gravação feita no Brasil até então – e do bom samba "*Fez Bobagem*" (1942), de Assis Valente. Outro momento muito especial da coletânea é o samba "*Tenha Pena de Mim*" (de Cyro de Souza e Babaú), muito tocado no carnaval de 1938, que rendeu enorme popularidade à cantora. A espantosa qualidade sonora das gravações recuperadas para o disco faz ressaltar, além da voz pungente de Aracy, a qualidade dos instrumentistas que fizeram os acompanhamentos.Também alguns arranjos chamam a atenção, a começar pelo da marchinha carnavalesca "*O Passarinho Do Relógio*", de1942, que, embora não tragam créditos, provavelmente pertencem a Pixinguinha (que trabalhava como maestro na RCA nessa época).

*Custódio Mesquita*
Compositor e maestro carioca, nascido em 1910 e falecido em 1945, criador de melodias e harmonias bastante modernas – que, inclusive, foram um referência importantíssima para a bossa-nova -, a exemplo de "*Noturno Em Tempo De Samba*" e "*Mulher*".

*Polêmica Musical*
Desse famoso duelo, cujos cenários foram as rádios e os bares cariocas e cujas armas foram sambas que tentavam desmoralizar o adversário, o disco também traz o marco inicial: "*Rapaz Folgado*" (de Noel Rosa), lançado em 1933, mas gravado apenas cinco anos depois por Aracy de Almeida.

*Wilson Batista*
Grande compositor fluminense, nascido em 1913 e falecido em 1968, autor dos valiosos sambas "*Acertei No Milhar*", "*Louco*" e "*Bonde São Januário*", entre outros.

*Ary Barroso*
Pianista e compositor memorável da música brasileira, nascido em 1903 e falecido em 1964, autor dos clássicos "*Aquarela Brasileira*", "*É Luxo Só*", "*Morena Boca De Ouro*" e "*Rancho Fundo*", entre outras.

1. Corumbá
*Almir Sater/G. Rondon*
2. Minas Gerais
*Almir Sater*
3. Vinheta Do Capeta
*Almir Sater*
4. Luzeiro
*Almir Sater*
5. Benzinho
*Almir Sater*
6. Rio De Lágrimas
*T. Carreiro/L. dos Santos/ Piraci*
7. Na Piratininga: De Jeep
*T. Moura*
8. Doma
*Almir Sater/J. Gomes*
9. Viola de Buriti
*Almir Sater*
10. ...E De Minas Pra Riba
*Almir Sater/J. Gomes/A. Gomes*

Velas

# INSTRUMENTAL

1985

Almir Sater

## *O violeiro do Pantanal*

O Pantanal brasileiro é uma grande planície alagadiça, situada no sudoeste do Mato Grosso do Sul, que ocupa uma área superior a 100.000 km². Seus inúmeros rios e sua exuberante vegetação abrigam um dos ecossistemas mais ricos e interessantes do planeta. Foi entre violeiros anônimos de lá que o compositor, cantor e instrumentista Almir Sater encontrou sua própria personalidade musical. Nascido em Campo Grande (capital do Mato Grosso do Sul), Almir sempre gostou muito do som das **violas** caipiras, mas teve o violão como primeiro instrumento. Isso é compreensível, pois, durante muito tempo, a viola foi desprezada, principalmente nas cidades. No entanto, aos 20 anos de idade, quando cursava Direito no distante Rio de Janeiro, começou a se interessar seriamente pelo som das violas e decidiu trocar a carreira de advogado pela música. Ele também resolveu deixar de lado o violão e aprender a tocar viola, e para isso teve como mestre o genial **Tião Carreiro** (co-autor da famosa "*Rio de Lágrimas*", que Almir releu com muita habilidade em seu álbum *Instrumental*). Já profissional, com dois discos lançados e a idéia de modernizar a música interiorana, montou em 1984 uma comitiva para se embrenhar pelo Pantanal e pesquisar os sons e o dia-a-dia de seus habitantes. Dessa longa jornada, em que teve contato intenso com **modas-de-viola**, **cururus**, **guarânias** e outras formas musicais enraizadas na região, resultaram um filme de média-metragem e o valioso álbum *Instrumental*, lançado em 1985. O formato escolhido – instrumental e com poucos músicos tocando ao mesmo tempo (na maioria das faixas, apenas dois) – permite observar a música que se decantou em sua sensibilidade durante a viajem e que se somou harmoniosamente às referências rurais e urbanas que tinha. É interessante notar, por exemplo, o quanto Almir soube compreender e refletir a forte influência que o barroco europeu exerceu sobre as melodias e harmonias da música popular brasileira, o que é evidente no disco todo, mas, acima de tudo, na faixa "*Benzinho*". Outro mérito do artista foi perceber que, no interior do país, as fronteiras entre os estados não representam obstáculos para a transmissão cultural. Já nos nomes de algumas faixas – as ótimas "*Corumbá*", "*Minas Gerais*", "*Na Piratininga: De Jeep*" e "*...E de Minas Pra Riba*", que remetem a diferentes lugares do território nacional –, o disco sugere que os violeiros de toda a região central do país comungam da mesma essência, embora conservam seus traços locais. Almir Sater, além de um compositor criativo, capaz de conceber maravilhas, como "*Luzeiro*", é um músico de vasto domínio sobre seu instrumento. O tema "*Viola De Buriti*", o único número solo do disco, comprova isso. Um cuidadoso estudo da viola e uma densa musicalidade deram a Almir condições para desenvolvesse um toque muito pessoal, eficientíssimo, instigante por sua união de simplicidade e sofisticação. Hoje, é impossível falar na viola brasileira sem tocar no seu nome.

*Viola*
Gênero de instrumentos populares em todo o Brasil, semelhantes ao violão, mas com formatos, afinações e disposições de cordas diferentes. A viola tocada por Almir Sater – um pouco menor do que um violão e com dez cordas, ou cinco cordas dobradas – é conhecida como viola paulista ou viola de serra acima.

*Tião Carreiro*
Cantor, instrumentista e compositor mineiro, nascido em 1934 e falecido em 1993, que ficou famoso pela dupla sertaneja que fez com o paulista Pardinho. "*Pagode*" e "*Rio de Lágrimas*" são alguns de seus sucessos.

*Moda-de-Viola*
Nome genérico dado à música rural quando executada à maneira tradicional (basicamente, com violões e/ou violas de dez cordas, e canto em duas vozes, dispostas em intervalos de terças diatônicas).

*Cururu*
Canto e dança de ritmo binário relacionado, geralmente, a festejos religiosos cristãos, mas de origem indígena. É encontrado em diversos pontos do sudeste e do centro-oeste brasileiro.

*Guarânia*
Canto e dança de ritmo ternário proveniente do Paraguai. Chegou ao Brasil no início do século XX e possui especial penetração nos estados próximos à fronteira com o Paraguai.

# JORGE BEN
1969

Jorge Ben

## *Partidário do suingue*

Repassando os primeiros anos de carreira do carioca **Jorge Ben**, percebe-se que ele integrou todos os mais importantes movimentos da década de 60: a Bossa-Nova, a **Jovem Guarda** e o **tropicalismo**. Não era, porém, um oportunista, pois, musicalmente, nunca descuidava de suas características fundamentais: um excelente senso rítmico; um canto suingado que beira a entonação da voz falada; a preferência por melodias simples, em geral, construídas sobre bases harmônicas modais igualmente simples; o uso de uma inovadora batida de violão que sobrepõe o 2/4 do samba ao 4/4 do rock; a opção por letras diretas e despojadas que surpreendem pela estranheza de sua métrica – esta, por vezes, parece incompatível com o fraseado musical. Mas, ao invés de ajudá-lo, sua convivência com grupos distintos da MPB lhe trouxe um grande problema.Os músicos e a crítica ligada à bossa-nova, participantes diretos de seus primeiros sucessos, passaram a rejeitá-lo logo que estreitou seus laços com a Jovem Guarda – essa afinidade, aliás, era muito natural, visto que Jorge conviveu muito com o rock em sua adolescência, tendo densas influências musicais e amizades antigas com roqueiros. Sua carreira passou, então, por uma temporada difícil, mas a "volta por cima"

1. Crioula
*Jorge Ben*
2. Domingas
*Jorge Ben*
3. Cadê Tereza?
*Jorge Ben*
4. Barbarella
*Jorge Ben*
5. País Tropical
*Jorge Ben*
6. Take It Easy My Brother Charles
*Jorge Ben*
7. Descobri Que Sou Um Anjo
*Jorge Ben*
8. Bebete Vãobora
*Jorge Ben*
9. Quem Foi Que Roubou A Sopeira De Porcelana Chinesa Que A Vovó Ganhou Da Baronesa?
*Jorge Ben*
10. Que Pena
*Jorge Ben*
11. Charles Anjo 45
*Jorge Ben*

Polygram (Universal)

não demorou, dando-se no final dos anos 60, quando os emergentes tropicalistas começaram a elogiá-lo e acolheram-no em suas fileiras. Foi também nessa época que Jorge teve uma destacada participação num festival defendendo sua "*Charles, Anjo 45*", que, além de evidentes qualidades musicais, trouxe uma visão completamente nova da vida dos miseráveis morros cariocas. Sua consagração artística se deu no disco *Jorge Ben* (1969), que apresentou uma série de futuros clássicos como "*Bebete Vãobora*", "*Que Pena*", "*Cadê Tereza*" e "*País Tropical*". A influência dos tropicalistas, com quem convivia intensamente, é evidente nas faixas "*Barbarella*" e "*Descobri Que Eu Sou Um Anjo*", orquestradas pelo vanguardista Rogério Duprat – na primeira, ele usou até a sonoridade difusa e agressiva de **clusters** como contrapartida à suavidade de Jorge –, mas também na poética livre de canções exemplar em "*Quem Foi Que Roubou A Sopeira De Porcelana Chinesa Que A Vovó Ganhou Da Baronesa?*". Uma presença fundamental nesse álbum é a do **Trio Mocotó**, responsável pelo acompanhamento da maioria das peças, como as boas "*Domingas*" e "*Take It Easy My Brother Charles*", além da já mencionada canção do festival de 1968, aqui registrada em versão ao vivo. O Trio Mocotó foi importante por ter sistematizado uma forma de acompanhamento das músicas de Jorge que fez muito sucesso: o samba-rock, que se tornou uma grande mania desde então, sobretudo entre os jovens afrodescendentes, para os quais, Ben foi um ídolo. Fã da sua sonoridade alegre e pulsante, essa juventude também se identificou com a defesa da cultura negra expressa em belas canções de Jorge, como "*Crioula*", e na própria capa do disco *Jorge Ben*, em que o artista aparece desenhado com um par de correntes quebradas nos pulsos.

*Jorge Ben*
Em 1989 Jorge Ben alterou seu nome artístico para Jorge Benjor, pelo qual é conhecido hoje em dia.

*Jovem-Guarda*
Grupo de artistas, tidos como inocentes, liderado por Roberto Carlos e Erasmo Carlos, introdutor do rock no Brasil no início dos anos 60.

*Tropicalismo*
Movimento de vanguarda estética do final da década de 60, também chamado de Tropicália, liderado por Caetano Veloso e Gilberto Gil, que se baseava na combinação de elementos poético-musicais bastante díspares e no radical experimentalismo sonoro.

*Cluster*
Grupo de notas adjacentes tocadas simultaneamente que resulta num fortíssimo efeito dissonante.

*Trio Mocotó*
Conjunto formado por Nereu, Fritz Escovão e João Parahyba em 1968 nas noites do Jogral, bar de São Paulo, muito famoso de meados dos anos 60 ao início dos 70, que foi idealizado pelo músico e compositor Luiz Carlos Paraná.

FAIXAS

1. Ilza Na Feijoada
*Hermeto Pascoal*
2. Santa Catarina
*Hermeto Pascoal*
3. Tiruliruli
*O. Santos*
4. Papagaio Alegre
*Hermeto Pascoal*
5. Vai Mais, Garotinho
*J. C. Araújo*
6. Monte Santo
*Hermeto Pascoal/J. Bá*
7. Spock Na Escada
*Hermeto Pascoal*
8. Mestre Radamés
*Hermeto Pascoal*
9. Aquela Coisa
*Hermeto Pascoal*
10. Frevo Em Maceió
*Hermeto Pascoal*
11. Desencontro Certo
*Hermeto Pascoal*

Som da Gente

# LAGOA DA CANOA MUNICÍPIO DE ARAPIRACA

1984

Hermeto Pascoal

## *Criatividade de bruxo*

Embora sua obra agregue referências diversas, recolhidas na música do mundo todo, o compositor, arranjador e multi-instrumentista Hermeto Pascoal, o "Bruxo", costuma contar que seus primeiros e fundamentais ensinamentos foram tirados de sons dos sapos, dos passarinhos, das coisas que o cercavam na infância. Hermeto nasceu e cresceu em Lagoa da Canoa, um pequeno distrito da cidade de Arapiraca, situado na **zona da mata** nordestina. Inebriado pela rica música local, Hermeto começou a tocar sanfona aos seis anos de idade e em pouco tempo já se apresentava com seu irmão, Zé Neto – albino, como ele – nas festas locais. Na adolescência, passada em Recife, foi trabalhar em emissoras de rádio, e, depois, já adulto, transferiu-se para o Rio de Janeiro. Porém, foi em São Paulo, onde chegou em 1961, que houve a grande guinada em sua carreira. Diz uma das muitas lendas ao seu respeito – e bem pode ser verdade – que Hermeto foi descoberto quando, assistindo a um show de César Camargo Mariano numa grande casa noturna paulistana, sacou uma flauta e começou a improvisar em cima do que o pianista estava tocando, para o espanto e deleite de todos os presentes. Hermeto foi projetado nacionalmente pelo trabalho que fez com o célebre Quarteto Novo, em 1966, e, no final dos anos 60, deu início a uma bem sucedida trajetória solo na música instrumental. O álbum *Lagoa Da Canoa Município de Arapiraca* (1984) é um excelente representante de seu trabalho individual, com faixas de intensa musicalidade e inesgotável inventividade. Nele, sucedem-se temas bonitos e intrincados – geralmente com excelentes idéias de muitas notas e poucas "respirações" –, como o contemplativo "*Santa Catarina*" e o animado "*Ilza Na Feijoada*" (no qual confluem a música regional nordestina e o bebop). Em outros momentos do disco, porém, a opção é por experiências mais radicais, a exemplo do interessante "*Desencontro Certo*", de instrumentação bastante heterodoxa (viola caipira – tocada por Heraldo do Monte –, cavaquinho, harmônio e tuba), e dos ousados "*Tiruliruli*" e "*Vai Mais Garotinho*", em que o artista traduz para a linguagem musical alguns trechos de narração de jogos de futebol, harmonizando-os de maneira notável. Tendo como título o nome da terra natal de Hermeto, não é de se estranhar que o disco traga como principal referência a música nordestina, evidente no baião "*Papagaio Alegre*", no frevo "*Frevo Em Maceió*" e no coco "*Spock Na Escada*". A faixa "*Monte Santo*" também remete a esse universo, com a declamação dos versos de João Bá sobre a **Guerra de Canudos** acompanhada por um notável improviso de Hermeto. Já nas peças "*Aquela Coisa*" e "*Mestre Radamés*", o diálogo se dá com outros elementos importantes da tradição brasileira: a primeira traz novos desdobramentos da antiga conjunção entre o samba e o **maxixe** e a segunda, dedicada a **Radamés Gnatalli**, subverte os padrões do choro com sua melodia de notas longas e não sincopadas, que libertam os bons músicos da seção rítmica para arriscar divisões bastante complexas.

*Zona da Mata*
Faixa territorial do nordeste brasileiro próxima ao litoral e inicialmente coberta pela floresta tropical atlântica.

*Guerra dos Canudos*
Conflito político religioso travado no interior da Bahia entre 1893 e 1897.

*Maxixe*
Gênero urbano, de andamento rápido e ritmo binário, dançado com bastante sensualidade nos salões brasileiros do século XIX. Cunhado a partir de uma fusão entre a habanera (cubana), a polca (bohêmia) e a síncope brasileira, o maxixe foi um dos elementos fundamentais para a gênese do samba.

*Radamés Gnatalli*
Maestro, pianista e compositor gaúcho, nascido em 1906 e falecido em 1988, que desempenhou uma função importantíssima na história da MPB no século XX. Entre seus principais trabalhos estão o revolucionário arranjo para "*Copacabana*", gravado por Dick Farney em 1946, e a organização do inovador conjunto de choro Camerata Carioca, em 1979.

✔ Faixas escolhidas

1. Nervos De Aço
*L. Rodrigues*
2. Quem Há De Dizer
*L. Rodrigues/A. Gonçalves*
3. Volta
*L. Rodrigues*
4. Brasa
*L. Rodrigues/F. Martins*
5. Triste História
*L. Rodrigues/A. Gonçalves*
6. Esses Moços (Pobres Moços)
*L. Rodrigues*
7. Pergunta Aos Meus Tamancos
*L. Rodrigues/A. Gonçalves*
8. Felicidade
*L. Rodrigues*
9. Nunca
*L. Rodrigues*
10. Ela Disse-Me Assim (Vá Embora)
*L. Rodrigues*
11. Maria Rosa
*L. Rodrigues/A. Gonçalves*
12. Cadeira Vazia
*L. Rodrigues/A. Gonçalves*
13. Recado Não Aceito
*L. Rodrigues*
14. Jardim Da Saudade
*L. Rodrigues*
15. Exemplo
*L. Rodrigues*
16. Aves Daninhas
*L. Rodrigues*
17. Briga De Gato
*L. Rodrigues/F. Martins*
18. Vingança
*L. Rodrigues*

Revivendo

# LUPICÍNIO RODRIGUES
1994

Lupicínio Rodrigues

## *Boemia traduzida em música*

Em 1932, numa excursão ao Rio Grande do Sul, Noel Rosa conheceu um jovem compositor, o boêmio Lupicínio Rodrigues (1914-1974), e ficou muito impressionado: "Este garoto é bom! Este garoto vai longe!". Tal previsão se confirmou e, seis anos depois, o rapaz se tornaria conhecido nacionalmente por seu excelente samba "*Se Acaso Você Chegasse*", lançado pelo então desconhecido **Cyro Monteiro** (que depois lançaria seus sambas "*Briga De Amor*" e "*Enquanto A Cidade Dormia*"). Lupicínio foi um dos autores mais importantes de seu tempo, tanto pelo tratamento aprofundado de temas sentimentais que o celebrizou, quanto por sua inventividade melódica, que propiciou as inúmeras releituras modernas de seu repertório que, ainda hoje, sustentam seu enorme prestígio. A completíssima caixa *Lupicínio Rodrigues* (4 CDs), lançada em 1994, traz, em suas 88 faixas, algumas das importantíssimas gravações de sua obra, registradas entre 1936 e 1969. É possível ouvir, por exemplo, as duas primeiras gravações de suas criações (nas quais se percebe uma evidente influência de Noel Rosa), realizadas por Alcides Gonçalves (co-autor de ambas) num disco de 78 rpm: "*Pergunte Aos Meus Tamancos*" e "*Triste História*" – esta última, foi a vencedora de um grande concurso realizado em Porto Alegre, capital gaúcha, em 1935. Também interessantes são os poucos registros da voz de Lupicínio nessa época, que, embora não fosse um grande cantor, mostra charme em "*O Morro Está De Luto*", "*Pregador De Bolinha*", "*Tola*" e "*Sombras*" (todas do início dos anos 50). A coletânea documenta com fidelidade a trajetória de Lupicínio, que, depois do êxito conseguido por Cyro Monteiro, passou a ter suas canções (em sua maioria, sambas e sambas-canção) requisitadas pelos maiores intérpretes da MPB, a exemplo de Orlando Silva, que teve em "*Brasa*" (1945) um de seus últimos grandes momentos. Mas foi a partir do final dos anos 40 que o compositor viveu o auge de sua carreira, quando o Quarteto Quitandinha lançou a famosa "*Felicidade*" e Francisco Alves, um dos principais divulgadores de sua obra, obteve ótima repercussão com "*Nervos De Aço*", "*Quem Há De Dizer*", "*Esses Moços (Pobres Moços)*", "*Maria Rosa*" e "*Cadeira Vazia*". Depois dele, foi a cantora **Linda Batista** quem teve muito sucesso com as músicas de Lupicínio, a exemplo de "*Nunca*", "*Volta*", "*Dona Divergência*", "*Foi Assim*", mas, sobretudo, "*Vingança*". No final dos anos 50, **Jamelão** tornou-se o último dos maiores intérpretes do compositor, com suas exuberantes versões de "*Ela Disse-me Assim*", "*Exemplo*" e outras. A caixa também mostra a diversidade de estilo dos que cantaram Lupicínio, assim como o também gaúcho Caco Velho (em "*Briga De Gato*"), a paulista Isaura Garcia (em "*Recado Não Aceito*"), a carioca Nora Ney (em "*Aves Daninhas*") e o pernambucano Luiz Gonzaga (em "*Juca*"). Ídolo nacional, Lupicínio nunca deixou Porto Alegre e foi o principal compositor gaúcho da MPB. Aos seus conterrâneos, ele dedicou jóias como "*Cevando O Amargo*" e "*Jardim Da Saudade*".

*Cyro Monteiro*
Grande cantor carioca, também compositor, de sucesso entre o final dos anos 30 e meados dos 60. Nascido em 19134 e falecido em 1973, Cyro ficou conhecido pela rica divisão rítmica de seu canto e por sucessos como "*Se Acaso Você Chegasse*" (de Lupicínio Rodrigues) e "*Falsa Baiana*" (de Geraldo Pereira).

*Linda Batista*
Cantora e compositora paulista, nascida em 1919 e falecida em 1988, cujo repertório de sucessos inclui "*Batuque No Morro*" (de Russo do Pandeiro e Sá Róris) e "*Vingança*" (de Lupicínio Rodrigues).

*Jamelão*
Cantor e compositor carioca, nascido em 1913, que lançou os sucessos "*Exaltação À Mangueira*" (de Enéias Brito e Aluísio Augusto Costa), e "*Folha Morta*" (de Ary Barroso). É o puxador da escola de samba da Mangueira desde 1951.

# LUZ NEGRA

## Leny Andrade

FAIXAS

1. A Flor E O Espinho
*N. Cavaquinho/A. Caminha/ G. de Brito*
2. Vou Partir
*N. Cavaquinho/J. do Cavaquinho*
3. Palhaço
*N. Cavaquinho/O. Martins/ W. Fernandes*
4. O Bem E O Mal
*N. Cavaquinho/G. de Brito*
5. Rugas
*N. Cavaquinho/A. Garcez/A. Monteiro*
6. Quem Chora Tem Sempre Razão
*N. Cavaquinho/G. de Brito*
7. Folhas Secas
*N. Cavaquinho/G. de Brito*
8. Dona Carola
*N. Cavaquinho/N. Bahia/W. Feitosa*
9. Pranto De Poeta
*N. Cavaquinho/G. de Brito*
10. Não Te Dói A Consciência
*N. Cavaquinho/A. Garcez/A. Monteiro*
11. Luz Negra
*N. Cavaquinho/A. Cardoso*
12. Notícia
*N. Cavaquinho/A. Caminha/ N. Bahia*
13. História De Um Valente
*N. Cavaquinho/J. R. de Souza*
14. Degraus Da Vida
*N. Cavaquinho/C. Brasil/A. Braga*

Velas

### *Flores para Nelson Cavaquinho*

Em 1994, a já consagrada cantora Leny Andrade prestou uma homenagem ao célebre Nelson Cavaquinho (1910-1986) através de *Luz Negra*. Não era a primeira vez que Leny, intérprete profundamente identificada com a bossa-nova, dedicava um álbum a um sambista histórico, pois em 1988 havia gravado seu *Cartola*. Entretanto, *Luz Negra* teve um mérito a mais: foi a melhor releitura da obra de Nelson feita até então. Nelson Cavaquinho começou sua carreira musical nos anos 30, quando já freqüentava assiduamente a boemia carioca e as rodas de choro e de samba. Entre as suas primeiras músicas gravadas estão "*Não Te Dói A Consciência*" e o sucesso "*Rugas*", registradas originalmente por **Cyro Monteiro**, em meados dos anos 40, e revisitadas à altura por Leny. Outros sambas de *Luz Negra* que fazem parte da primeira fase da sua carreira são "*Palhaço*", lançado em 1951 por Dalva de Oliveira – um belíssimo exemplo das criativas melodias concebidas pelo compositor –, e "*Notícia*", lançado por **Roberto Silva** no ano seguinte. Mas nem mesmo depois de conseguir boa receptividade com tais gravações, o sambista conseguiu tornar-se conhecido. Aliás, Nelson não se preocupava com a fama e, com sua intensa produção, ganhava apenas uns poucos trocados para sustentar a vida desregrada que levava. Esse dinheiro vinha, geralmente, de um procedimento lamentável, mas comum na época: vender a parceria de composições, como fez com a antológica "*Degraus Da Vida*", em que aparece como co-autor César Brasil, dono do pequeno hotel onde vivia. Mas o sambista também teve parceiros de verdade, como Jair do Cavaquinho, co-autor de "*Vou Partir*", e o principal deles, **Guilherme de Brito**, que assina as clássicas "*A Flor E O Espinho*", "*Folhas Secas*" e "*Pranto De Poeta*", além de "*O Bem E O Mal*" e "*Quem Chora Tem Sempre Razão*". Nelson Cavaquinho só se consagrou nos anos 60, depois que Nara Leão gravou "*Luz Negra*" (em 1964), atraindo a atenção de Elizeth Cardoso e uma legião de outros intérpretes. Em 1966, foi lançado, enfim, seu primeiro LP, no qual cantava o **partido-alto** "*História De Um Valente*" e outros tesouros. Tudo se transformou e, desde então, ele passou a ser tratado como um mestre do samba, merecedor das mais altas honrarias e homenagens, a exemplo desse belo tributo oferecido por Leny Andrade. Em sua voz, ficou muito bem representado o espírito das canções de Nelson, marcadas por um pessimismo profundo e sincero, expresso nas várias referências à morte, ao sentimento religioso e à fragilidade das relações humanas. Arranjado pelos renomados Gilson Peranzetta e João de Aquino, e com participações de excelentes músicos, como os trombonistas Raul de Souza e Vittor Santos, o disco traz interpretações ritmicamente fiéis ao samba, mas um tanto influenciadas pelo jazz, sobretudo nas harmonias sofisticadas e no tipo de improvisação utilizados. Leny também concilia essas duas linguagens em seu canto, combinando recursos jazzistas e o sincopado brasileiro em interpretações irretocáveis como a de "*Dona Carola*".

*Cyro Monteiro*
Grande cantor carioca, também compositor, de sucesso entre o final dos anos 30 e meados dos 60. Nascido em 19134 e falecido em 1973, Cyro ficou conhecido pela rica divisão rítmica de seu canto e por sucessos como "*Se Acaso Você Chegasse*" (de Lupicínio Rodrigues) e "*Falsa Baiana*" (de Geraldo Pereira).

*Roberto Silva*
Cantor carioca, nascido em 1920, que lançou "*Lembras Daquela Zinha*" (de Geraldo Pereira), "*Degraus Da Vida*" (de Nelson Cavaquinho, César Brasil e Antônio Braga) e outras canções conhecidas.

*Guilherme de Brito*
Compositor e cantor carioca, nascido em 1921, autor de sambas famosos como "*A Flor E O Espinho*" e "*Folhas Secas*", ambos criados ao lado de Nelson Cavaquinho, com quem começou a compor em 1955 (a primeira também tem participação de Alcides Caminha).

*Partido-Alto*
Variedade de samba muito próxima à música africana, devido à predominância do ritmo, à repetição dos motivos melódicos e ao sentido lúdico marcante em sua origem – o partido-alto se constituía de um refrão cantado, em coro, e uma estrofe improvisada, cantada solo. Atualmente, são poucos os que improvisam versos e participam de autênticos desafios no partido alto.

# MARTINHO DA VILA
1969

Martinho da Vila

FAIXAS

1. Boa Noite/Carnaval De Ilusões/Caramba
*(M. da Vila)/(M. da Vila/ Gemeu)/(M. da Vila)*

2. Quatro Séculos De Modas E Costumes
*Martinho da Vila*

3. O Pequeno Burguês
*Martinho da Vila*

4. Iaiá Do Cais Dourado
*Martinho da Vila/Rodolfo*

5. Casa De Bamba
*Martinho da Vila*

6. Amor, Pra Que Nasceu?
*Martinho da Vila*

7. Quem É Do Mar Não Enjoa
*Martinho da Vila*

8. Brasil Mulato
*Martinho da Vila*

9. Tom Maior
*Martinho da Vila*

10. Pra Que Dinheiro
*Martinho da Vila*

11. Parei Na Sua/Nhém Nhém Nhém
*(M. da Vila)/(Cabana/M. da Vila)*

12. Grande Amor
*Martinho da Vila*

BMG

## *A vila de Noel recebe um novo gênio*

Natural de Duas Barras, interior do Rio de Janeiro, Martinho da Vila e sua família enfrentaram pesadas dificuldades quando foram tentar a sorte no Rio de Janeiro, o que o levou a procurar, aos 18 anos, a segurança de uma carreira de militar. Mas seu destino não estava nas armas, e sim em algo bem mais humano: o samba. O antológico álbum *Martinho da Vila*, de 1969, registra todo o bom começo de sua carreira artística, quando consagrou sua obras e sua originalíssima forma de cantar: arrastada, em seu eterno sorriso, e com o balanço típico dos maiores sambistas cariocas. Em 1966, o então sargento do exército chegou à **Unidos de Vila Isabel**, escola de samba que o projetaria nacionalmente. Lá, Martinho compôs alguns sambas inesquecíveis, como os reunidos na faixa de abertura do disco: "*Boa Noite*", samba que compôs para se apresentar aos integrantes da Vila Isabel e ganhar sua simpatia, "*Carnaval de Ilusões*", seu primeiro **samba-enredo** feito para a escola (lançado em 67), e "*Caramba*", samba de protesto contra as notas dadas pelos jurados para o desfile da Vila Isabel desse mesmo ano – a pontuação contrastava muito com a euforia do público durante o desfile. O álbum traz, também, os sambas-enredo que consagraram Martinho como compositor carnavalesco: "*Quatro Séculos de Modas e Costumes*" (de 68) e "*Iaiá do Cais Dourado*" (de 69), em que as longas letras de vago ufanismo nacionalista, comuns ao estilo, foram substituídas por outras mais curtas, ágeis, diretas e de forte cunho sócio-cultural. "*Iaiá do Cais Dourado*" trouxe, ainda, uma valiosa inovação na re-introdução do padrão melódico do **partido-alto** no samba-enredo. Martinho, aliás, teve nessa época um papel importante na recuperação do partido-alto, que estava relegado à marginalidade no meio musical e, até mesmo, nas escolas de samba, onde era considerado uma diversão de bêbados e velhos saudosistas. Martinho estilizou o partido-alto, substituindo os versos improvisados por letras fixas, centrada num só tema, o que facilitava sua compreensão e aceitação pelo público. Essa mudança foi o estopim de sua carreira fora do fechado meio das escolas de samba, na medida em que é um dos principais ingredientes da saborosa "*Casa De Bamba*", que alcançou estrondoso sucesso depois de ser apresentada no **festival de MPB** da TV Record de 1968. Outros excelentes exemplos de sambas dessa mesma vertente são os êxitos nacionais "*O Pequeno Burguês*", "*Quem é do Mar Não Enjoa*" e *Pra Que Dinheiro*", hoje tidos como clássicos do nosso cancioneiro. Mas não só no partido-alto e no samba-enredo Martinho se celebrizou. No disco estão registrados outros belos sambas como "*Amor, Pra Quê Nasceu?*", "*Parei Na Sua Nhém, Nhém, Nhém*" e "*Tom Maior*". Afora o inquestionável talento do autor, o disco *Martinho da Vila* comove por deixar transparecer a alegria sem fim do sambista que, aos 31 anos, contra todas as determinações de uma realidade brutal, conseguiu realizar o sonho de viver do que mais gostava de fazer na vida: sambar!

*Vila Isabel*
Escola de samba tradicional do Rio de Janeiro, nascida de um clube de futebol em 1946 e batizada Grêmio Recreativo Escola de Samba Unidos de Vila Isabel. Por pertencer à escola, Martinho ganhou o apelido "da Vila", prontamente incorporado ao seu nome artístico.

*Samba-enredo*
Variedade de samba, com rápido andamento, surgido após a criação do desfile das escolas de samba, em 1931.

*Nacionalismo*
Ideologia de culto à nação, surgida na Europa no final do século XVIII, de muita influência no Brasil, sobretudo durante o Estado Novo (1930-45), ditadura de Getúlio Vargas, período em que se consolidaram as escolas de samba.

*Partido-alto*
Variedade de samba muito próxima à música africana pela predominância do ritmo e a repetição de motivos melódicos. Originalmente, o partido-alto se constituía de um refrão cantado, em coro, e uma estrofe improvisada, cantada solo. Atualmente, são poucos os que improvisam versos e participam de autênticos desafios no partido alto.

*Festivais de MPB*
Os festivais musicais de televisão, que premiavam compositores e intérpretes, tiveram grande repercussão e importância na década de 60, revelando nomes como Caetano Veloso, Chico Buarque, Edu Lobo, Elis Regina, Gilberto Gil, entre muitos outros.

# MAYSA
1998

Maysa

FAIXAS

✔ Faixas escolhidas

1. Ouça
*Maysa*
2. Marcada
*Maysa*
3. Adeus
*Maysa*
4. Resposta
*Maysa*
5. Agonia
*Maysa*
6. Rindo De Mim
*Maysa*
7. Meu Mundo Caiu
*Maysa*
8. Por Causa De Você
*T. Jobim/D. Durán*
9. Bom Dia Tristeza
*A. Barbosa/V. de Moraes*
10. Felicidade Infeliz
*Maysa*
11. Bouquet De Izabel
*S. Ricardo*
12. Caminhos Cruzados
*T. Jobim/N. Mendonça*
13. Eu Não Existo Sem Você
*T. Jobim/V. de Moraes*
14. Conselho
*D. Brean/O. Guilherme*
15. Pelos Caminhos Da Vida
*T. Jobim/V. de Moraes*
16. Noite De Paz
*D. Durán "Durando"*
17. Toda Tua
*Maysa*
18. Dois Amigos
*A. Barroso*

RGE (Som Livre)

## *Os mares revoltos de Maysa*

Em 1955, Alcebíades Monjardim levou os amigos **Zé Carioca** e Roberto Corte Real para conhecer sua filha Maysa, que, segundo ele, tinha condições de se tornar uma Edith Piaf brasileira. A moça, então com 19 anos, era casada com um milionário paulista e cantava somente por diversão. Naquela noite, os convidados de seu pai, boquiabertos, ouviram-na interpretar alguns sucessos norte-americanos e uma série de composições próprias, marcadas por uma intensa e trágica emotividade, fruto de sua fortíssima personalidade. Roberto, que além de radialista era produtor musical, ficou tão animado com o que ouviu, que resolveu fazer um LP. Surgia o histórico *Convite Para Ouvir Maysa* (1956), em que foram registrados os **sambas-canção** "*Marcada*", "*Adeus*", "*Agonia*" e "*Rindo De Mim*", apresentados a ele naquela ocasião. Surpreendentemente, o disco foi um sucesso, o que arruinou o instável casamento de Maysa, mas, em contrapartida, deu-lhe sua vitoriosa carreira artística. Sua voz grave – "rouca e quente" como definiram alguns cronistas da época, embora sua rouquidão não fosse tão pronunciada – agradou imediatamente aos ouvidos mais sensíveis da época. Suas composições também causaram impacto, tanto pelas melodias elaboradas, quanto por sua abordagem profunda e original dos recorrentes temas amorosos – Maysa, assim como sua amiga **Dolores Duran** (de quem gravou "*Por Causa De Você*" e "*Noite De Paz*" ainda no final dos anos 50), teve um papel importantíssimo na exploração desses temas através de uma ótica feminina. A caixa *Maysa* (1988) traz estas e algumas outras gravações valiosíssimas dos primeiros anos da carreira da cantora e compositora, sobretudo as incluídas nos 4 álbuns da série *Convite Para Ouvir Maysa*, editados entre 1956 e 1959. Nela constam, por exemplo, as antológicas "*Ouça*" e "*Meu Mundo Caiu*" – seus maiores sucessos –, além das belíssimas "*Felicidade Infeliz*", "*Saudades De Mim*" e "*Toda Tua*". Também estão no repertório algumas obras memoráveis de outros autores, como "*Bom Dia Tristeza*" (de Adoniran Barbosa e Vinícius de Moraes), "*Bouquet De Izabel*" (de Sérgio Ricardo), "*Suas Mãos*" (de Antônio Maria e Pernambuco), "*Conselho*" (de Denis Brean e O. Guilherme), "*Dois Amigos*" (de Ary Barroso). Há também uma coleção de peças de Tom Jobim que traz, desde comoventes versões dos clássicos "*Eu Não Existo Sem Você*" e "*Caminhos Cruzados*", até peças menos conhecidas, como "*Exaltação Ao Amor*" e "*Pelos Caminhos Da Vida*". Há, ainda, algumas parcerias de Maysa com o maestro Simonetti, autor dos arranjos dos *Convite Para Ouvir Maysa* (exceto do primeiro), a exemplo de "*Fala Baixo*" e "*Vem Comigo*". Maysa brilhou na transição do samba-canção para a bossa-nova. Sua importância na cultura brasileira, porém, transcende o seu papel na história da MPB: ela colaborou decisivamente para um novo paradigma feminino com sua beleza incomum e com sua atitude desafiadora, expressa em músicas como "*Resposta*". O poeta **Manuel Bandeira** traduziu-a neste famoso verso: "Os olhos de Maysa são dois oceanos não-pacíficos".

*Zé Carioca*
Grande instrumentista paulista, nascido em 1904 e falecido em 1987, renomado internacionalmente. Foi a inspiração de Walt Disney para a criação do conhecido personagem Zé Carioca.

*Samba-canção*
Variedade de samba surgida no final dos anos 20, tocada em ritmo lento, com temas preferencialmente sentimentais.

*Dolores Duran*
Cantora e compositora carioca, nascida em 1930 e falecida em 1959, autora de sucessos como "*Por Causa De Você*" (com Tom Jobim) e "*A Noite Do Meu Bem*".

*Manuel Bandeira*
Poeta e escritor pernambucano, nascido em 1866 e falecido em 1968, autor de "*Poética*" e "*Vou-me Embora Pra Passárgada*", e outras obras.

# NA MADRUGADA

1966

Paulinho da Viola e Élton Medeiros

**FAIXAS**

1. Arvoredo
*Paulinho da Viola*
2. Maioria Sem Nenhum
*É. Medeiros/M. Duarte*
3. 14 Anos
*Paulinho da Viola*
4. Sofreguidão
*É. Medeiros/Cartola*
5. Momento De Fraqueza
*Paulinho da Viola*
6. Minha Confissão
*É. Medeiros*
7. Perfeito Amor
*É. Medeiros/H. B. de Carvalho*
8. Mascarada/Minhas Madrugadas/Injúria/Recado/ O Sol Nascerá/Jurar Com Lágrimas/Rosa De Ouro
(*É. Medeiros/Z.Kéti*)/(*P. da Viola/Candeia*)/(*É. Medeiros/Cartola*)/(Recado (*P. da Viola/Casquinha*)/(*É. Medeiros/Cartola*)/(*É. Medeiros/P. da Viola/H. B. de Carvalho*)
9. Depois de Tanto Amor
*P. da Viola/H. B. de Carvalho*
10. Samba Original
*Élton Medeiros/Z. Kéti*
11. Alô, Alô/Sol Da Manhã
*P. da Viola/Élton Medeiros*

RGE (Som Livre)

## *Jovens com sangue nobre nas veias*

Nas mesas do restaurante Zicartola, em sua maioria ocupadas por artistas, intelectuais e estudantes, um dos principais assuntos era o movimento de revalorização da cultura popular brasileira que germinava em espaços como aquele. Através dos excelentes shows que produzia ali, Cartola, seu proprietário, conseguira introduzir para a juventude de classe média de meados dos anos 60 o ainda pouco conhecido samba que se fazia nos morros do Rio de Janeiro. Foi ali que começaram a despontar novos talentos como Paulinho da Viola e Élton Medeiros, dos quais o Brasil todo ouviria falar a partir de 1965, quando integraram o histórico musical *Rosa de Ouro*. O poeta Hermínio Bello de Carvalho, assíduo freqüentador do local, foi o responsável pela inclusão dos dois sambistas no *Rosa de Ouro* e também o produtor do álbum em que ambos inauguraram suas carreiras solo: *Na Madrugada*, de 1966. Esse disco reflete com precisão uma busca por novos caminhos poéticos, harmônicos e melódicos que, ao contrário da bossa-nova, se deu no interior da sólida tradição do samba. Paulinho da Viola era filho do bom violonista César Farias, que acompanhou por muitos anos o lendário Jacob do Bandolim. Sua formação musical vinha, em grande parte, de seu pai e dos amigos que freqüentavam sua casa. Paulinho também trazia a influência dos mestres que conheceu no Zicartola, a exemplo de Cartola, **Zé Kéti** e Nelson Cavaquinho, e do democrático ambiente das escolas de samba – o disco traz o samba "Recado", que apresentou na sua chegada à Portela, escola à qual pertence desde 1962 . Doze anos mais velho que seu parceiro, Élton Medeiros foi criado nas escolas de samba do Rio, nas quais tornou-se conhecido e respeitado já nos anos 50. Ainda criança, aprendeu a tocar trombone, entre outros instrumentos, e especializou-se em fazer acompanhamentos de samba batucando em caixinhas de fósforo – o que se pode ouvir na primeira faixa de *Na Madrugada*, "*Arvoredo*". Embora ainda não tivesse fama entre o público, Élton já tinha músicas gravadas antes de trabalhar ao lado de Paulinho. Foi, porém, em *Na Madrugada* que eles passaram a ser considerados grandes figuras do samba. Elton apresentou suas belas composições "*Minha Confissão*" e "*Sol da Manhã*", além de parcerias com Zé Kéti ("*Mascarada*" e "*Samba Original*"), Hermínio Bello de Carvalho ("*Perfeito Amor*"), Mauro Duarte ("*Maioria Sem Nenhum*") e Cartola ("*O Sol Nascerá*", "*Sofreguidão*" e "*Injúria*"). Paulinho também mostra algumas parcerias, como a lindíssima "*Minhas Madrugadas*" (com **Candeia**), mas concentrou-se em deslumbrantes criações próprias, como "*14 Anos*", "*Momento de Fraqueza*", "*Jurar Com Lágrimas*" e "*Alô, Alô*". Só uma canção reúne as vozes dos dois sambistas: "*Rosa de Ouro*", sucesso de 1965. A qualidade de Paulinho da Viola e Élton Medeiros pode ser medida pelo inabalável prestígio que obtiveram em suas carreiras, mas também pelos competentíssimos músicos que os acompanharam nesse disco: antes de sua consagração, como **Dino 7 Cordas**, **Meira**, **Copinha** e **Raul de Barros**, entre outros.

*Zé Kéti*
Importante sambista carioca, nascido em 1921 e falecido em 1999, autor de canções inesquecíveis como "*Máscara Negra*" e "*A Voz Do Morro*".

*Candeia*
Sambista carioca, cantor e compositor, nascido em 1935 e falecido em 1978, autor de "*Minhas Madrugadas*" (com Paulinho da Viola) e "*Preciso Me Encontrar*", entre outras.

*Dino 7 Cordas*
Violonista carioca, nascido em 1918, tido como o maior nome do violão de sete cordas brasileiro.

*Meira*
Violonista e compositor pernambucano, nascido em 1909 e falecido em 1982, que se tornou um dos maiores nomes de seu instrumento na história do Brasil.

*Copinha*
Grande flautista, clarinetista, maestro e compositor paulista, nascido em 1910 e falecido em 1984, autor de obras como "*Messias*" (com Adoniran Barbosa).

*Raul de Barros*
Compositor, arranjador e instrumentista – especializado no trombone, no qual se destacou bastante – nascido no Rio de Janeiro em 1915, autor de sucessos como "*Na Glória*" e "*Pô-rô-rô, Pô-rô-rô*".

# NA PRESSÃO

1999

Lenine

## *Pernambuco canta para o mundo*

A famosa cantora paraibana Elba Ramalho estava certa de que Lenine seria uma grande revelação da MPB quando, em 1996, decidiu gravar com ele a sua bela parceria com Paulo César Pinheiro "*Leão Do Norte*" que, inclusive, deu nome ao melhor disco da trajetória da cantora. Aos 37 anos de idade – e mais de 15 de carreira –, o compositor pernambucano não era propriamente um jovem talento e até tinha gravado dois bons discos, mas que tiveram pouca projeção (*Baque Solto*, dividido com o músico e compositor pernambucano Lula Queiroga, e *Olho De Peixe*, dividido com o percussionista carioca Marcos Suzano). Confirmando a previsão de Elba, já no ano seguinte Lenine lançou seu primeiro álbum individual, o elogiado *O Dia Em Que Faremos Contato*, e começou a ter suas composições gravadas por vários outros intérpretes de renome. Porém, só em 1999 seu trabalho viria a se consolidar plenamente, graças a expressiva repercussão obtida pelo álbum *Na Pressão*, em que está registrado seu primeiro grande êxito como intérprete, "*Paciência*". Essa canção, que causou impacto por sua densa emotividade, mostrava um lado introspectivo pouco presente nas obras mais famosas de Lenine, tais como a agitada "*Jack Soul Brasileiro*" (homenagem

1. Jack Soul Brasileiro
*Lenine*
Inc.: Cantiga Do Sapo (*B. do Pandeiro/J. do Pandeiro*) e Chiclete Com Banana (*Gordurinha/A. Castilho*)
Sample Jackson do Pandeiro: Cantiga Do Sapo (*B. do Pandeiro/J. do Pandeiro*)
2. Na Pressão
*Lenine/B. Tavares/S. Natureza*
3. Paciência
*Lenine/D. Falcão*
4. Meu Amanhã (Intuindo O Til)
*Lenine*
5. A Rede
*Lenine/L. Queiroga*
6. Tubi Tupy
*Lenine/C. Rennó*
7. A Medida Da Paixão
*Lenine/D. Falcão*
8. Alzira E A Torre
*Lenine/L. Queiroga*
9. Rua Da Passagem (Trânsito)
*Lenine/A. Antunes*
Sample: O Boi (*S. Biano*)
10. Relampiano
*Lenine/P. Moska*
11. Eu Sou Meu Guia
*Lenine/B. Tavares*
12. Paciência (Versão Vila Madalena)
*Lenine/D. Falcão*

BMG

a Jackson do Pandeiro gravada por Fernanda Abreu em *Raio X*, de 1997) e a crítica "*Relampiano*" (incluída por Elba no álbum *Baioque*, também de 1997) – ambas relidas em *Na Pressão*. Outra peça que soa como uma exceção, e até mais radical, à parte mais conhecida de sua produção é a lírica **modinha** "*A Medida Da Paixão*". Esta, ao invés de se basear em "climas" modais e idéias de forte sentido rítmico, segue harmonias tonais e encontra sua maior virtude no belo e suave encadeamento melódico do fraseado. O restante do disco, porém, é exemplar naquilo que o artista tem de mais característico: o gosto por ritmos dançantes e híbridos de elementos da música pop internacional – como funk, soul, rock – e da música brasileira, principalmente nordestina – como samba, coco, maracatu, xote. Alguns dos melhores casos dessa rica mistura são as faixas "*Na Pressão*", temperada com o som da **viola** sertaneja, e "*Rua Da Passagem*", cantada em ritmo de **coco**, cujos versos remetem diretamente à antiga tradição da **embolada**. Por explorarem bastante a variedade rítmica da MPB, suas músicas tornam-se um prato cheio para a criatividade dos percussionistas. Dois casos exemplares são "*Tubi Tupy*", com a boa performance de Marco Lobo ao berimbau, e "*Eu Sou Meu Guia*", em que brilham os mestres Naná Vasconcelos e Marcos Suzano. Contudo, é preciso ressaltar que nem todas as canções trazem marcas significativas dos ritmos da nossa música regional. Um exemplo disso é a ótima "*Alzira E A Torre*", que se filia muito mais imediatamente ao bom pop internacional, a começar pelo interessante riff de guitarra que a conduz. Outro caso semelhante é "*A Rede*", em que o suingado violão de Lenine se torna uma atração à parte, com poucas mas muito bem colocadas intervenções.

*Modinha*
Derivante de uma forma melódica surgida no século XVII (comum em Mozart, por exemplo) que teve papel muito importante na formação da sensibilidade musical brasileira. Recorre, preferencialmente, a modulações para tons menores.

*Viola*
Gênero de instrumentos populares em todo o Brasil, semelhantes ao violão, mas com formatos, afinações e disposições de cordas diferentes.

*Coco*
Ritmo binário tradicional do nordeste brasileiro. Acredita-se que sua origem esteja nos cantos e batuques dos escravos negros.

*Embolada*
Forma poético-musical nordestina em que o cantor quase declama os versos – muito rapidamente –, fazendo as palavras soarem 'emboladas'. Ocorre sob ritmos variados.

FAIXAS

1. Marcha De Quarta Feira De Cinzas
*C. Lyra/V. de Moraes*
2. Diz Que Fui Por Aí
*Z. Kéti*
3. O Morro (Feio Não É Bonito)
*C. Lyra/G. Guarnieri*
4. Canção Da Terra
*Edu Lobo/R. Guerra*
5. O Sol Nascerá
*Cartola/É. Medeiros*
6. Luz Negra
*N. Cavaquinho/H. Barros*
7. Berimbau
*B. Powell/V. de Moraes*
8. Vou Por Aí
*B. Powell/A. de Oliveira*
9. Maria Moita
*C. Lyra/V. de Moraes*
10. Réquiem Para Um Amor
*Edu Lobo/R. Guerra*
11. Consolação
*B. Powell/V. de Moraes*
12. Nanã
*M. Santos*

Poligram - Elenco

# NARA
1964

Nara Leão

## *Uma revolução na bossa-nova*

Poucos anos depois do surgimento da bossa-nova, em 1958, uma parte dos seguidores de suas diretrizes estéticas mudou radicalmente de postura. Mergulhados no clima de agitação cultural e política dos anos 60, autores como Carlos Lyra e Edu Lobo começaram a exigir preocupações sociais mais explícitas das canções do estilo e acabaram desligando-se do núcleo inicial. A carioca Nara Leão (1942-1989), tida como musa do grupo, ficou do lado conservador, até porque estava noiva de **Ronaldo Bôscoli**, um árduo defensor dos temas mais contemplativos já estabelecidos e consagrados. Outro motivo dessa opção era o fato de que ainda não havia se deparado com a necessidade de assumir uma atitude artística própria – até então, só cantava em shows amadores. Acontece que o noivado chegou ao fim e Nara rompeu, também, com toda a influência que Bôscoli tinha sobre ela. A menina rica, que organizou algumas das primeiras reuniões da bossa-nova na sala do seu luxuoso apartamento em Copacabana, foi convencida pelo cineasta e letrista Ruy Guerra – seu novo namorado – a olhar menos para o belo mar carioca, do que para o lado oposto, o dos morros pobres e marginalizados. Ao mesmo tempo, Nara reaproximou-se de Lyra e Edu e decidiu se profissionalizar, gravando *Nara* (de 1964), seu primeiro disco, com o qual teve muito sucesso. A primeira coisa a chamar a atenção nessa estréia foi sua enorme ousadia, evidente na opção por um repertório pouco familiar à bossa-nova. Nara cantou grandes sambas de padrão tradicional, feitos por autores conhecidos apenas nos morros cariocas, como Cartola ("*O Sol Nascerá*") e Nelson Cavaquinho ("*Luz Negra*"), que, depois disso, conseguiram espaço para divulgar suas obras e encantar o Brasil, e composições "engajadas" de Lyra, Edu, Ruy Guerra e Vinícius de Moraes, a exemplo de "*O Morro (Feio Não É Bonito)*", "*Canção Da Terra*", "*Maria Moita*" e "*Réquiem Para Um Amor*". Porém, ainda que o disco siga um caminho heterodoxo, é evidente a sua filiação à bossa-nova: os arranjos sofisticados, quase todos assinados pelo maestro Lindolfo Gaya, seguem a mesma vertente modernizadora de Tom Jobim; a voz pequena e as interpretações contidas de Nara têm como referência direta o precursor João Gilberto; o tipo econômico e eficiente das levadas rítmicas de João também se faz notar, destacando-se, especialmente, em momentos como "*Diz Que Fui Por Aí*" (de Zé Kéti), em que o violonista Geraldo Vespar faz uma ótima participação. O que difere, enfim, esse trabalho da corrente principal da bossa é a postura, algo que ficava cada vez mais precioso. O disco também traz uma variedade rítmica pouco usual, mas não desconhecida dos bossanovistas de então, incluindo **marcha-rancho** (em "*Marcha De Quarta-Feira De Cinzas*") e **afro-samba** (em "*Consolação*"). Aliás, uma faixa de concepção rítmica muito instigante é a belíssima "*Nanã*", do maestro Moacir Santos (também autor do arranjo), em que um **batuque** brasileiro foi desdobrado em **compassos de 4/4** e ganhou um certo acento caribenho.

*Ronaldo Bôscoli*
Produtor musical e letrista consagrado pela bossa-nova. Bôscoli (1928-1994) assina clássicos como "*O Barquinho*" e "*Lobo Bobo*".

*Marcha-Rancho*
Adaptação brasileira das marchas militares, tocada em andamento lento, que foi usada, inicialmente, em cortejos religiosos e, pouco depois, em blocos carnavalescos.

*Afro-samba*
Variedade de samba, criada por Baden Powell e Vinícius de Moraes, que se aproxima bastante dos ritmos brasileiros de origem africana mais marcante, como o ijexá e a capoeira. Nara foi a primeira intérprete a gravar canções da célebre série "Afro-sambas", de Baden e Vinícius.

*Batuque*
Nome que, já no século XVII, designava uma dança de origem africana, mas que, posteriormente, passou a designar genericamente os ritmos e danças de forte instrumental percussivo.

*Compassos de 4/4*
Os batuques brasileiros são feitos, geralmente, em compassos de dois tempos. A criação de ritmos de 4/4 a partir dos vários ritmos de 2/4 brasileiros é um recurso freqüente na MPB.

# O CANTO DA CIDADE

1992

Daniela Mercury

FAIXAS

1. O Canto Da Cidade
*T. Gira/Daniela Mercury*
2. Batuque
*R. Zulu/G. Evangelista*
3. Você Não Entende Nada
*Caetano Veloso*
Inc.: Cotidiano (*C. Buarque*)
4. Bandidos Da América
*J. Portugal*
5. Geração Perdida
*D. Mercury/R. Cruz/T. Augusto*
6. Só Pra Te Mostrar
*Herbert Vianna*
7. O Mais Belo Dos Belos (A Verdade Do Ilê)/(O Charme Da Liberdade)
(*Guiguio*)/(*V. Farias/A. Poesia*)
8. Rosa Negra
*J. Xaréu*
9. Vem Morar Comigo
*Daniela Mercury/D. Lelys*
10. Exótica Das Artes
*Armandinho/E. Caroso*
11. Rimas Irmãs
*Carlinhos Brown*
12. Monumento Vivo
*Moraes Moreira*

Columbia (Sony)

## *O triunfo dos afoxés e trios-elétricos*

No final da década de 80, fortaleceu-se na Bahia uma tendência musical que explorava de maneira bastante original a riqueza rítmica da música local, principalmente da música carnavalesca, representada pelos tambores tribais dos **afoxés** e pelo som contagiante dos **trio-elétricos**. Tal tendência, que combinava o batuque poderoso dos primeiros à sonoridade pop dos segundos, ganhou maiores dimensões a partir do sucesso internacional do bloco Olodum, mas só se consolidou no início dos anos 90, quando a cantora (e, por vezes, compositora) Daniela Mercury a popularizou no Brasil inteiro. Nascia, então, o movimento que promoveu uma grande valorização da cultura baiana e, sobretudo, dos elementos evocativos da memória ancestral africana, batizado pela mídia de "axé music" – o termo 'axé', sempre repetido por esse grupo de artistas, tem o significado de uma benção no **candomblé**. A axé music logo virou uma mania nacional e ficou muito importante por derrubar o predomínio da música estrangeira nas rádios do país e chamar a atenção do Brasil para a impressionante variedade dos nossos ritmos. Daniela, nascida em Salvador, capital da Bahia, começou a cantar aos 16 anos, mas só aos 23 teve um trabalho de maior projeção, integrando a banda de Gilberto Gil. Pouco depois, entrou para o grupo Companhia Clic, com o qual gravou dois discos e conseguiu boa repercussão no carnaval baiano de 1990. Em 1991, teve êxito ao lançar seu primeiro disco individual, *Daniela Mercury*, que trazia "*Swing Da Cor*" e "*Menino Do Pelô*". A glória viria, porém, no segundo álbum, *O Canto Da Cidade* (1992), em razão do qual Daniela tornou-se o modelo para as demais cantoras dessa vertente e passou a ser chamada de "A Rainha da Axé Music". Nesse disco cheio de hits, Daniela Mercury combinou peças de autores consagrados, como Moraes Moreira ("*Monumento Vivo*"), e de jovens promessas, como o ainda pouco conhecido Carlinhos Brown ("*Rimas Irmãs*"). O maior hit da obra foi a faixa-título, "*O Canto Da Cidade*", um belo afoxé em que brilha a voz forte e bonita de Daniela. Outro grande sucesso foi "*Batuque*", um ótimo exemplo de samba-reggae, a inovadora batida criada pelos percussionistas do Olodum através da fusão de samba e reggae que se tornou a marca registrada da cantora – "*Rosa Negra*" e o refrão de "*Bandidos Da América*" seguem esse mesmo caminho rítmico. Mais um do ponto alto do repertório é a versão de "*Você Não Entende Nada*", de Caetano Veloso, em que é citado, muito brevemente, o samba "*Cotidiano*" de Chico Buarque. O aspecto rítmico é o principal atrativo dos arranjos – que, no mais, costumam exagerar na sonoridade pop – e, nesse sentido, o medley "*O Mais Belo Dos Belos (A Verdade Do Ilê/O Charme Da Liberdade)*" é a faixa mais interessante, com sua percussão pesada, vibrante e criativa, típica da suingadíssima música dos afoxés baianos. Vale avisar, porém, que nem todas as faixas seguem a estética carnavalesca, tal como a famosa balada "*Só Para Te Mostrar*", em que **Herbert Vianna** faz uma participação especial.

*Afoxé*
Nome dado aos blocos afro, atrações tradicionais do carnaval baiano. É também o nome de um instrumento de percussão e de um vibrante ritmo binário característico de seus desfiles.

*Trio Elétrico*
Veículos (em geral, caminhões) adaptados para carregar aparelhagem de som de alta potência, criados em 1950 pelos baianos Dodô e Osmar.

*Candomblé*
Festas profanas e cultos religiosos trazidos pelos escravos negros iorubás, sudaneses. Bastante enraizados na cultura brasileira, e musicalmente muito ricos, contribuíram de forma decisiva para o surgimento e consolidação do samba.

*Herbert Vianna*
Cantor e compositor paraibano, nascido em 1961, que se destacou como compositor, guitarrista e cantor do conjunto Paralamas do Sucesso. É o autor de sucessos como "*Meu Erro*" e "*Óculos*" (lançadas pelos Paralamas do Sucesso).

# O CANTOR DAS MULTIDÕES

1995

Orlando Silva

✔ Faixas escolhidas

1. Carinhoso
*Pixinguinha/J. de Barro*
2. Última Estrofe
*C. 'Índio' das Neves*
3. História Joanina
*L. Azevedo/J. Cascata*
4. Dama Do Cabaré
*Noel Rosa*
5. Lábios Que Beijei
*L. Azevedo/J. Cascata*
6. Amigo Leal
*B. Lacerda/A. Cabral*
7. Rosa
*Pixinguinha*
8. Alegria
*A. Valente*
9. Abre A Janela
*R. Roberti/A. Marques Jr.*
10. Nada Além
*C. Mesquita/M. Lago*
11. Errei... Erramos
*A. Alves*
12. A Jardineira
*B. Lacerda/H. Porto*
13. Sertaneja
*R. Bittencourt*
14. A Primeira Vez
*A. 'Bide' Barcelos/A. Marçal*
15. Coqueiro Velho
*F. Martinez Filho/J. Marcílio*
16. Súplica
*O. G. Mendes/J. Marcílio/ Deo*
17. Curare
*Bororó*
18. Aos Pés Da Cruz
*Z. da Zilda/M. Pinto*

BMG

## *A voz mais brilhante da Era de Ouro*

É difícil eleger a melhor voz de um período histórico, ainda mais se esse período foi conhecido como "**Era de Ouro**". O carioca Orlando Silva (1915-1978), porém, se tornou quase uma unanimidade, tanto entre os que presenciaram o auge de seu sucesso (entre o final dos anos 30 e o início dos 40), quanto entre os historiadores que depois se debruçaram sobre a discografia da época. Orlando Silva, legitimamente apelidado "O Cantor das Multidões" por sua popularidade, foi, talvez, o melhor exemplo da escola vocal **seresteira** que imperou no Brasil – notoriamente influenciada pelo *bel canto* italiano – durante a primeira metade do século XX. Ele tinha ao seu favor a grande potência de sua bela e afinadíssima voz, a surpreendente suavidade de seu fraseado (que combinava balanço e fluidez), a intensa emotividade de suas interpretações e o gosto apurado para a seleção de seu repertório, formado por obras dos maiores autores de seu tempo. A caixa "*O Cantor Das Multidões*", lançada em 1995 pela BMG (gravadora que detém o acervo da RCA-Victor, onde Orlando gravou entre 1935 e 1942), traz 66 canções que oferecem uma ótima amostragem da qualidade desse intérprete inesquecível. Orlando Silva começou sua carreira profissional em 1934, quando o compositor **Bororó** o apresentou ao famosíssimo cantor Francisco Alves, que o levou para a rádio. Em pouco tempo, o novato já despontava como uma grande promessa e começava a gravar seus discos. Alguns de seus primeiros registros, a exemplo de "*A Última Estrofe*" e "*No Quilômetro 2*" (de 1935), logo conseguiram boa repercussão, assim como "*Dama Do Cabaré*", "*História Joanina*" e "*Mágoas De Caboclo*" (lançadas no ano seguinte). Foi em 1937, porém, que Orlando passou à condição de grande astro, com a gravação dos clássicos "*Lábios Que Beijei*" e "*Carinhoso*", além dos êxitos "*Juramento Falso*", "*Alegria*", "*Amigo Leal*" e "*Rosa*". Orlando Silva se mostrava um intérprete versátil, capaz de comover o público em canções líricas, como a mencionada **valsinha** "*Rosa*", de melodia deslumbrante, ou de animar carnavais com músicas agitadas, como o samba "*Abre A Janela*" ou a **marchinha** "*A Jardineira*" (sucessos de 1938 e 1939, respectivamente). Por isso, até meados dos anos 40, brilhou soberano, lançando uma série de preciosidades do cancioneiro nacional, entre as quais "*Errei... Erramos*", "*Nada Além*", "*Sertaneja*", "*A Primeira Vez*", "*Coqueiro Velho*", "*Súplica*", "*Curare*" e "*Aos Pés Da Cruz*". Porém, vivendo de maneira desregrada, e viciado em morfina, o cantor descuidou de sua voz e de sua arte, chegando, mesmo, a parar de se apresentar publicamente durante alguns anos (entre 1947 e 1952 – ano em que, com o falecimento de seu amigo e ídolo Francisco Alves, sentiu-se impelido a defender a tradição de cantores de voz grande que já fraquejava). Mas, infelizmente, quando tentou reaver seu prestígio – o que, em parte, conseguiu, ao ser eleito o "Rei do Rádio" em 1953 –, sua voz, castigada pelos abusos de outrora, não era mais a mesma. Restava, apenas, a lembrança de um glorioso passado.

*Era de Ouro*
Período compreendido (aproximadamente) entre 1930 e o início dos anos 50, no qual houve o primeiro grande 'boom' da música popular brasileira e foram revelados excelentes compositores, intérpretes e instrumentistas.

*Bororó*
Violonista e compositor carioca, nascido em 1898 e falecido em 1986, autor de poucas, mas bem-sucedidas canções, a exemplo das sofisticadas "*Da Cor Do Pecado*" e "*Curare*".

*Valsinha*
Apropriação brasileira da valsa européia, de muito sucesso de meados dos anos 30 aos 50, caracterizada pela marcação rítmica mais suave do que a da original.

*Seresta*
Antiga tradição urbana, vinda de Portugal nos primeiros anos de colonização, que consiste na execução musical coletiva, geralmente com canto e acompanhamento, de um repertório lírico-amoroso ao ar livre (preferencialmente à noite e sob a janela de uma pessoa a quem se quer bem).

*Marchinha*
Adaptação brasileira da marcha militar européia, caracterizada pelo andamento rápido e pela marcação rítmica mais suave, que se estabeleceu enquanto um importantíssimo gênero carnavalesco na segunda década do século XX. Normalmente, seus temas são alegres e irônicos, mas também comporta protestos diversos (inclusive políticos) e desilusões amorosas (em geral, carnavalescas).

# O SOM SAGRADO DE WILSON DAS NEVES

1996

Wilson das Neves

*Brilho na voz, na caneta, nas baquetas...*

Wilson das Neves, baterista carioca, brilha nos palcos brasileiros desde o final dos anos 50. Como instrumentista, apresentou-se ao lado de inúmeros artistas – Elza Soares, Elis Regina, Chico Buarque, entre outros – além de integrar a prestigiada bateria do **Império Serrano**. No entanto, em 1996 revelou outra face de suas atividades musicais: a de compositor. Acontece que Wilson nunca tinha mostrado as ricas melodias que criava para ninguém, até que, um dia, resolveu tocar um samba para seu grande amigo Raphael Rabello. Rabello, que tinha uma percepção aguçada, entusiasmou-se com a composição e levou-a para o letrista **Paulo César Pinheiro**, que, imediatamente, convidou Wilson para uma parceria. O baterista recebeu o convite como um grande elogio – por vir de um dos maiores letristas do Brasil – e se animou a tirar do baú uma série de outras composições que encantaram ainda mais ao novo parceiro. O surpreendente *O Som Sagrado De Wilson Das Neves* (1996) foi o primeiro trabalho editado da dupla, que já começou em alto estilo: assim que foi lançado, o disco conquistou o meio musical e consagrou Wilson também como intérprete e compositor. Paulo César Pinheiro, com a experiência de quem já teve mais de 800 composi-

FAIXAS

1. O Samba É Meu Dom
*P. C. Pinheiro/W. das Neves*
2. Debaixo Do Cobertor
*P. C. Pinheiro/W. das Neves*
3. Soberana
*P. C. Pinheiro/W. das Neves*
4. Som Sagrado
*P. C. Pinheiro/W. das Neves*
5. Tentação
*P. C. Pinheiro/W. das Neves*
6. Taça De Vinho
*P. C. Pinheiro/W. das Neves*
7. Grande Hotel
*C. Buarque/W. das Neves*
8. Anfitrião
*P. C. Pinheiro/W. das Neves*
9. Samba Pro Ciro Monteiro
*P. C. Pinheiro/W. das Neves*
10. Partido Do Tempo
*P. C. Pinheiro/W. das Neves*
11. Mestre Marçal
*P. C. Pinheiro/W. das Neves/ Z. Trambique*
12. Bisavó Madalena
*P. C. Pinheiro/W. das Neves*
13. O Dia Em Que O Morro Descer E Não For Carnaval
*P. C. Pinheiro/W. das Neves*
14. Fundamento
*P. C. Pinheiro/W. das Neves*

CID

ções gravadas, soube encarnar a personalidade de seu parceiro, o que deu ao trabalho um certo tom auto-biográfico. A faixa "*O Samba É Meu Dom*", por exemplo, é uma louvação aos sambistas, compositores e cantores que mais influenciaram Wilson das Neves. Nessa música, Paulo César ousou pôr algumas afirmações muito íntimas na boca de Wilson, que as endossou prontamente: "...O samba é meu dom/É no samba que eu vivo, do samba eu ganho meu pão/ e é num samba que eu quero morrer de baquetas na mão/ Pois quem é de samba o meu nome não esquece mais, não...". As belas canções "*O Som Sagrado*" (em que Paulo César participa cantando) e "*Fundamento*" também seguem essa temática pessoal, enquanto "*Um Samba Pro* ***Cyro Monteiro***" (em que João Nogueira colabora) e "***Mestre Marçal***" voltam a homenagear dois de seus grandes mestres e companheiros: Cyro e Marçal. Uma presença ilustre no disco é Chico Buarque, que divide o microfone com Wilson na ótima "*Grande Hotel*" (parceria dos dois; a única música não assinada por Paulo César Pinheiro). Embora Wilson tenha o samba como seu principal território, sua versatilidade também o levou para caminhos diferentes, o que se pode ouvir no bom **coco** "*Bisavó Madalena*". Ao mesmo tempo em que Wilson das Neves encanta com seu suingue arrastado, mas ritmicamente preciso, percebe-se a alta qualidade da banda de apoio, que, além de Wilson – um baterista seguro, suave e nascido com o balanço do samba nas veias –, traz outros músicos de primeira linha, a exemplo de Luiz Cláudio Ramos (também autor dos arranjos de base), Vittor Santos, Dino 7 Cordas e do então novato Dudu Nobre, que depois fez sucesso como cantor e compositor. Todo esse cuidado resultou num disco marcante, muito bem acabado sob qualquer ponto de vista.

*Império Serrano*
Escola de samba carioca de muita tradição, fundada em 1947. Hoje, Wilson das Neves integra também sua Ala dos Compositores e sua Velha-Guarda.

*Paulo César Pinheiro*
Compositor carioca, nascido em 1949, autor de "*Lapinha*" (com Baden Powell), "*Matita Perê*" (com Tom Jobim) e outros tesouros do cancioneiro nacional.

*Cyro Monteiro*
Grande cantor carioca, também compositor, nascido em 19134 e falecido em 1973. Ficou conhecido pela rica divisão rítmica de seu canto e por lançar sucessos como "*Se Acaso Você Chegasse*" (de Lupicínio Rodrigues) e "*Falsa Baiana*" (de Geraldo Pereira).

*Mestre Marçal*
Sambista, filho do pioneiro Marçal (1902-1947), que se destacou como cantor e como Mestre de Bateria da escola de samba do Estácio de Sá.

*Coco*
Ritmo binário tradicional do nordeste brasileiro. Acredita-se que sua origem esteja nos cantos e batuques dos escravos negros.

# OLHOS NEGROS

1990

Johnny Alf

FAIXAS

1. Ilusão À Toa
*Johnny Alf*
2. Dois Corações
*Johnny Alf*
3. Seu Chopin, Desculpe
*Johnny Alf*
4. Nós
*Johnny Alf*
5. Rapaz De Bem
*Johnny Alf*
6. Olhos Negros
*Johnny Alf/R. Bastos*
7. O que É Amar
*Johnny Alf*
8. Eu E A Brisa
*Johnny Alf*
9. Nossa Festa
*J. Alf/A. Chimelli*
10. Sonhos E Fantasias
*Johnny Alf*
11. Tem Mais
*Johnny Alf/L. Cavalcanti*
12. Bar Da Praia
*Johnny Alf*

BMG

## *Pai da bossa-nova*

Tom Jobim não vacilava em dizer que o pai da bossa-nova era Johnny Alf, autor de melodias sinuosas, harmonias requintadas e letras bem resolvidas. Johnny considera essa afirmação um exagero, mas, embora não seja de grande utilidade reduzir um processo histórico a um indivíduo, seu conteúdo tem fundamento. Johnny começou sua carreira no final dos anos 40, quando foi tocar piano e cantar na noite carioca. Como qualquer bom músico da noite, ele tocava de tudo, mas se distinguia pelas complexas e dissonantes harmonias que usava. Essa qualidade, como se sabe, foi aprimorada através do intenso contato que tinha com o jazz, ouvido diariamente com seus colegas do **Sinatra-Farney's Fã-Clube** na juventude. Johnny sofreu, também, uma grande influência da música erudita, que estudou por seis anos e que somou ao legado que recebeu de alguns sofisticados músicos brasileiros, como Custódio Mesquita, Dick Farney e os maestros Radamés Gnatalli e Lindolfo Gaya. Tanto Jobim, quanto João Gilberto – os dois principais pilares da bossa – assistiram muitas vezes às apresentações de Johnny Alf e aprenderam muito com suas inovadoras composições, a exemplo de "*Rapaz de Bem*" (cantada em *Olhos Negros* por **Emílio Santiago**), no período que precedeu à revolução musical que comandaram. No entanto, quando a bossa-nova eclodiu no Rio, em 1958, Johnny Alf já não morava mais lá e, por isso, pouco participou do movimento. Aliás, em 1962, quando a bossa foi levada aos Estados Unidos, no histórico show do Carnegie Hall, Johnny até foi convidado, mas recusou, tanto por sua grande timidez, quanto por não se sentir participante daquilo. Tudo isso somado a sua discretíssima postura fez com que a música de Johnny fosse cultuada pelos músicos, mas pouco conhecida do público. O brilhante álbum *Olhos Negros*, de 1990, foi, talvez, o trabalho fonográfico de maior destaque de sua trajetória musical. Nas suas 12 faixas, Johnny, em performances irrepreensíveis, mostrou suas excelentes criações, recentes e antigas, ao lado de alguns ilustres amigos e admiradores. Um deles é Chico Buarque, que colaborou no interessantíssimo **choro-canção** "*Seu Chopin, Desculpe*", cuja melodia aproveita um pequeno trecho da "*Valsa do Minuto*" de Frédéric Chopin. Outro é Caetano Veloso, que cantou lindamente a inédita faixa-título, "*Olhos Negros*". Mais um é Gilberto Gil, que se encarregou do maior sucesso de Johnny: a belíssima "*Eu E A Brisa*". Também as cantoras saíram-se bem nas gravações: Gal Costa abriu o disco com "*Ilusão À Toa*"; **Zizi Possi** dividiu o microfone no samba-canção "*Nós*"; **Sandra de Sá** ficou com uma jóia do final dos anos 50, "*O que é Amar*"; e, por fim, a velha amiga Leny Andrade interpretou "*Nossa Festa*". O compositor convidou, ainda dois instrumentistas: o violonista **Roberto Menescal**, que o acompanha em "*Dois Corações*", e o trompetista Márcio Montarroyos, que sola o tema "*Sonhos E Fantasias*". Somente as faixas "*Tem Mais*" e "*Bar Da Praia*" não têm participações especiais. Nelas, reina soberana a delicada combinação de voz e piano do autor.

*Sinatra Farney's Fã-Clube*
Fã clube de Frank Sinatra e Dick Farney, fundado no Rio de Janeiro em 1947, do qual participaram Johnny Alf, Nora Ney, João Donato e outros futuros artistas.

*Emilio Santiago*
Cantor carioca, nascido em 1946, que teve muita popularidade, principalmente em meados dos anos 80.

*Choro-Canção*
Peça cantada baseada no fraseado instrumental do choro.

*Zizi Possi*
Cantora paulista, nascida em 1956, revelada no final da década de 70. Teve sucesso com suas interpretações de "*Pedaço De Mim*" (Chico Buarque) e "*A Paz*" (Gilberto Gil e João Donato).

*Sandra de Sá*
Cantora e compositora carioca, nascida em 1955, revelada num festival televisivo em 1980. Alguns de seus maiores sucessos são: "Enredo Do Meu Samba" (Jorge Aragão E Dona Ivone Lara) e "*Bye Bye Tristeza*" (Marcos Valle e Carlos Colla).

*Roberto Menescal*
Violonista, arranjador e compositor capixaba, nascido em 1937, consagrado pela bossa-nova. Algumas de suas mais conhecidas criações são "*O Barquinho*" (com Ronaldo Bôscoli) e "Bye Bye, Brasil" (com Chico Buarque).

# OS AFRO-SAMBAS DE BADEN E VINÍCIUS

1990

Baden Powell e Vinícius de Moraes

1. Canto de Ossanha
*B. Powell/V. de Moraes*
2. Canto De Xangô
*B. Powell/V. de Moraes*
3. Bocoxê
*B. Powell/V. de Moraes*
4. Canto De Iemanjá
*B. Powell/V. de Moraes*
5. Tempo De Amor
*B. Powell/V. de Moraes*
6. Canto Do Caboclo Pedra Preta
*B. Powell/V. de Moraes*
7. Tristeza E Solidão
*B. Powell/V. de Moraes*
8. Lamento De Exu
*B. Powell/V. de Moraes*

Forma (Universal)

## *Da Baía da Guanabara à Bahia de Todos os Santos*

A dupla Baden Powell (1937-2000) e Vinícius de Moraes (1913-1980) tem uma história curiosa. Quando se conheceram, em 1960, o diplomata Vinícius de Moraes já era consagrado como poeta e também como letrista, sobretudo por sua colaboração fundamental nos primeiros passos da bossa-nova. Baden, por sua vez, era um humilde compositor e violonista, apaixonado pelo choro e pelo jazz, que havia lançado algumas gravações sem grande repercussão e que vivia dos cachês pagos nos bares noturnos. Foi numa boate em Copacabana onde Baden se apresentava que, certa noite, Vinícius apareceu e, depois de alguma conversa, propôs-lhe comporem juntos. Alguns dias depois ocorreu o encontro definitivo, quando o violonista resolveu levar uma melodia para Vinícius e deram início a uma feliz parceria que os aproximou a tal ponto, que, certa vez, Baden chegou a ficar por cerca de 3 meses no apartamento do amigo. Ali, os dois beberam muito e compuseram dezenas de músicas de altíssima qualidade, dentre as quais a grande maioria dos célebres afro-sambas. O nome 'afro-samba' foi a classificação escolhida pela dupla para certa parte de suas composições que combinava o samba e a bossa-nova cariocas com a música negra da Bahia. Essas canções densas, embebidas na religiosidade e no cotidiano dos descendentes de africanos no Brasil, foram lançadas aos poucos, por diferentes intérpretes, até que seus autores puderam gravar um LP com 8 delas, mas que as simbolizou em conjunto: *Os Afro-Sambas De Baden E Vinícius* . O disco é de 1966, mas só foi reeditado em CD no Brasil nesta década, com o lançamento de caixas especiais com a obra de Vinícius e de Baden – vale notar que, em 1990, Baden fez um novo registro daquele repertório, o belo álbum *Afro Sambas*. Criado com esmero, *Os Afro-Sambas de Baden e Vinícius* celebrizou definitivamente esse conjunto de canções, boas pelo aspecto poético (veja "*Canto De* ***Xangô***") e brilhantes ritmicamente (veja "*Canto Do* ***Caboclo Pedra Preta***") e melodicamente (veja "*Lamento De* ***Exu***" e "*Canto De* ***Iemanjá***"). O disco, que traz ainda as belíssimas "*Canto De* ***Ossanha***", "*Tristeza E Solidão*", "*Tempo De Amor*" e "*Bocoxê*", tem outro ponto alto nos arranjos de **Guerra-Peixe**, marcados por uma boa seção de percussão e pela bela e discreta performance instrumental de Baden – um violonista impecável, de toque vigoroso, bom-gosto e muito suingue. Vale ressaltar, ainda, a qualidade de alguns dos músicos convidados para as gravações, a exemplo do **Quarteto em Cy**. Nessa obra, até o atributo menos elogiável de Baden e Vinícius, suas vozes pequenas e brutas, soaram bem, dando uma comovente aparência de rusticidade ao canto. Os afrosambas marcaram profundamente a MPB e a carreira de seus autores: Vinícius, através de sua poesia, passou a relacionar-se mais intensamente com a cultura afro-brasileira, ao ponto passar se definir como "o branco mais negro do Brasil"; Baden conseguiu reconhecimento mundial e aprimorou ainda mais sua maneira de tocar violão, misturando batidas de samba ao molho dos ritmos afro-baianos.

*Os Afro-Sambas De Baden E Vinícius*
Esse disco foi reeditado em CD nas caixas e circula também uma reedição feita no exterior.

*Xangô, Caboclo Pedra Preta, Iemanjá, Exu e Ossanha*
Divindades e sub-divindades das religiões afro-brasileiras. Xangô rege os raios e o fogo; Caboclo Pedra Preta é um guia, uma subdivindade, ligado a Xangô; Iemanjá rege o mar; Exu é o intermediário entre os homens e os deuses; Ossanha rege a vegetação e, conseqüentemente, as ervas medicinais.

*Guerra-Peixe*
Compositor, violinista, regente e musicólogo fluminense nascido em 1914 e falecido em 1993. Além de ter sido um dos mais importantes arranjadores da MPB, Guerra-Peixe ensinou sua arte para Baden Powell, Paulo Moura, Capiba, Sivuca, Roberto Menescal e outros discípulos importantes.

*Quarteto em Cy*
Famoso quarteto vocal brasileiro composto pelas irmãs Cybele, Cynara, Cyva e Cylene, formado no início dos anos 60.

# OS MUTANTES
1968

Os Mutantes

**FAIXAS**

1. Panis Et Circenses
*C. Veloso/G. Gil*
2. A Minha Menina
*Jorge Ben*
3. O Relógio
*Os Mutantes*
4. Adeus Maria Fulô
*H. Teixeira/Sivuca*
5. Baby
*Caetano Veloso*
6. Senhor F
*Os Mutantes*
7. Batmakumba
*G. Gil/C. Veloso*
8. Le Premier Bonheur Du Jour
*J. Renard/F. Gerald*
9. Trem Fantasma
*C. Veloso/Os Mutantes*
10. Tempo No Tempo (Once Was A Time I Thought, J. Phillips
Versão: *Os Mutantes*
11. Ave Gengis Kahn
*Os Mutantes*

Polygram (Universal)

## *Ousadia tropical*

Quando Gilberto Gil apresentou "*Domingo No Parque*", num festival de TV, em 1967, criou-se uma grande polêmica no Brasil. Para a apresentação dessa canção, o maestro Rogério Duprat criou um arranjo que misturava elementos da música regional brasileira aos instrumentos elétricos e sons distorcidos do rock underground internacional. (Até então, as guitarras e contrabaixos elétricos estavam restritos aos artistas da **Jovem Guarda,** que tocavam apenas rock e com excessivo comedimento, sendo muito pouco usados na então considerada "legítima" música brasileira). Quem se encarregou desses instrumentos foi um irreverente e pouco conhecido conjunto de São Paulo: Os Mutantes, composto pelos musicalíssimos Rita Lee (vocais, flauta e harpa) e os irmãos Arnaldo Baptista (contrabaixo, teclados e vocais) e Sérgio Dias (guitarra e violão). O conjunto, que havia sido formado dois anos antes, costumava tocar apenas rock – era fortemente influenciado pelos Beatles – até ser chamado para acompanhar "*Domingo No Parque*". O ótimo resultado sonoro dessa experiência, somado ao contato com as idéias revolucionárias dos futuros **tropicalistas** Gil e Duprat, encorajou os Mutantes a procurar misturas mais ousadas, incorporando, até, alguns elementos das vanguardas da música erudita. A liberdade com que os Mutantes manipularam essas informações tão diferentes acabou se tornando a sua marca, garantindo-lhes um papel destacado no nascente tropicalismo. O primeiro álbum do grupo (intitulado *Os Mutantes*, de 1968), causou surpresa, mesmo entre os que já vinham tomando conhecimento do movimento tropicalista – o disco-manifesto *Tropicália* havia sido lançado alguns meses antes. Sob orientação de Duprat, o conjunto gravou composições próprias, obras de autores tropicalistas e versões de músicas que, originalmente, não se relacionavam ao movimento. Dentre as primeiras, merecem destaque "*Trem Fantasma*", cujo arranjo explora texturas sonoras bastante interessantes, e "*Senhor F*", um bem-humorado foxe de refrão anárquico: "*Dê um chute no patrão!*". Dos tropicalistas, as melhores são "*Batmakumba*", de versos revolucionários de Gil e Caetano Veloso inspirados na **poesia concreta**, e as interpretações de duas canções presentes no álbum *Tropicália*: "*Baby*" e "*Panis Et Circensis*". Das músicas que não pertenciam ao movimento, as melhores são "*Minha Menina*", um **samba-rock** de Jorge Ben (com participação ao violão do próprio Jorge, que, inclusive, flertava com o tropicalismo), e "Adeus Maria Fulô", um baião de Sivuca e Humberto Teixeira em que a percussão desempenha função rítmica e harmônica no acompanhamento (um recurso empregado com maior freqüência na música erudita). Pela criatividade, pela competência e pela postura ousada do grupo, o disco é todo muito bom. Sua riqueza faz com que os Mutantes soem surpreendentes até hoje – o grupo original está separado desde 1972. Uma prova de sua atualidade é o recente redescobrimento do conjunto pelos públicos da Inglaterra e dos Estados Unidos, que procuram avidamente por suas obras reeditadas.

*Jovem Guarda*
Grupo de artistas, liderado por Roberto Carlos e Erasmo Carlos, introdutor do rock no Brasil. Os Mutantes chegaram a se aproximar desse grupo no início da carreira.

*Tropicalismo*
Movimento de vanguarda estética do final da década de 60 liderado por Caetano Veloso e Gilberto Gil.

*Poesia Concreta*
Gênero poético que tem como principais referências, no Brasil, os irmãos Augusto e Haroldo de Campos. Seu surgimento data da década de 50 e o princípio de que parte é uma evolução das formas que compõem a poesia segundo suas propriedades intrínsecas (som, figura e carga semântica).

*Samba-Rock*
Mistura de muito suingue entre o samba brasileiro e o rock norte-americano. Um de seus criadores foi o próprio Jorge Ben.

# PÉROLA NEGRA

1973

Luiz Melodia

FAIXAS

1. Estácio, Eu E Você
*Luiz Melodia*
2. Vale O Quanto Pesa
*Luiz Melodia*
3. Estácio, Holly Estácio
*Luiz Melodia*
4. Pra Aquietar
*Luiz Melodia*
5. Abundantemente Morte
*Luiz Melodia*
6. Pérola Negra
*Luiz Melodia*
7. Magrelinha
*Luiz Melodia*
8. Farrapo Humano
*Luiz Melodia*
9. Objeto H
*Luiz Melodia*
10. Forró De Janeiro
*Luiz Melodia*

Philips (Polygram/Universal)

## *Jóia rara do Morro de São Carlos*

O poeta **Waly Salomão** subiu o humilde Morro de São Carlos e voltou com uma pérola, uma "*pérola negra*", mais exatamente. Waly descobriu um compositor de 22 anos, dono de uma poética e um fraseado musical muito particulares, e foi logo levar uma de suas criações à já famosa Gal Costa, que preparava o histórico show *Fa-Tal – Gal A Todo Vapor*, de 1972. Gal aprovou imediatamente o trabalho do novato e incluiu a canção "*Pérola Negra*" no show e no disco gravado em seguida. Foi um tremendo sucesso. Em seguida, Maria Bethânia pediu uma composição para seu álbum *Drama – Anjo Exterminado* (1972) e recebeu "*Estácio, Holly Estácio*". Outro êxito. O Brasil passou a falar na grande revelação daquele ano: um jovem chamado Luiz Melodia, que trazia uma música sofisticada, vibrante e muito original. Não tardou a chegar às lojas seu primeiro LP, *Pérola Negra* (1973), com as duas canções citadas e mais outras oito maravilhas, em que o rapaz mostrou ser, ainda por cima, um estupendo cantor. Chama a atenção a versatilidade de Melodia, que transita por vários gêneros diferentes com a mesma competência. Nascido no Rio de Janeiro e filho do sambista apelidado Osvaldo Melodia, Luiz bem poderia ter se estabelecido no samba, mas isso não aconteceu – embora ele fosse um excelente sambista, como atesta "*Estácio, Eu E Você*". Exemplos de seu ecletismo são o interessante **baião** "*Forró De Janeiro*", em que explora habilmente a música nordestina, e o rock "*Pra Aquietar*", em que transparece a influência que recebeu da **Jovem-Guarda**. O que mais impressiona, porém, é o grau de elaboração de suas melodias, que, além de evidenciar seu bom domínio sobre a tradição brasileira, mostram uma poderosa capacidade de assimilação de elementos da música internacional (sobretudo, norte-americana), desde o jazz e o blues, até o rock e o soul. Peças como "*Abundantemente Morte*" comprovam essa sua inventividade melódica e, ainda por cima, sinalizam para o inegável brilhantismo de suas letras. Acontece que, ao se deparar com a liberdade verbal do **tropicalismo** (em especial, depois de ouvir o álbum *Caetano Veloso*, de 1968), Melodia encorajou-se para mergulhar em sua subjetividade e construir uma poética baseada nas imagens fortes e dispersas de sua vivência interior. O resultado desse esforço – realçado por suas apropriadas interpretações, um tanto introspectivas – foram versos comoventes como os escritos para "*Magrelinha*": "O pôr-do-sol/Vai renovar, brilhar, de novo, seu sorriso/E libertar/Da areia preta e do arco-íris cor de sangue, cor de sangue, cor de sangue...". Mas, mesmo com um início de carreira em altíssimo estilo, Luiz Melodia não se tornou uma grande estrela rapidamente. Na realidade, seu pleno reconhecimento demorou quase duas décadas, até que, enfim, se afastasse a pecha de "artista maldito" que o perseguia desde o início. Felizmente, mais alto do que o preconceito, falou a beleza de suas canções, de preciosidades como "*Vale O Quanto Pesa*" e "*Farrapo Humano*", que o acompanham desde os primeiros passos.

*Waly Salomão*
Poeta, compositor e produtor musical profundamente identificado com o tropicalismo. Foi também o diretor artístico do show e do disco *Fa-Tal – Gal A Todo Vapor.*

*Jovem-Guarda*
Grupo de artistas, tidos como meninos inocentes, liderado por Roberto Carlos e Erasmo Carlos, introdutor do rock no Brasil no início dos anos 60. Os Mutantes chegaram a se aproximar desse grupo no início da carreira.

*Baião*
Canto e dança de ritmo binário, originário do interior do nordeste brasileiro, popularizado em âmbito nacional por Luiz Gonzaga.

*Tropicalismo*
Movimento de vanguarda estética do final da década de 60, também chamado de Tropicália, liderado por Caetano Veloso e Gilberto Gil, que se baseava na combinação de elementos musicais bastante díspares e no radical experimentalismo sonoro.

FAIXAS

1. Ainda Me Recordo
*Pixinguinha/B. Lacerda*
2. Segura Ele
*Pixinguinha/B. Lacerda*
3. Proezas De Sólon
*Pixinguinha/B. Lacerda*
4. Cochichando
*J. de Barro/A. Ribeiro/ Pixinguinha*
5. Ingênuo
*Pixinguinha/B. Lacerda*
6. Lamentos
*Pixinguinha/V. de Moraes*
7. Carinhoso
*J. de Barro/Pixinguinha*
8. Mistura E Manda
*N. Ferreira*
9. Batuque Na Cozinha
*J. da Bahiana*
10. Oito Batutas
*Pixinguinha/B. Lacerda*
11. Pelo Telefone
*Donga/M. de Almeida*
12. Rosa
*Pixinguinha*
13. Naquele Tempo
*Pixinguinha/B. Lacerda*
14. Vou Vivendo
*Pixinguinha/B. Lacerda*
15. Um A Zero
*Pixinguinha/B. Lacerda*
16. Urubu Malandro
*J. de Barro/Louro*

Velas

# PIXINGUINHA

1997

Paulo Moura & Os Batutas

## *Ao mestre, com carinho*

Paulo Moura e Pixinguinha integraram a orquestra organizada pelo saxofonista Pará, que costumava se apresentar nos subúrbios do Rio nos anos 50. O paulista Paulo Moura era um jovem fascinado pelo bebop (que estava em evidência na época) que fazia o primeiro saxofone. Pixinguinha, carioca, já havia passado dos 50 anos e fazia, humildemente, o quarto saxofone. Autor de inúmeros sucessos e figura chave da MPB, era um dos tantos gênios que não tinham o devido reconhecimento. Nos intervalos, quando o jazz silenciava, Pixinguinha apresentava seus **choros**, para o deleite dos espectadores e, sobretudo, do seu jovem colega. Afinal, se no jazz ficava para trás, no choro o velho mestre era soberano. O choro teve em Pixinguinha o seu principal representante. Nos anos 20, ele já era um compositor e flautista consagrado, com muito sucesso no Brasil e até no exterior. Pixinguinha brilhou também como maestro nos anos 30, mas ficou um pouco esquecido na década de 40, quando teve repercussão apenas na parceria que fez com **Benedicto Lacerda** entre 46 e 50. Pixinguinha morreu em 1973 sem ter nunca enriquecido, nem deixado de viver nos modestos subúrbios cariocas. Em 97, celebrando o centenário de nascimento do mestre, Paulo Moura concebeu um show inesquecível, registrado em CD como *Pixinguinha*. Para isso, selecionou uma série de composições que retratassem a trajetória do homenageado e arregimentou sete excelentes músicos para a execução. O nome do agrupamento, "Paulo Moura e os Batutas", alude ao conjunto "Os Oito Batutas" (reunido em 1919) que projetou Pixinguinha. A formação instrumental não segue a do antigo grupo, mas uma tendência de ressaltar a percussão lançada por Pixinguinha nos anos 30. Aliás, vale dizer que também os arranjos sofisticados que criou também são perfeitamente adequados à modernidade sempre buscada por Pixinguinha. Do repertório de "Os Oito Batutas", constam no álbum pérolas como a histórica "***Pelo Telefone***", "*Rosa*" (valsa de belíssima melodia) e "*Urubu Malandro*" (tema sobre o qual o mestre improvisava maravilhosamente – e quanto a isso Paulo Moura e seu conjunto não destoaram). Dentre as obras posteriores de Pixinguinha, Paulo Moura escolheu peças geniais e as tratou com extrema delicadeza. "*Ingênuo*", por exemplo, apresenta um lindo trabalho de clarineta e violão. "*Lamentos*", por sua vez, teve a melodia valorizada pela performance de **Joel Nascimento**, bandolinista renomado. Nas notas de "*Carinhoso*", um dos maiores clássicos da MPB, fica registrada a emoção da platéia, que toma o lugar do solista e canta sozinha toda a segunda exposição do tema. Já em "*Um a Zero*", rica melodia de caminhos inusitados, ressalta-se o virtuosismo dos músicos. Segundo **Henrique Cazes**, Paulo Moura foi um dos primeiros a romper com a excessiva seriedade na interpretação de choros herdada de Jacob do Bandolim. Pixinguinha, antes dele, representou esse choro alegre e improvisado. De alguma forma, são dois exemplos de uma mesma personalidade, uma só alma musical, que atravessa os anos.

*Choro*
Gênero musical (inicialmente instrumental) surgido na segunda metade do século XIX cuja linguagem é resultado do abrasileiramento das danças de salão européias, sobretudo, a polca.

*Benedicto Lacerda*
Flautista e compositor, que foi parceiro de Pixinguinha em numerosas composições, porém com mérito questionável nesta questão. Segundo o pesquisador Henrique Cazes, Pixinguinha estava muito mal financeiramente, ao ponto de ter a posse de sua própria casa ameaçada pela falta de pagamento das prestações. Lacerda propôs que conseguisse gravações e edições para as composições de Pixinguinha e, em troca, figurasse como seu parceiro.

*Joel Nascimento*
Compositor e bandolinista carioca, nascido em 1937, que se destacou a partir dos anos 70, sobretudo por seu trabalho no histórico grupo Camerata Carioca.

*Pelo Telefone*
Composição de 1919, tida como o primeiro samba gravado no Brasil. Os estudiosos do assunto argumentam que originalmente não era um samba, mas um maxixe, e que o samba já havia sido registrado em disco antes disso, porém, sem atingir grande sucesso.

*Henrique Cazes*
Um dos maiores nomes do cavaquinho no Brasil, músico, arranjador e pesquisador, autor do rigoroso estudo "Choro: do quintal ao Municipal" (Ed. 34, 1998).

# PORTELA PASSADO DE GLÓRIA

1970

Vários Artistas

**FAIXAS**

1. Quantas Lágrimas
*Manacéa*
2. Se Tu Fores Na Portela
*Ventura*
3. Desengano
*Aniceto*
4. Sofrimento De Quem Ama
*A. Lonato*
5. Vaidade De Um Sambista
*F. Santana*
6. Chega De Padecer
*Mijinha*
7. Levanta Cedo
*Rufino*
8. Cocórocó
*P. da Portela*
9. A Tristeza Me Persegue
*H. dos Prazeres*
10. Vida De Fidalga
*Alvaiade/F. Santana*
11. Ando Penando
*Alcides*
12. A Maldade Não Tem Fim
*A. Santos*
13. Alegria Tu Terás
*A. Caetano*
14. Passado de Glória
*Monarco*

RGE (Som Livre)

## *A velha-guarda toma a dianteira*

Em 1970, Paulinho da Viola resolveu produzir um disco que reunisse a nata da **velha-guarda** da Portela – escola de samba a que pertencia desde 1963 – em torno das composições que marcaram a vida da agremiação. Era um tempo especial, em que os outrora anônimos sambistas dos morros do Rio de Janeiro estavam obtendo uma repercussão sem precedentes com sua produção musical. Nesse clima de acerto de contas com a cultura marginalizada da cidade, a iniciativa de Paulinho simbolizava uma apresentação ao público brasileiro do ignorado – mas encantador – passado da tradicionalíssima Portela, que jamais havia sido registrado. Assim surgiu o disco *Portela Passado De Glória*, que eternizou 14 **sambas-de-quadra** da escola azul e branco e que consolidou uma tendência de valorização dos compositores das escolas de samba, inclusive como intérpretes de suas próprias obras. Para auxiliá-los nos acompanhamentos – discretos, mas excelentes –, Paulinho convidou músicos competentes, a exemplo de Jair do Cavaquinho e de seu pai, o violonista César Farias. A escola de samba da Portela foi criada em 1935 a partir do **bloco carnavalesco** Vai Como Pode, que existia desde 1923. Seu primeiro e maior líder foi o célebre Paulo da Portela (1901-1949), que organizou a escola e a conduziu durante a década de sua maior glória, os anos 40, em que a escola sagrou-se campeã do carnaval por sete vezes consecutivas. Paulo foi lembrado em *Portela Passado De Glória* através da voz do também fundador da escola João da Gente, que cantou sua boa composição "*Cocórocó*". Outro nome importantíssimo na fundação da Portela, **Heitor dos Prazeres** (1898-1966), também foi representado no disco pela voz de João da Gente, que gravou "*A Tristeza Me Persegue*". As demais faixas foram assinadas por autores ainda vivos na ocasião – Manacéa, Aniceto, Antônio Caetano e outros –, os quais, em geral, foram também os intérpretes de suas canções. Uma característica dos sambas-de-quadra é o pendor para a exaltação da própria escola em suas letras. Nesse sentido, "*Se Tu Fores Na Portela*", "*Vaidade De Um Sambista*" e "*Passado De Glória*", incluídos em *Portela Passado De Glória*, são exemplares. O **partido-alto** "*Levanta Cedo*" também trata das qualidades da Portela, mas, assim como "*Alegria Tu Terás*" e "*A Tristeza Me Persegue*", ressalta outra característica das escolas de samba: o gosto pela improvisação de versos. Em todas as faixas, o canto é apoiado por um delicioso coro, resquício direto do samba folclórico, de criação predominantemente coletiva. Embora tenha um altíssimo valor documental, o empreendimento de Paulinho da Viola comove mais pela beleza intensa das peças selecionadas. Chega a ser revoltante a possibilidade de que tesouros como "*Quantas Lágrimas*" e "*Sofrimento De Quem Ama*" terminassem esquecidos depois que seus autores morressem – algo que aconteceu (e acontece) com centenas de outras canções de sambistas das zonas pobres de todo o Brasil. Devoto desses sambas, Paulinho teve o mérito de eternizá-los.

*Velha Guarda*
É o nome dado ao grupo dos integrantes mais antigos de uma escola de samba. Eles representam o passado e a tradição da escola.

*Samba-de-Quadra*
Sambas produzidos pelos compositores de escola de samba para consumo da própria comunidade em suas diversas reuniões fora do período de carnaval, quando brilham os sambas-enredo.

*Bloco Carnavalesco*
Agrupamento de pessoas que se reúnem para cantar e dançar nas ruas nos dias de carnaval. Menos organizado e luxuoso do que uma escola de samba, o bloco tem sua força na espontaneidade e na maior liberdade de seus desfiles.

*Heitor dos Prazeres*
Compositor, pintor e agitador cultural carioca, nascido em 1898 e falecido em 1966, criador de importantes elementos da estética dos desfiles carnavalescos do Rio de Janeiro, a exemplo da bandeira levada pelas escolas de samba. É autor de Pierrot Apaixonado (com Noel Rosa) e outros clássicos.

*Partido-Alto*
Variedade de samba muito próxima à música africana devido à predominância do ritmo, à repetição dos motivos melódicos e ao sentido lúdico marcante em sua origem – o partido alto se constituía de um refrão cantado, em coro, e uma estrofe improvisada, cantada solo. Atualmente, são poucos os que improvisam versos e participam de autênticos desafios no partido alto.

# QUANTA

1997

Gilberto Gil

✔ Faixas escolhidas

1. Quanta
*G. Gil*
2. A Ciência E A Arte
*Cartola/C. Cachaça*
3. Estrela
*G. Gil*
4. Dança De Shiva
*G. Gil*
5. Vendedor De Caranguejo
*Gordurinha*
6. Água Benta
*G. Gil*
7. Pílula De Alho
*G. Gil*
8. Opachorô
*G. Gil*
9. Pela Internet
*G. Gil*
10. Objeto Sim, Objeto Não
*G. Gil*
11. A Ciência Em Si
*G. Gil/A. Antunes*
12. Átimo de Pó
*G. Gil/C. Rennó*
13. Fogo Líquido
*G. Gil*
14. Pop Wu Wei
*G. Gil*
15. O Lugar Do Nosso Amor
*G. Gil*
16. De Ouro E Marfim
*G. Gil*
17. Sala Do Som
*G. Gil*
18. O Mar E o Lago
*G. Gil*
19. La Lune De Gorée
*G. Gil/Capinan*
20. Nova
*G. Gil/M. Veloso*

Warner

## *Cantando ciência e religião*

O precioso álbum *Quanta*, de 1997, mostra que, depois de mais de 30 anos de carreira, Gilberto Gil e sua música não envelheceram. Gil, que nunca deixou de militar nas fileiras mais progressivas da MPB, surpreendeu a todo o Brasil quando lançou um disco duplo em que se aventurava numa questão atual e complexa que, entre os músicos, não recebia muita atenção: as inter-relações entre os conhecimentos artísticos, científicos e religiosos. É claro que houve quem duvidasse de sua erudição para abordar campos tão diferentes com grande precisão conceitual, mas é preciso atentar, porém, para o fato de que seu maior interesse não era nas pendências particulares de cada um deles, mas sim na repercussão que, juntos, têm na cultura contemporânea. Nesse aspecto, sem dúvida, Gil saiu-se muito bem. *Quanta* é um belíssimo álbum, repleto de boas canções e que, felizmente, não sucumbe à possível monotonia de um disco dedicado a um assunto só. Logo na primeira faixa, "*Quanta*", em que Gil divide o microfone com o amigo Milton Nascimento, o ouvinte se dá conta da qualidade do trabalho: à grandiosa introdução segue uma bonita e calma canção, em ritmo de bossa-nova, que, aos poucos, vai sendo conduzida para um refrão tão vibrante quanto o início. O álbum é composto por canções de Gilberto Gil, com apenas três exceções: "*A Ciência E A Arte*", um antigo **samba-enredo** dos mestres Cartola e Carlos Cachaça, que exalta o físico brasileiro César Lattes; "*Vendedor De Caranguejo*", um **coco** composto e gravado com êxito por **Gordurinha** em 1959; "*Labirinto*", criação da dupla Jorge Mautner e Nelson Jacobina, bastante ligada à contracultura dos anos 70. As músicas de Gil datam, em sua maioria, do período que precede imediatamente às gravações, mas também foram reaproveitadas algumas peças de outras fases de sua carreira – contudo, sem perder de vista a unidade temática da obra. São exemplos disso "*Objeto Sim, Objeto Não*", de 1969, "*Chiquinho Azevedo*", de 1976, e "*Estrela*", de 1980, que, aliás, foi muitíssimo aplaudida pelo público na nova versão. *Quanta* também apresenta algumas boas parcerias de Gilberto Gil com Arnaldo Antunes ("*A Ciência Em Si*"), Carlos Rennó ("*Átimo De Pó*"), Capinan ("*La Lune De Gorée*", cantada em francês) e Moreno Veloso ("*Nova*"). Embora tenha faixas mais calmas e meditativas, como as bossanovistas "*Fogo Líquido*" e "*O Lugar Do Nosso Amor*", o disco – e a maior parte da produção recente de Gil – é dominado por uma música mais agitada, de forte caráter percussivo. Nessa categoria se enquadram as ótimas "*Dança De Shiva*", "*Água Benta*", "*Pílula De Alho*", "*Opachorô*", "*Pop Wu Wei*" e o sucesso "*Pela Internet*". No disco, Gil ainda aproveita para homenagear a quatro artistas por quem nutre sincera admiração: Tom Jobim (em "*Ouro E Marfim*"), Milton Nascimento (em "*Sala Do Som*"), João Gilberto (em "*Um Abraço No João*") e **Mário Lago** (em "*O Mar E O Lago*"). Rico, maduro e criativo, *Quanta* é, provavelmente, o trabalho mais representativo de Gilberto Gil nos anos 90.

*Samba-enredo*
Variedade de samba, com rápido andamento, surgido após a criação do desfile das escolas de samba, em 1931.

*Coco*
Ritmo binário tradicional do nordeste brasileiro. Acredita-se que sua origem esteja nos cantos e batuques dos escravos negros.

*Gordurinha*
Compositor e cantor baiano, nascido em 1922 e falecido em 1969, autor de sucessos como "*Chiclete Com Banana*" (com Almira) e "*Vendedor De Caranguejo*".

*Mário Lago*
Compositor, cantor, ator, poeta e radialista carioca, nascido em 1911, criador de canções famosas como "*Amélia*" e "*Nada Além*".

# QUARTETO NOVO
1967

Quarteto Novo

FAIXAS

1. O Ovo
*G. Vandré/H. Pascoal*
2. Fica Mal Com Deus
*G. Vandré*
3. Canto Geral
*G. Vandré/H. Pascoal*
4. Algodão
*L. Gonzaga/Z. Dantas*
5. Canta, Maria
*G. Vandré/E. Chaves*
6. Síntese
*H. do Monte*
7. Misturada
*G. Vandré/A. Moreira*
8. Vim De Santana
*T. de Barros*
9. Ponteio
*E. Lobo/J. C. Capinan*
10. O Cantador
*D. Caymmi/N. Motta*

EMI

## *A bossa-nova vai para o interior do Brasil*

A tradição instrumental brasileira transformou-se profundamente a partir do final da II Guerra Mundial, quando o jazz norte-americano se popularizou no país. Surgiu uma geração de músicos que logo assimilou os padrões jazzísticos da qual faziam parte, entre outros grandes, o catarinense Airto Moreira (baterista e percussionista), o carioca Théo de Barros (violonista e contrabaixista), o alagoano Hermeto Pascoal (pianista e flautista) e o pernambucano Heraldo do Monte (guitarrista) que, em 1966, formaram o revolucionário Quarteto Novo. Todos eles já tinham bastante experiência na música quando Théo, Airto e Heraldo se reuniram no Trio Novo para acompanhar o cantor e compositor **Geraldo Vandré**. Pouco depois, o trio virou um quarteto, com a entrada de Hermeto, e passou a se empenhar no ambicioso plano de levar para a música regional brasileira as inovações harmônicas e melódicas que a bossa-nova – notoriamente influenciada pelo jazz – trouxe para o samba no final dos anos 50. Vandré, que teve algumas de suas composições interpretadas pelo conjunto – a exemplo de "*Fica Mal Com Deus*" e "*Canta Maria*" –, foi uma espécie de mecenas para os rapazes durante o período de um ano, no qual eles ensaiaram diariamente até que o sofisticado trabalho que se propuseram estivesse pronto. Os complexos arranjos concebidos coletivamente, os raros e bem colocados vocalises, o desenvolvimento de uma linguagem brasileira para os improvisos – até então, era mais comum a improvisação com forte sotaque jazzístico –, a impressionante precisão das execuções, inclusive nas intrincadas convenções inseridas nas músicas, e o perfeito entrosamento e equilíbrio entre os instrumentos são frutos desses exaustivos ensaios. Em 1967 foram gravados um compacto, com a belíssima "*Vim de Santana*" (de Théo de Barros), e o disco intitulado *Quarteto Novo*, que encantaram ao Brasil pela estética ímpar que apresentavam. Por exemplo, o **baião** "*O Ovo*" (a primeira composição gravada de Hermeto, que também assina "*Canto Geral*"), que abre o disco, tornou-se um *standart* da música instrumental brasileira. Mas, embora todos os seus integrantes fossem bons compositores – o que fica evidente pelas músicas supracitadas e por "*Síntese*", de Heraldo, e "*Misturada*", de Airto –, o Quarteto Novo decidiu incluir três versões de obras de outros grandes autores em seu disco: "*Algodão*" (de Luiz Gonzaga e Zé Dantas), "*Ponteio*" (de Edu Lobo e Capinan) e "*O Cantador*" (de Dori Caymmi e Nélson Motta). Outra característica interessante do grupo era a busca por timbres diferentes, tais como o da queixada de burro, usada na percussão por Airto em "*Canto Geral*" e outras faixas, o da então desprezada **viola** caipira, tocada habilmente por Heraldo do Monte, ou as diversas sonoridades dos toques de flauta de Hermeto, que, algumas vezes, chega a cantar a melodia ao mesmo tempo em que a executa no instrumento. O premiado disco *Quarteto Novo* foi o único do grupo, que logo se dissolveu, mas que virou um marco da música instrumental brasileira.

*Geraldo Vandré*
Cantor e compositor cearense, nascido em 1935, autor de "Pra Não Dizer Que Não Falei De Flores", "Disparada" (com Théo de Barros) e outras canções conhecidas. As faixas "*O Ovo*", "*Canto Geral*" e "*Misturada*", presentes nessa obra, levaram seu nome sem que ele tivesse, de fato, participado de sua composição, pois nunca chegou a publicar suas letras.

*Baião*
Canto e dança de ritmo binário, originário do interior do nordeste brasileiro, popularizado em âmbito nacional por Luiz Gonzaga.

*Viola*
Gênero de instrumentos populares em todo o Brasil, semelhantes ao violão, mas com formatos, afinações e disposições de cordas diferentes. A viola caipira é um pouco menor do que um violão e tem dez cordas, ou cinco cordas dobradas, sendo conhecida também como viola paulista ou viola de serra acima.

FAIXAS

1. Lança Perfume
*R. Lee/R. de Carvalho*
2. Bem-Me-Quer
*R. Lee/R. de Carvalho*
3. Baila Comigo
*Rita Lee*
4. Shangrilá
*R. Lee/R. de Carvalho*
5. Caso Sério
*R. Lee/R. de Carvalho*
6. Nem Luxo, Nem Lixo
*R. Lee/R. de Carvalho*
7. João Ninguém
*R. Lee/R. de Carvalho*
8. Orra Meu
*Rita Lee*

EMI

# RITA LEE

1980

Rita Lee

## *A dama do rock brasileiro*

Depois de sair d'Os Mutantes, em 1972, Rita Lee partiu para uma vitoriosa carreira solo, primeiro acompanhada pelo grupo **Tutti-Fruti**, depois trabalhando com seu segundo marido, o músico e compositor **Roberto de Carvalho**. O êxito dessa empreitada foi tal, que principalmente a partir da parceria com Roberto, a cantora e compositora paulistana passou a ser considerada a maior roqueira do Brasil e uma das mulheres mais importantes da MPB. Pudera. Além de encarnar com perfeição a postura rebelde característica do rock, Rita atingiu um altíssimo grau de qualidade na confecção de suas canções, o que lhe valeu enorme popularidade e diversos hits emplacados nas paradas nacionais e internacionais. O LP *Rita Lee*, lançado em 1980, é um marco de sua escalada ao estrelato. Composto em sua maior parte por parcerias com Roberto, é uma verdadeira coleção de sucessos, a começar pela faixa de abertura, "*Lança Perfume*", que se tornou, talvez, a música mais conhecida de toda a sua extensa obra. "*Lança Perfume*" é um rock muito bem resolvido em todos os aspectos – sobretudo, harmonicamente – e temperado com o sabor anárquico dos antigos carnavais, em que reinavam nos salões as **marchinhas** e o entorpecente cheiro de lança-perfume (produto hoje proibido). Rita e Roberto também conseguiram estrondosa repercussão com as excelentes "*Nem Luxo, Nem Lixo*", um dos melhores exemplos da música pop brasileira, "*Shangrilá*", uma balada introspectiva de bonita melodia, e "*Caso Sério*", um bolero delicioso, que, aliás, chama a atenção para o gosto da artista por ritmos caribenhos – também evidente em "*João Ninguém*" e em outras peças. A faixa "*Bem-Me-Quer*", outro êxito de autoria da dupla, com sua letra "**desbundada**" e ardentemente apaixonada, exemplifica a transformação do papel da mulher na sociedade brasileira que Rita simbolizou, com sua atitude liberal e irreverente. Sem medo de polêmicas, Rita desafiava tabus sociais desse tipo desde o tempo d'Os Mutantes, quando, por exemplo, subia ao palco vestida de noiva. O disco *Rita Lee* traz, ainda, duas composições assinadas apenas por ela, provas de seu domínio sobre todos os aspectos do fazer musical: as famosíssimas "*Baila Comigo*" e "*Orra Meu*". "*Baila Comigo*" é uma saborosa mistura de rumba e rock em que se destaca sua interpretação suave, insinuante e graciosa, muito elogiada por João Gilberto. Aliás, esse aval representou a revelação de uma afinidade ainda pouco explorada, inclusive pela própria Rita, que passou a dar mais atenção para o quanto João e a bossa-nova, embora não a tivessem influenciado tão diretamente em suas opções musicais, ecoavam profundamente em sua maneira de cantar. Já "*Orra Meu*", ao contrário, realça a porção menos bossanovista de Rita Lee, com a reafirmação de seus fortes laços com universo do rock e da cultura paulistana – então tida como cafona e apartada da cultura brasileira em muitas partes do país, sobretudo no Rio de Janeiro. Eram duas referências algo marginais na MPB e praticamente ausentes do repertório da bossa-nova.

*Tutti-Frutti*
Banda que acompanhou Rita Lee de 1973 a 1977.

*Roberto de Carvalho*
Músico e compositor carioca, nascido em 1952, criador de sucessos como "*Lança Perfume*" e "*Mania De Você*" (ambas com Rita Lee).

*Marchinha*
Adaptação brasileira da marcha militar européia, caracterizada pelo andamento rápido e pela marcação rítmica mais suave, que se estabeleceu enquanto um importantíssimo gênero carnavalesco na segunda década do século XX. Normalmente, seus temas são alegres e irônicos, mas também comporta protestos diversos (inclusive políticos) e desilusões amorosas (em geral, carnavalescas).

*Desbundar*
Verbo criado pelo movimento de contracultura hippie brasileiro a partir do substantivo 'bunda', antecipado pelo prefixo privativo 'des', que significa algo como 'desobedecer às leis ou aos costumes vigentes' ou 'desgovernar-se'.

# ROBERTO CARLOS EM RITMO DE AVENTURA

1967

Roberto Carlos

FAIXAS

1. Eu Sou Terrível
*R. Carlos/E. Carlos*
2. Como É Grande O Meu Amor Por Você
*Roberto Carlos*
3. Por Isso Corro Demais
*Roberto Carlos*
4. Você Deixou Alguém A Esperar
*E. Ribeiro*
5. De Que Vale Tudo Isso
*Roberto Carlos*
6. Folhas De Outono
*F. Lara/J. Santos*
7. Quando
*Roberto Carlos*
8. É Tempo De Amar
*J. Ari/P. Camargo*
9. Você Não Serve Para Mim
*R. Barros*
10. E Por Isso Estou Aqui
*Roberto Carlos*
11. O Sósia
*G. Côrtes*
12. Só Vou Gostar De Quem Gosta De Mim
*R. Pinto*

Columbia (Sony)

## *O rock do rei*

Nas suas primeiras aparições na televisão, no final dos anos 50, o carismático capixaba Roberto Carlos cantou rock norte-americano. O rock era uma música desprezada que se tornou popular na humilde Zona Norte carioca, onde vivia. Em 1958, Roberto formou a banda de rock The Sputniks com alguns rapazes de seu bairro, entre os quais estavam dois nomes que ficariam célebres: Tim Maia e **Erasmo Carlos**, que se tornou seu principal parceiro. Ainda nesse ano, porém, houve um importante acontecimento musical que mudou o rumo de sua carreira: o surgimento da bossa-nova. Roberto tornou-se fã de João Gilberto e, assim como muitos outros jovens, passou a imitar sua maneira de cantar. Nesse tempo, foi contratado como crooner da boate Plaza, um dos redutos de músicos sofisticados onde a bossa-nova foi desenvolvida, e realizou suas primeiras gravações seguindo essa linha, mas em nenhuma dessas iniciativas teve êxito. No início dos anos 60, a partir de uma sugestão de sua gravadora, Roberto deu uma nova guinada em sua vida e voltou a cantar rock. Foi quando lançou alguns hits e ficou muito popular, principalmente através do programa televisivo Jovem Guarda (que começou a apresentar em 1965), sendo, até, apelidado de 'Rei' .

"Jovem Guarda", aliás, é o nome pelo qual ficou conhecido o numeroso grupo de artistas ligados a ele e ao rock, que então se tornou uma grande mania nacional. O álbum ***Roberto Carlos Em Ritmo De Aventura*** (1967), é o melhor representante da grande e irreversível transformação que operou na MPB. A faixa de abertura, "*Eu Sou Terrível*", exemplo da inocente rebeldia de Roberto e Erasmo, foi seu maior sucesso. As boas canções "*Só Vou Gostar De Quem Gosta De Mim*" e "*Por Isso Corro Demais*" também se tornaram famosas, assim como "*Quando*" e "*Como É Grande O Meu Amor Por Você*". Esta última, uma balada abolerada, chama a atenção para o fato de que Roberto Carlos e sua turma não se limitaram a reproduzir padrões musicais norte-americanos, mas os aproveitaram de maneira criativa e original, misturando-os com muitos outros elementos. Um deles era a canção italiana, que exerceu forte influência sobre a Jovem Guarda, sobretudo nas melodias de músicas como "*De Que Vale Tudo Isso*". A maneira de Roberto cantar rock também era bastante particular, como se percebe, por exemplo, em "*Folhas De Outono*" e "*É Tempo De Amar*", que remetem diretamente ao estilo contido e preciso de João Gilberto. Roberto Carlos também não se prendia a um tipo de rock em especial, indo da leveza de "*O Sósia*" (de **Getúlio Côrtes**), típica do final dos anos 50, ao som mais pesado e contemporâneo de "*Você Não Serve Para Mim*" (de **Renato Barros**) e da mencionada "*Quando*", cujo acompanhamento se aproxima do soul, ainda pouquíssimo conhecido no Brasil. Outro testemunho da heterodoxia do 'Rei' é o arranjo de "*E Por Isso Estou Aqui*", que troca a sonoridade dos instrumentos elétricos, marca do rock norte-americano assimilada pela Jovem Guarda, pela de um cravo e de um naipe de cordas.

*Erasmo Carlos*
Cantor e compositor carioca, nascido em 1941, principal parceiro do ídolo Roberto Carlos. Tornou-se bastante famoso com composições como "*Quero Que Vá Tudo Para O Inferno*" e "*Emoções*" (ambas com Roberto Carlos).

*Roberto Carlos Em Ritmo De Aventura*
Esse disco reproduz a trilha sonora do bem sucedido filme homônimo, de 1967, que foi seu primeiro trabalho cinematográfico.

*Getúlio Côrtes*
Compositor carioca, nascido em 1938, criador de sucessos como "*Negro Gato*" e "*Quase Fui Lhe Procurar*".

*Renato Barros*
Cantor e compositor carioca, nascido em 1944, líder do bem sucedido conjunto Renato e Seus Blue Caps e autor de sucessos como "*Devolva-me*" e "*O Pica Pau*" (ambas com Lilian Knaap).

# SAMAMBAIA

1981

César Camargo Mariano e Hélio Delmiro

FAIXAS

1. Samambaia
*César Camargo Mariano*
2. Carinhoso
*Pixinguinha*
3. Emotiva N° 4
*H. Delmiro*
4. Curumim
*César Camargo Mariano*
5. Das Cordas
*H. Delmiro*
6. Milagre Dos Peixes
*M. Nascimento/F. Brant*
Incidentais: Cais (*M. Nascimento/R. Bastos*) e San Vicente (*M. Nascimento/F. Brant*)
7. Choratta
*César Camargo Mariano*
8. No Rancho Fundo
*Ary Barroso*
9. Ninhos
*H. Delmiro*
10. Maria Rita
*César Camargo Mariano*

EMI

## *Bons chorões, bons jazzistas*

A música instrumental brasileira ganhou muito em diversidade e em qualidade com a influência do jazz norte-americano. Em diversidade, porque o Brasil assimilou e transformou o estilo, formando uma escola de bons jazzistas, sem falar na importante colaboração do jazz para o surgimento da bossa-nova; em qualidade, porque os músicos norte-americanos desenvolveram habilidades diferentes das cultivadas no Brasil até então, sobretudo a da improvisação livre e a de harmonização mais complexa, que obrigaram os brasileiros a se desenvolverem mais nesses sentidos. O pianista César Camargo Mariano e o guitarrista Hélio Delmiro, que assinam o saboroso álbum *Samambaia* (1981), são exemplos de instrumentistas que souberam incorporar o jazz à tradição brasileira, chegando a uma mistura moderna e que encanta o mundo até hoje. César, autodidata, é um músico de raro talento, aflorado ainda na adolescência, quando era levado pelos pais para se apresentar nos bares noturnos de São Paulo. Em sua bem sucedida carreira artística, iniciada em 1960, César ficou renomado internacionalmente pelos acompanhamentos que fez para vários cantores – o suingue de sua mão esquerda se tornou sua maior marca – e por seu bom trabalho como solista, arranjador e compositor. Delmiro começou na música tocando violão e cavaquinho, mas, na juventude, a paixão pela bossa-nova fez com que se dedicasse apenas ao primeiro. Em meados dos anos 60, ficou conhecido tocando com o conjunto Fórmula 7. Depois disso, acompanhou nomes famosos da MPB, a exemplo de Elizeth Cardoso, **Marlene**, Elza Soares, **Dóris Monteiro**, **Luiz Eça** e Elis Regina – com quem ficou por três anos. O encontro dos dois em *Samambaia*, segundo César, foi a realização de um velho sonho, mas também a confirmação da profunda proximidade "musical e sensitiva" entre eles. Juntos, protagonizaram momentos de intensa beleza, a começar pela faixa inaugural, "*Samambaia*", um **choro** moderno que, logo de cara, desafia as estruturas tradicionais do gênero ao expor a terceira parte antes das demais. César, autor dessa preciosidade – que é, talvez, o ponto mais alto da obra –, também responde pelas ótimas "*Curumim*", "*Choratta*" e "*Maria Rita*". Delmiro, por sua vez, compôs três temas, dentre os quais se destaca o melódico "*Ninhos*". As demais faixas são releituras bastante interessantes de peças de autores importantíssimos da MPB: "*Carinhoso*", de Pixinguinha, "*Rancho Fundo*", de **Ary Barroso**, e "*Milagre dos Peixes*", de Milton Nascimento e Fernando Brant – esta última traz citações de "*Cais*" e "*San Vicente*", dois outros sucessos de Milton. *Samambaia* é um disco especial, pois consegue reunir repertório, arranjos, execuções e improvisos de altíssimo nível. Há quem estranhe a presença de um indisfarçável acento jazzístico em alguns instantes – sobretudo nos solos de Delmiro –, mas vale avisar que estes não estão em desacordo com o restante da obra, pois todo o trabalho se funda no rico cruzamento entre as linguagens brasileira e norte-americana.

*Marlene*
Cantora paulista, nascida em 1924, que teve muita popularidade entre meados dos anos 40 e meados dos anos 50, famosa por sua ótima dicção e, acima de tudo, por ter lançados grandes sucessos, a exemplo de "*Qui Nem Giló*" (com Os Cariocas) e "*Lata D'Água*".

*Dóris Monteiro*
Cantora carioca, nascida em 1934, que foi uma das precursoras do estilo de canto da bossa-nova. Algumas canções que marcaram o seu repertório são "*Mocinho Bonito*", "*Mudando De Conversa*" e "*Dó-ré-mi*".

*Luiz Eça*
Pianista, cantor e arranjador carioca, nascido em 1936 e falecido em 1992, que se notorizou por fundar e liderar nos anos 60 o histórico Tamba Trio, cujas principais gravações, infelizmente, ainda não foram editadas em CD.

*Choro*
Gênero musical (inicialmente instrumental) surgido na segunda metade do século XIX cuja linguagem é resultado do abrasileiramento das danças de salão européias, sobretudo, a polca.

*Ary Barroso*
Pianista e compositor memorável da música brasileira, nascido em 1903 e falecido em 1964, autor dos clássicos "*Aquarela Brasileira*", "*É Luxo Só*", "*Morena Boca De Ouro*" e "*Rancho Fundo*", entre outras.

# SAMBA É NO FUNDO DE QUINTAL

1981

Fundo de Quintal

FAIXAS

1. Você Quer Voltar
*G. do Cavaco/P. da Flor*
2. Sou Flamengo, Cacique E Mangueira
*L. C. da Vila*
3. Prazer da Serrinha
*R. da Silva/H. dos Santos*
4. Olha A Intimidade
*A. Guineto/Diogo*
5. Volta Da Sorte
*A. Guineto/L. Ernesto*
6. Marido Da Madame
*B. Sem Braço/L. C. da Vila*
7. Bate Na Viola
*Dida/E. da Viola*
8. Gamação Danada
*A. Guineto/N. da Beija-Flor*
9. Lá No Morro
*Marujo/D. Fia/ A. Guineto*
10. Bar da Esquina
*J. Aragão/Jotabe*
11. Voltar A Paz
*Sereno*
12. Zé Da Ralé
*A. Baixinho/Diogo*

Som Livre

## *No fundo dos nossos quintais*

O samba surgiu na classe mais pobre do Rio de Janeiro, composta, em sua maioria, por negros descendentes de escravos, no início do século XX. Foi um processo demorado, uma lenta fusão de diferentes elementos musicais, como os padrões harmônicos e melódicos do choro e o ritmo do **maxixe** e dos diferentes batuques de ascendência africana que essa população dominava. Dentre os vários endereços onde se desenvolvia o samba, existe um que é considerado seu berço, por excelência: os quintais das **tias baianas**. Nesses quintais, perto daqueles que partilhavam da mesma cultura e longe das vistas da polícia – que, naquele tempo, repreendia severamente as manifestações culturais das classes mais baixas –, foi que os anônimos criadores do samba geraram um 'filho' tão ilustre. Perto do final do século, em 1980, depois de uma longa história, repleta de altos e baixos, alguns sambistas resolveram voltar aos quintais, buscando ali o vigor primitivo. Surgiu então o Fundo de Quintal, grupo vocal e instrumental formado por integrantes do tradicional **bloco carnavalesco** carioca Cacique de Ramos (a primeira formação do conjunto foi: Almir Guineto, Bira Presidente, Jorge Aragão, Neocy, Sereno, Sombrinha e Ubirany). O Fundo de Quintal causou grandes transformações com uma proposta de revalorização da estética dos pagodes, que são reuniões festivas em que se canta e toca samba coletivamente. A primeira delas foi na forma de mixar seus discos, botando a excelente percussão do grupo em primeiro plano. A segunda, na própria forma de se tocar samba: o conjunto colaborou para a introdução de novos instrumentos no acompanhamento (o repique-de-mão, trazido por Ubirany, e o banjo tenor, trazido por Guineto) e trouxe inovações rítmicas baseadas diretamente na raiz africana da musica brasileira. A terceira, a preferência pelo canto em coro, também típico dos pagodes, que só é interrompido nos **partidos-altos** – que, tradicionalmente, pedem a intervenção de um ou mais solistas. O primeiro disco do grupo, *Samba É No Fundo De Quintal* (1981) mostra todas essas inovações e uma série de belas composições – quase todas se tornaram famosas –, a exemplo de "*Você Quer Voltar*", "*Sou Flamengo, Cacique e Mangueira*", "*Bate Na Viola*", "*Volta Da Sorte*" e "*Gamação Danada*". Os temas das canções são os assuntos mais tradicionais do samba: amores ("*Voltar À Paz*"), escolas de samba ("*Prazer da Serrinha*"), favelas ("*Lá No Morro*"), malandragem ("*Olha A Intimidade*"), boemia ("*Bar Da Esquina*") e bem humoradas crônicas sociais ("*Zé Da Ralé*"). Quem assina a contracapa do disco é ninguém menos do que a cantora Beth Carvalho, que revelou o grupo em 1979, em seu LP *De Pé No Chão*. O Fundo de Quintal tem sucesso até hoje e foi uma referência fundamental para o modismo do pagode, vivido intensamente pelo Brasil no final da década passada. Da formação original, restam, apenas, Bira Presidente, Sereno e Ubirany. Os demais – exceto o já falecido Neocy – seguiram carreira solo com bastante brilho.

*Maxixe*
Gênero urbano, tocado em ritmo binário, de andamento rápido, muito suingue e dançado com bastante sensualidade, cunhado a partir de uma fusão entre a habanera (cubana), a polca (bohêmia) e a síncope brasileira.

*Tias Baianas*
Negras da Bahia, descendentes de escravos, que exerciam forte liderança cultural, espiritual e econômica entre a população de baixa renda do Rio de Janeiro, do final do século XIX até as primeiras décadas do século XX. O sambista Neocy, do Fundo de Quintal, era filho do lendário sambista João da Baiana (1887-1974), e neto de uma dessas baianas, a Tia Prisciliana de Santo Amaro.

*Bloco Carnavalesco*
Agrupamento de pessoas que se reúnem para cantar e dançar nas ruas nos dias de carnaval. Menos organizado e luxuoso do que uma escola de samba, o bloco tem sua força na espontaneidade e na maior liberdade de seus desfiles.

*Partido-alto*
Variedade de samba muito próxima à música africana, devido à predominância do ritmo, à repetição dos motivos melódicos e ao sentido lúdico marcante em sua origem – o partido alto se constituía de um refrão cantado, em coro, e uma estrofe improvisada, cantada solo. Atualmente, são poucos os que improvisam versos e participam de autênticos desafios no partido alto.

# SECOS E MOLHADOS
1973

Secos e Molhados

FAIXAS

1. Sangue Latino
*J. Ricardo/P. Mendonça*
2. O Vira
*J. Ricardo/Luli*
3. O Patrão Nosso De Cada Dia
*J. Ricardo*
4. Amor
*J. Ricardo/J. Apolinário*
5. Primavera Nos Dentes
*J. Ricardo/J. Apolinário*
6. Assim Assado
*J. Ricardo*
7. Mulher Barriguda
*J. Ricardo/S. Trindade*
8. El Rey
*G. Conrad/J. Ricardo*
9. Rosa De Hiroshima
*G. Conrad/V. de Moraes*
10. Prece Cósmica
*J. Ricardo/C. Ricardo*
11. Rondó do Capitão
*J. Ricardo/M. Bandeira*
12. As Andorinhas
*J. Ricardo/C. Ricardo/A. Nobre*
13. Fala
*J. Ricardo/Luli*

Continental (Warner)

*"Que do bolso de cada um dos quatro voem pombas brancas!"*

A partir do final dos anos 60, mas, sobretudo, na década seguinte, o rock feito no Brasil mudou bastante. A leveza sonora e temática da **Jovem-Guarda**, estabelecida no início dos 60, deu lugar à larga experimentação de sons mais pesados e distorcidos, além de letras e posturas bem mais irreverentes e desafiadoras. Em meio a essa transformação, surgiu o grupo Secos e Molhados, formado em São Paulo, em 1973, por João Ricardo, Ney Matogrosso, Gerson Conrad e Marcelo Frias. O Secos e Molhados combinava as influência do rock – principalmente, do rock inglês dos anos 60 – e, em menor parte, do blues, com a atitude libertária propagada pelo **tropicalismo**, refletida na poética e no visual exuberante do grupo, que se apresentava com coreografias sensuais, roupas extravagantes e os rostos pintados. Esse visual quase teatral – enfatizado no auto-retrato feito em "*Prece Cósmica*" – foi concebido por João Ricardo, idealizador, líder e principal compositor do conjunto. Ao seu lado, dividindo as atenções, estava o cantor Ney Matogrosso, dono de uma voz bela e incomum, com seu registro agudo, próximo da voz feminina de contralto. Ney chamava a atenção do público e despertava muita polêmica com sua aparência andrógina, que se realçava nas coreografias provocativas que encenava. O Secos e Molhados, logo em seu primeiro disco (intitulado *Secos e Molhados*, 1973), conseguiu a impressionante vendagem de 800.000 cópias e se estabeleceu como um grande fenômeno da MPB. Canções como "*O Vira*" – um rock que surpreende ao misturar alguns compassos da dança portuguesa "o vira" – ficaram rapidamente conhecidas em todo o Brasil. Outro grande sucesso do disco foi a faixa "*Sangue Latino*", que, em seus versos, trazia uma saudável rebeldia terceiro-mundista temperada musicalmente pelo saboroso acento caribenho. Essa rebeldia, que permeia toda a obra, é evidente em outras peças, como "El Rey", "*O Patrão Nosso De Cada Dia*" e "*Primavera Nos Dentes*". Até mesmo nas composições mais líricas, a exemplo da interessante "*Amor*", percebe-se a busca por caminhos diferentes e conflituosos com o conservadorismo da época. Em muitos aspectos, o Secos e Molhados distinguia-se por sua ousadia, e são provas dessa coragem as três canções do disco que foram compostas sobre poemas antológicos da língua portuguesa: "*Rondó Do Capitão*", de **Manuel Bandeira**, "*A Andorinhas*", de **Antônio Nobre**, e "*Rosa De Hiroshima*", de Vinícius de Moraes – a última, aliás, teve grande êxito, e em boa parte devido à belíssima interpretação que lhe deu Ney Matogrosso. Outro atestado de sua audácia é a experiência com um sintetizador, então bastante rara no Brasil, feita na faixa "*Fala*". Mesmo ovacionado, o Secos e Molhados não chegou a completar dois anos com sua formação original. De todos os seus integrantes, Ney Matogrosso foi o único que conseguiu, sozinho, resultados comparáveis aos obtidos pelo grupo em sua curtíssima trajetória. A arte do Secos e Molhados, porém, ficou impressa para sempre na memória da MPB.

*Jovem-Guarda*
Grupo de artistas, tidos como meninos inocentes, liderado por Roberto Carlos e Erasmo Carlos, introdutor do rock no Brasil no início dos anos 60.

*Tropicalismo*
Movimento de vanguarda estética do final da década de 60, também chamado de Tropicália, liderado por Caetano Veloso e Gilberto Gil, que se baseava na combinação de elementos musicais bastante díspares e no radical experimentalismo sonoro.

*Manuel Bandeira*
Poeta e escritor pernambucano, nascido em 1866 e falecido em 1968, autor de "*Poética*" e "*Vou-me Embora Pra Pasárgada*", e outras obras.

*Antônio Nobre*
Poeta português, nascido em 1867 e falecido em 1900, autor de "*Balada Do Caixão*", "*Lusitânia No Bairro Latino*" e outros poemas.

# SOMOS TODOS IGUAIS NESTA NOITE

1977

Ivan Lins

FAIXAS

1. Quadras de Roda (Passarinho Cantou/ Marinheiro/Meu Amor Não Sabia/Água Rolou n° 1/Água Rolou n° 2)
*Ivan Lins/Vitor Martins*
2. Um Fado
*Ivan Lins/Vitor Martins*
3. Dinorah, Dinorah
*Ivan Lins/Vitor Martins*
4. Aparecida
*Ivan Lins/M. Tapajós*
5. Velho Sermão
*Ivan Lins/R. M. de Souza*
6. Choro Das Águas
*Ivan Lins/Vitor Martins*
7. Somos Todos Iguais Nesta Noite
*Ivan Lins/Vitor Martins*
8. Mãos De Afeto
*Ivan Lins/Vitor Martins*
9. Dona Palmeira
*Ivan Lins/Vitor Martins*
10. Ituverava
*Ivan Lins/Vitor Martins*
11. Qualquer Dia
*Ivan Lins/Vitor Martins*

EMI

## *Acima de rótulos e preconceitos*

A tensão política que o Brasil viveu durante a ditadura militar instaurada em 1964 teve efeitos muito negativos na produção cultural nacional. O principal deles, fruto da radicalização das posturas da direita dominante e da esquerda descontente, foi o surgimento de implacáveis estruturas de vigilância e repressão: por um lado, a censura e a violência do governo; por outro lado, a dura patrulha ideológica de boa parte da imprensa e do meio artístico, nichos que concentravam muitos esquerdistas. Infelizmente, houve artistas, como o compositor, cantor e pianista Ivan Lins, que sofreram com ambas. O carioca Ivan estava se graduando em química no final dos anos 60, quando começou a investir sério em música, sua paixão. Em 1970, houve uma grande reviravolta em sua vida, com o inesperado sucesso da gravação de sua "*Madalena*", por Elis Regina, e com o 2° lugar alcançado num grande **festival de MPB** com "*O Amor É O Meu País*", defendida por ele próprio. Subitamente, o rapaz teve grande projeção. Porém, como não mostrava qualquer interesse por política – o que era interpretado como uma adesão ao regime –, passou a sofrer rejeição por parte dos "politizados". Pressionado, Ivan logo se afastou da mídia e só reapareceu em 1974, depois de se unir ao bom letrista Victor Martins e inaugurar uma nova fase em sua carreira. O Lp *Somos Todos Iguais Nesta Noite* (1977), ótimo representante dessa transformação, mostra que, musicalmente, a mudança não foi grande, pois Ivan continuava sendo um excelente criador de melodias e harmonias – notoriamente influenciadas pela bossa-nova e pelo jazz –, como as da requintada "*Mãos De Afeto*". Foi nas letras contestadoras, como a de "*Qualquer Dia*" ("...Logo, quem me julgava morto/Vai morrer de medo e susto/Quando abrir a porta"), que se deu a grande cisão, uma resposta muito convincente às acusações do passado. Embora também tivesse momentos líricos, como "*Choro Das Águas*", a parceria com Victor privilegiava mesmo a crítica político-social, que se pode ouvir em "*Quadras De Roda*" e "*Um Fado*" – esta traçava um paralelo com a igualmente turbulenta situação por que passara Portugal. Curiosamente, é numa das poucas canções de que Victor não participa que se encontram os versos mais contundentes contra a ditadura militar: "*Aparecida*", feita com Maurício Tapajós, que arriscou-se a falar quase abertamente sobre o tormento dos presos políticos. Outra característica do trabalho de Ivan nesse período era o sentimento de integração nacional de suas composições, que exploram ritmos e sonoridades diferentes do país, a exemplo do **baião,** em "*Velho Sermão*", da **marcha-rancho**, em "*Dona Palmeira*" e da **música sertaneja**, na belíssima "*Ituverava*". Contudo, a segunda fase da carreira de Ivan Lins não se limitou ao resgate de sua reputação, sendo também um período de muito sucesso. Isso se comprova pelas duas canções do disco que se tornaram mais populares: "*Somos Todos Iguais Nesta Noite*" e "*Dinorah, Dinorah*". Ambas são pedidas em seus shows até hoje.

*Festivais de MPB*
Os festivais musicais de televisão, que premiavam compositores e intérpretes, tiveram grande repercussão e importância na segunda metade década de 60, reunindo artistas das mais variadas tendências e revelando nomes como Caetano Veloso, Chico Buarque, Edu Lobo, Elis Regina, Gilberto Gil, e muitos outros.

*Baião*
Canto e dança de ritmo binário, originário do interior do nordeste brasileiro, popularizado em âmbito nacional por Luiz Gonzaga.

*Marcha-Rancho*
Adaptação brasileira das marchas militares, tocada em andamento lento, que foi usada, inicialmente, em cortejos religiosos e, pouco depois, em blocos carnavalescos.

*Musica Sertaneja*
Nome genérico que, desde o início do século XX, designa as inúmeras variedades da música rural brasileira nas zonas urbanas.

# SONGBOOK JOÃO DONATO

1999

Vários Artistas

FAIXAS

✔ Faixas escolhidas

1. Simples Carinho
*J. Donato/A. Silva*
2. Brisa Do Mar
*J. Donato/A. Silva*
3. Nua Idéia
*J. Donato/C. Veloso*
4. Bananeira
*J. Donato/G. Gil*
5. Mentiras
*J. Donato/L. Ênio*
6. Sambou... Sambou...
*J. Donato/J. Mello*
7. Até Quem Sabe
*J. Donato/L. Ênio*
8. A Rã
*J. Donato/C. Veloso*
9. Café Com Pão
*J. Donato/L. Ênio*
10. Terremoto
*J. Donato/P. C. Pinheiro*
11. Amor Perfeito
*J. Donato/M. Moreira*
12. Minha Saudade
*J. Donato/João Gilberto*
13. Depois Do Natal
*J. Donato/L. Ênio/J. Mello*
14. A Paz
*J. Donato/G. Gil*
15. Amazonas
*J. Donato/L. Ênio*
16. Lua Dourada
*J. Donato/F. Nilo*
17. Lugar Comum
*J. Donato/G. Gil*
18. Fonte Da Saudade
*J. Donato/L. Ênio*

Lumiar Discos

## *A complexa simplicidade de Donato*

Os 3 volumes da série *Songbook* dedicados ao compositor e multi-instrumentista João Donato representam bem sua riquíssima obra, trazendo belas regravações assinadas por ele e por outros grandes nomes da MPB, como Chico Buarque ("*Brisa Do Mar*"), Moraes Moreira ("*Amor Perfeito*"), Caetano Veloso ("*O Fundo*"), Nana Caymmi ("*Até Quem Sabe*"), Johnny Alf ("*Quem Diz Que Sabe*"), João Bosco ("*Mentiras*" e "*Nossas Últimas Viagens*") e Os Cariocas ("*Lua Dourada*") . No começo dos anos 50, em meio à efervescência musical que logo culminaria na bossa-nova, o menino João Donato era tido como um prodígio pelos colegas de palco dos bares noturnos do Rio de Janeiro. Nascido em 1934, na distante capital do Acre, Rio Branco, Donato era um músico inovador, fosse no acordeom, que tocava desde a infância, fosse no piano, em que começara a se exercitar havia pouco. Suas harmonias, aprendidas em discos de jazz norte-americano, eram muito elaboradas, enquanto seu senso rítmico, preciso e econômico, seguia os caminhos da música brasileira. Já no final da década, Donato começou a despontar também como compositor, sobretudo graças à melodia "*Minha Saudade*", prontamente adotada como um standart pelos músicos cariocas e que, pouco depois, chegaria ao repertório dos cantores com uma letra escrita por seu amigo João Gilberto – assim foi regravada por Gilberto Gil em *Songbook João Donato*. Em 1959, quando a bossa-nova dava seus primeiros passos para a glória, João Donato foi para os Estados Unidos, onde brilhou por mais de uma década, mas menos como um introdutor da bossa, do que como um artífice do revigoramento do jazz latino, que dominava muito bem. Na temporada norte-americana, Donato criou alguns de seus temas mais conhecidos, a exemplo dos ótimos "*Depois Do Natal*" (relido por Djavan), "*Sambou... Sambou...*" (relido por Joyce), "*Amazonas*" (relido por **Verônica Sabino** e **Leandro Braga**) e "*O Sapo*" (relido por Guinga e Daniela Mercury, mas na versão mais famosa, de 1972, com versos de Caetano Veloso, rebatizada "*A Rã*"). De volta ao Brasil, no início da década de 70, mas sem o mesmo prestígio que seus colegas de geração tinham por aqui, Donato acertou ao inaugurar uma nova etapa de sua carreira, dando bastante mais atenção às músicas cantadas. Suas composições, caracterizadas por uma elegante e eficiente simplicidade rítmica e melódica, facilitavam o trabalho dos letristas, ao passo que suas harmonias sofisticadas lhes garantiam uma sonoridade sempre moderna. Destacamse, nessa fase, suas parcerias com Gilberto Gil (como "*Lugar Comum*" e "*Bananeira*"), Caetano Veloso (como "*Nua Idéia*" e "*Surpresa*"), **Paulo César Pinheiro** (como "*Terremoto*" e "*Chorou, Chorou*"), **Abel Silva** (como "*Os Caminhos*" e "*Os Verbos Do Amor*") e seu irmão, o poeta Lysias Ênio (como "*Café Com Pão*" e "*Fonte Da Saudade*"). Dois sucessos que marcaram esse período, "*Simples Carinho*" (de 1983, com Abel Silva) e "*A Paz*" (de 1986, com Gilberto Gil), foram magistralmente reinterpretados por Gal Costa e Rosa Passos (respectivamente).

*Verônica Sabino*
Intérprete carioca, nascida em 1960, que gravou com sucesso "*Demais*" (versão de "*Yes, It Is*", de John Lennon e Paul McCartney, feita por Zé Rodrix e Miguel Paiva) e "*Todo Sentimento*" (de Chico Buarque e Cristóvão Bastos).

*Leandro Braga*
Compositor, pianista e arranjador paulista, nascido em 1952, que tem trabalhado com grandes nomes da MPB, a exemplo de Johnny Alf, Chico Buarque, Tim Maia e Beth Carvalho.

*Abel Silva*
Compositor fluminense, nascido em 1943, autor de "*Festa Do Interior*" (com Moraes Moreira) e "*Jura Secreta*" (com Sueli Costa), entre outros sucessos.

*Paulo César Pinheiro*
Compositor carioca, nascido em 1949, autor de "*Lapinha*" (com Baden Powell), "*Matita Perê*" (com Tom Jobim) e outros tesouros do cancioneiro nacional.

✔ Faixas escolhidas

1. Três Apitos
*Noel Rosa*
2. Tarzan, Filho Do Alfaiate
*Noel Rosa/Vadico*
3. Com Que Roupa
*Noel Rosa*
4. Feitio De Oração
*Noel Rosa/Vadico*
5. Cor de Cinza
*Noel Rosa*
6. Último Desejo
*Noel Rosa*
7. Gago Apaixonado
*Noel Rosa*
8. Pela Décima Vez
*Noel Rosa*
9. Conversa De Botequim
*Noel Rosa/Vadico*
10. Quando O Samba Acabou
*Noel Rosa*
11. O Orvalho Vem Caindo
*Noel Rosa/K. Pepe*
12. Feitiço da Vila
*Noel Rosa/Vadico*
13. Meu Barracão
*Noel Rosa*
14. João Ninguém
*Noel Rosa*
15. As Pastorinhas
*Noel Rosa/J. de Barro*
16. Cem Mil Réis
*Noel Rosa/Vadico*
17. Pra Esquecer
*Noel Rosa*
18. Palpite Infeliz
*Noel Rosa*
19. Não tem Tradução
*Noel Rosa*
20. O 'X' Do Problema
*Noel Rosa*

Lumiar Discos

# SONGBOOK NOEL ROSA

Vários Artistas

## *A MPB homenageia um de seus maiores mestres*

Noel Rosa foi um dos maiores fenômenos da música brasileira. Em menos de uma década de atividade – ele faleceu aos 26 anos, em 1937, vítima de tuberculose –, compôs quase trezentas músicas que revolucionaram o samba e construíram uma sólida ponte ligando a música dos **morros** à dos bairros mais ricos do Rio de Janeiro. Aliás, o Rio dos anos 20 e 30 é o principal cenário das canções de Noel, que o retrataram em crônicas bem-humoradas e, por vezes, muito contundentes. Do ponto de vista formal, sua intervenção se fez sentir em vários aspectos: primeiro, no tipo de linguagem que utilizou (simples, popular, direta, sem os exageros **parnasianos** em moda na época, mas sem abrir mão da elegância dos versos); em segundo lugar, Noel foi importante para a construção da própria identidade do samba, na medida em que foi um grande divulgador da inovação rítmica criada no **Estácio de Sá**; por fim, ainda que não tenha concebido harmonias especialmente sofisticadas, Noel foi bastante inventivo nas melodias, as quais, posteriormente, suscitaram ricas rearmonizações. Exemplos de tratamento sofisticado aos clássicos de Noel são as interessantíssimas versões de Tom Jobim para "*Três Apitos*" e "*João*

*Ninguém*", registradas no álbum *Songbook Noel Rosa*. Esse disco, um belo tributo ao compositor, reuniu uma série de grandes nomes da MPB, desde Nelson Gonçalves, dono de um vozeirão possante que encantou o público das décadas de 40 e 50, até o roqueiro Eduardo Dusek, que apareceu com sucesso nos anos 80. Todos os artistas convidados, cada qual no seu estilo, buscaram traduzir o espírito do homenageado, cuja sombra se estende por toda a produção brasileira. Houve até alguns que se arriscaram bastante ao alterar o próprio ritmo das canções, gerando resultados curiosos. São eles Dusek, em "*Quem Dá Mais?*", e o *soulman* Cassiano, em "*Pra Quê Mentir?*". Os demais, que se mantiveram mais fiéis à linguagem original das canções, também surpreendem nas interpretações. Entre os que se destacam, estão Djavan (em "*Tarzan, O Filho Do Alfaiate*"), Gilberto Gil (em "*Com Que Roupa*"), João Nogueira e Luiz Melodia (em "*Feitio de Oração*"), Gal Costa e Marco Pereira (em "*Último Desejo*"), João Bosco (em "*Gago Apaixonado*"), Caetano Veloso (em "*Meu Barracão*"), Moraes Moreira (em "*As Pastorinhas*") e Os Cariocas (em "*Palpite Infeliz*"). Infelizmente, as duas principais intérpretes do compositor (suas contemporâneas Aracy de Almeida e Marília Batista) já haviam morrido quando *Songbook Noel Rosa* foi gravado (em 1991, sob o comando do músico e editor Almir Chediak). Porém, o disco traz, em três faixas ("*Feitio De Oração*", "*Conversa De Botequim*" e "*Não Tem Tradução*"), a voz e o suingue de um ocasional e valiosíssimo intérprete de Noel: João Nogueira (1941-2000). Ele, que conhecia samba como poucos, cultivava uma verdadeira idolatria por Noel Rosa e o apontava como um dos três maiores sambistas de todos os tempos. Quem seriam os outros dois, é discutível, mas, quanto a Noel, João estava absolutamente certo.

*Morros*
Os morros do Rio de Janeiro acolheram a população de baixa renda do Rio de Janeiro que foi expulsa dos casebres do centro da cidade no processo de reurbanização ocorrido a partir dos últimos anos do século XIX. Sua população, de maioria negra, foi fundamental na criação do samba.

*Estácio de Sá*
Bairro carioca em que surgiu a primeira escola de samba do Brasil (a Deixa Falar) e que foi reduto de célebres sambistas como Ismael Silva, Bide e Marçal. Os sambistas do Estácio alteraram a rítmica do samba primitivo para facilitar a dança nos desfiles carnavalescos.

*Maxixe*
Gênero urbano, de andamento rápido e ritmo binário, dançado com bastante sensualidade nos salões brasileiros do século XIX. Cunhado a partir de uma fusão entre a habanera (cubana), a polca (bohêmia) e a síncope brasileira, o maxixe foi um dos elementos fundamentais para a gênese do samba.

## SUA MAJESTADE O REI DO RITMO

1997

Jackson do Pandeiro

**FAIXAS**

1. Forró em Caruaru
*Z. Dantas*
2. Cabo Tenório
*R. Cavalcanti*
3. O Canto da Ema
*A. Cavalcante/ A. Vianna/ J. do Vale*
4. Sebastiana
*R. Cavalcanti*
5. Cremilda
*E. Ferreira*
6. Coco de Improviso
*E. Menezes/A. Cavalcanti/J. do Pandeiro*
7. Xote de Copacabana
*J. do Pandeiro*
8. Mulher do Aníbal
*G. Macedo/ N de Paula*
9. 1 x 1
*E. Ferreira*
10. Coco Social
*R. Cavalcanti*
11. Falsa Patroa
*G. Jacques/ I. de Freitas*
12. O Crime Não Compensa
*G. Macedo/ E. Clemente*

Continental

### *A pulsação do sertão nordestino*

Do início do século XIX até a década de 60 do século passado, o Rio de Janeiro foi o centro da música brasileira. A imensa maioria dos artistas de outros estados que alcançaram reconhecimento nacional precisou, antes, passar pela cidade e conseguir seu aval. O nordeste brasileiro, de cultura sabidamente rica e muito musical, conquistou o público carioca diversas vezes, como nos anos 20, com as emboladas dos Turunas da Mauricéia e dos Turunas Pernambucanos, ou na segunda metade dos 40, quando Luiz Gonzaga consagrou-se o Rei do Baião. Um lance importante na interação dos nordestinos com a cultura do Rio e do resto do país se deu em 1956, com o aparecimento de um originalíssimo intérprete de **xotes**, **cocos**, **baiões** e **rojões** chamado Jackson do Pandeiro. Jackson nasceu na Paraíba, em 1919, filho da cantora e folclorista Flora Mourão, que o introduziu na música logo aos 7 anos de idade. Seus primeiros trabalhos foram como percussionista, o que explica seu espantoso senso rítmico e o apelido "do Pandeiro". Já aos 20 anos de idade, Jackson era profissional de rádio em João Pessoa, capital da Paraíba, tocando e cantando os ritmos locais (hoje chamados genericamente de forró). Mais tarde, morando em Recife, Pernambuco, o artista entrou em contato com o também músico e compositor Rosil Cavalcanti, e juntos formaram uma dupla de grande êxito regional que, inclusive, levou-o às suas duas primeiras gravações em disco, as hoje clássicas "*Sebastiana*" e "*Forró Em Limoeiro*" (de 1953). Três anos mais tarde, já casado com a dançarina e cantora Almira, Jackson foi tentar a sorte no Rio, onde conseguiu sucesso e respeito, tendo seu nome projetado para todo o Brasil. O álbum *Sua Majestade – O Rei Do Ritmo*, excelente representante da obra desse artista genial, reúne algumas de suas primeiras preciosidades (a exemplo das duas canções citadas), lançadas originalmente em discos de 78 rpm. O CD mostra Jackson cantando dos versos e ritmos ariscos do sertão nordestino (nas algo violentas "*Cabo Tenório*" e "*O Crime Não Compensa*"), ao forró mais afinado com a cultura das grandes cidades (nas espirituosas "*Coco Social*" e "*Xote De Copacabana*"). O samba carioca, que logo entrou no seu repertório, pode ser ouvido na brejeira "*Falsa Patroa*". Em todas essas variedades musicais, Jackson é brilhante, com uma voz sertaneja que incorporou rapidamente a graça da malandragem carioca. Sua maior qualidade se encontra na complexa – e, talvez, inigualável – divisão rítmica de seu canto. Os exemplos dessa excelência são fartos em *Sua Majestade - O Rei do Ritmo*, mas vale a pena ouvir com bastante atenção as indefectíveis "*Forró Em Caruaru*", "*O Canto Da Ema*", "*1 x 1*", "*Coco De Improviso*" e "*Sebastiana*". Jackson do Pandeiro, legitimamente coroado "O Rei do Ritmo", faleceu pobre e quase esquecido em 1982. De qualquer forma, artistas como Gilberto Gil, Alceu Valença, Zé Ramalho e Elba Ramalho, entre muitos outros, mostram que seu legado musical é imortal.

*Xote*
Ritmo binário nordestino que é uma livre apropriação do schottisch europeu, chegado ao Brasil no século XIX.

*Coco*
Ritmo binário tradicional surgido no interior do nordeste brasileiro. Acredita-se que sua origem esteja nos cantos e batuques dos escravos negros.

*Baião*
Canto e dança de ritmo binário, originário do interior do nordeste brasileiro, popularizado em âmbito nacional por Luiz Gonzaga.

*Rojão*
Forma musical que ocorre no nordeste e no norte do Brasil, de ritmo parecido com o do coco e de encadeamento verbal semelhantes aos da embolada.

# TAMBA

1974

Tamba Trio

FAIXAS

1. Se É Questão De Adeus Até Logo
*Tom/Dito*
2. Não Tem Perdão
*I. Lins/R. M. de Souza*
3. Reflexos
*L. Eça/F. Quinderé*
4. Gazela
*Bebeto/A. N. Milito*
5. Mestre Bimba
*L. Eça/H. Milito/Bebeto*
6. Ossain Bamboxê
*A. Carlos/Jocafi/I. Tavares*
7. Em Casa
*C. Vereza/L. Eça*
8. Suíte De Sambas: Pra Machucar Meu Coração/Rosa Maria/Não Tenho Lágrimas( *A. Barroso*)/(*A. Sila/ E.Silva*)/(*M. Bulhões/M. de Oliveira*)
9. Quadros
*L. Eça*
10. Não Tem Nada Não
*M. Valle/J. Donato/E. Deodato*
11. O Homem
*L. Eça*
12. Morada
*J. Bosco/A. Blanc*
13. Amanhangá
*Tom/Dito*
14. Infinito
*L. Eça/H. Milito/Bebeto*

RCA (BMG)

## *O trio dos trios da bossa-nova*

Um capítulo importante da bossa-nova começou a ser escrito no final de 1961, nas noites do **Beco das Garrafas**, com o aparecimento do célebre Tamba Trio, cuja formação principal tinha os cariocas Luiz Eça (voz, piano e arranjos) e Bebeto (voz, contrabaixo e flauta) e o paulista Hélcio Milito (voz e percussão). Seu grande sucesso pode ser medido, tanto pelos vários discos que gravou (o importante *Tamba Trio*, de 1962, foi o primeiro), quanto pelo modismo que desencadeou em torno dos trios de formato jazzístico (piano, contrabaixo e bateria). Em tempo: sempre que podia, o grupo substituía a bateria pelo instrumento que lhe dava nome, a **tamba**, inventada por Hélcio Milito no final dos anos 50, que consistia numa interessante série de tambores, pedaços de bambu, frigideiras e outras peças menos comuns de percussão. Além da espantosa competência musical de seus integrantes, chamava a atenção do público o fato de serem o primeiro grande trio vocal e instrumental do país. A relação entre seus integrantes, entretanto, sempre foi tensa e, em 1964, essa formação principal foi desfeita, sendo retomada somente em 1974. Foi quando Luiz, Hélcio e Bebeto gravaram o memorável álbum *Tamba*, que estava longe de ser um revival da música que fizeram nos anos 60. As novidades começam pela sonoridade original que desenvolveram, fruto da menor ênfase dada aos complexos arranjos vocais que outrora os caracterizavam e da séria busca por sons instrumentais diferentes, tais como a da guitarra distorcida tocada por Bebeto na ótima "*Se É Questão De Adeus Até Logo*" ou a dos modernos sintetizadores utilizados por Luiz Eça em diversas peças. Nessas novas experiências, embora de maneira mais discreta, a bossa-nova continuava sendo a principal referência, tanto nos seus requintados arranjos e composições – "*Gazela*" é um exemplo, com seu romantismo suave e sofisticado –, quanto nas contidas interpretações vocais utilizadas (geralmente, conduzidas por Bebeto) e na proposta de releitura do acervo musical brasileiro. Esta, fica explícita no pot-pourri "*Suíte De Sambas*", que traz os clássicos "*Pra Machucar Meu Coração*", "*Rosa Maria*" e "*Não Tenho Lágrimas*". Os 5 temas instrumentais de *Tamba* pouco remetem à batida da bossa, mas são tributários diretos de suas conquistas com seu impressionante refinamento rítmico, melódico e harmônico. São eles os introspectivos "*Reflexos*" e "*Em Casa*", o sereno "*O Homem*", o instigante "*Quadros*" – que cativa por sua estruturação inusitada sobre um *ostinatto* criado em compassos de 7/8 –, e o vibrante "*Mestre Bimba*", que se tornou uma das faixas mais conhecidas do disco. Nas obras alheias adotadas há a evidente preocupação de se exaltar, menos autores já estabelecidos – como os bossanovistas **Marcos Valle**, João Donato e **Eumir Deodato**, de "*Não Tem Nada Não*" –, do que jovens promissores, como as duplas Ivan Lins e Ronaldo Monteiro ("*Não Tem Perdão*"), João Bosco e Aldir Blanc (em "*Morada*"), Tom e Dito ("*Amanhangá*") e Antônio Carlos e Jocafi (em "*Ossain Bamboxê*").

*Beco das Garrafas*
Viela carioca repleta de bares noturnos que, nos anos 60, foi um dos mais importantes redutos bossanovistas do Brasil.

*Tamba*
O instrumento inventado por Hélcio tinha como objetivo explorar sons mais orgânicos e, possivelmente, mais apropriados do que os da bateria tradicional para se tocar ritmos brasileiros.

*Marcos Valle*
Compositor, Arranjador, instrumentista e cantor carioca, nascido em 1943, autor de "*Eu Preciso Aprender A Só Ser*", "*Samba De Verão*" (ambas feitas com Paulo Sérgio Valle, seu irmão) e outros sucessos. Uma curiosidade: sua primeira música gravada foi "*Sonho De Maria*" (com Paulo Sérgio Valle), registrada pelo Tamba Trio em 1963.

*Eumir Deodato*
Compositor, instrumentista e arranjador carioca, nascido em 1943, autor de "Razão De Viver", "*Não Tem Nada Não*" (com Marcos Valle e João Donato) e outras obras.

# THE HIPS OF TRADITION

1992

Tom Zé

1. Ogodô, ano 2000
*Tom Zé* - english lyrics by *J. Fischer*
2. Sem a letra "A"
*Tom Zé/ E. Andreato*
3. Feira de Santana
*Tom Zé*
4. Sofro de juventude
*Tom Zé/ E. Sandoli*
5. Cortina 1
*D. Bowne/ A. Lindsay/ C. Baptista/ Tom Zé*
6. Taí
*J. de Carvalho*
7. Iracema
*A. Barbosa*
8. Fliperama
*Tom Zé*
9. Amor velho-menina
*Tom Zé*
10. Cortina 2
*D. Bowne/ A. Lindsay/ C. Baptista/ Tom Zé*
11. Tatuarambá
*Tom Zé* - english lyrics by *J. Fischer*
12. Jingle do disco
*Tom Zé* - english lyrics by *J. Fischer*
13. Lua-gira-sol
*Tom Zé*
14. Cortina 3
*D. Bowne/ A. Lindsay/ C. Baptista/ Tom Zé*
15. Multiplicar-se única
*Tom Zé*
16. Cortina 4
*D. Bowne/ A. Lindsay/ C. Baptista/ Tom Zé*
17. O pão nosso de cada mês
*Tom Zé*
18. Amar
*Tom Zé*

Luaka-Bop

## *Redescobrindo um descobridor*

Tom Zé nasceu no ano de 1936, em Irará (Bahia), uma pequena cidade fincada no sertão do nordeste brasileiro. É um lugar onde sobrevive a cultura oral, transmitida de geração para geração pela fala, pelo canto, o que explica, em boa parte, a exuberante musicalidade que desenvolveu. Outra grande influência na sua primeira formação musical foi a das transmissões radiofônicas de Luiz Gonzaga e, principalmente, Jackson do Pandeiro. Mais tarde, Tom Zé somou a essa herança os estudos de música erudita, feitos em Salvador, que o puseram em contato com o que havia de mais sofisticado na tradição ocidental e que explicam seu profundo fascínio por Beethoven e Schöemberg. A aparição de Tom Zé em âmbito nacional se deu após sua mudança para São Paulo, em 1965, quando foi integrar o elenco do musical de vanguarda *Arena canta Bahia*. No espetáculo, também estavam os então iniciantes Caetano Veloso, Gilberto Gil, Gal Costa e Maria Betânia que, em 1968 (mas sem Betânia), deram início ao **tropicalismo**. Também em 1968, Tom Zé atingiu seu primeiro sucesso: "*São São Paulo, Meu Amor*", vencedora de um grande festival. Nos anos seguintes, o artista persistiu nas idéias de vanguarda, mas, aos poucos, talvez pela complexidade de sua obra, ficou marginalizado no Brasil. Foi nos anos 90 que o músico e produtor norte-americano David Byrne o "descobriu" e resolveu levar sua música para os EUA, produzindo um álbum que representa o resgate de Tom Zé: *The Hips of Tradition* – Byrne, inclusive, participou da composição de quatro peças curtas, nomeadas *Cortina* e numeradas *1*, *2* , *3* e *4*. O disco possui os traços característicos de Tom Zé: experimentação, radicalidade e criatividade. Percebe-se no álbum um esforço deliberado de Tom Zé para inviabilizar qualquer classificação de sua música, distorcendo as características das canções na execução e fazendo com que cada uma 'invente' seu próprio gênero. A mistura de fragmentos heterogêneos – brasileiros ou não – dá o tom do disco sem, contudo, simular uma idéia de unidade. Tom Zé dá ênfase em cada um dos fragmentos buscando, justamente, quebrar a suposta unidade da obra musical. Por esse motivo, "*Taí*", sucesso na voz da lendária Carmen Miranda, suscita uma versão em que se sucedem dois ritmos distintos entre si e do original. A versão de Tom Zé, bem como sua releitura de "*Iracema*", não se presta a ser uma imitação ou uma adaptação do original: é um novo produto, distinto e de valor próprio. Também nas letras há uma mistura fecunda que dificulta as classificações: algumas são marcadas por recursos da **poesia concreta**, como a faixa "*Fliperama*", outras por onomatopéias, como "*Ogodô, Ano 2000*", outras por eufonias do **repente** nordestino, claras na boa "*Feira de Santana*"... Tom Zé esperou bastante por sua redenção artística, mas a espera não o deixou amargo. O tom irreverente de composições como "*Sofro de Juventude*", "*O Pão Nosso De Cada Mês*", "*Jingle Do Disco*" e mesmo a lírica "*Amor Velho-Menina*" prova isso.

*Tropicalismo*
Movimento de vanguarda estética do final da década de 60 liderado por Caetano Veloso e Gilberto Gil.

*Poesia concreta*
Gênero poético que tem como principais referências, no Brasil, os irmãos Augusto e Haroldo de Campos. Seu surgimento data da década de 50 e o princípio de que parte é uma evolução das formas que compõem a poesia segundo suas propriedades intrínsecas (som, figura e carga semântica).

*Repente*
Gênero musical típico do sertão do nordeste brasileiro no qual se alternam versos improvisados por dois antagonistas, que medem sua criatividade em longos desafios.

# TRAJETÓRIA
1997

Elza Soares

1. Rio de Janeiro
*Guinga/A. Blanc*
2. Estou Lhe Devendo Um Sorriso
*S. Adriano*
3. Sinhá Mandaçaia
*A. Guineto/Luverci*
4. Bom Dia
*H. Martins*
5. Justa Causa
*N. da Portela/T. Nascimento*
6. Dói Demais
*E. Cruz/N. Lopes*
7. Boato
*J. R. Kelly*
8. Trajetória
*S. Meriti/A. Cruz/ Franco*
9. Lá No Alto Da Colina
*Domenil*
10. Liberdade Para Amar
*E. Soares/I. Melodia*
11. Chuvas De Verão
*F. Lobo*
12. Cuidado, Mané
*L. Grande/A. do Cavaco*
13. Mais Uma Ilusão
*A. Santos/B. Menezes*
14. O Meu Guri
*Chico Buarque*

Universal

## *Uma voz incomparável*

Quando se apresentou pela primeira vez como caloura no rádio, no programa do célebre **Ary Barroso**, Elza Soares tinha apenas 13 anos, era pobre, pesava pouco mais de 30 quilos, usava maria-chiquinhas no cabelo e vestia uma saia larga de sua mãe. Diante de tal figura, e apoiado pela gargalhada da platéia, o ranzinza apresentador perguntou: "De quê planeta você veio?". A resposta foi seca: "Do planeta fome". Quando começou a cantar, fazendo uma voz rouca e arranhada, mas muito afinada, recebeu uma enxurrada de aplausos e o abraço de Ary, que, se desculpando, exclamou: "Senhoras e senhores, neste exato momento acaba de nascer uma estrela". O sucesso, porém, só viria anos mais tarde, com o LP *Se Acaso Você Chegasse*, de 1960. Ao contrário do que se pensa, a inconfundível forma de cantar de Elza Soares não veio do jazz, pois em sua casa nem rádio havia: veio da particularidade de seu aparelho vocal e da simples brincadeira de inventar sons diferentes quando criança. Só posteriormente a cantora pôde enriquecer suas interpretações ouvindo jazz, e foi aí que se apropriou de alguns trejeitos dos negros americanos, como os **portamentos**, **melismas** e o pendor para o som anasalado. Porém, mesmo lembrando a tradição de Billie Holiday e Etta James, seu canto é legitimamente brasileiro, ritmado como o samba mais autêntico do Rio de Janeiro, onde nasceu, em 1937. Além do mais, o que é mais típico do brasileiro do que assimilar e transformar todo produto estrangeiro que lhe cai em mãos? Quando lançou *Trajetória*, em 1997, a cantora estava havia nove anos sem gravar, vivendo um lento afastamento do cenário musical brasileiro, agravado em 1986, pelo trauma da morte do filho que tivera com o fabuloso futebolista Garrincha. De volta aos estúdios, Elza foi atrás de excelentes músicos e arranjadores, como Vittor Santos e Cristóvão Bastos, e de um repertório do mesmo nível, com composições de Guinga e Aldir Blanc, Chico Buarque, Herivelto Martins e outros. Nesse álbum, Elza recriou um sucesso antigo, "*Boato*", de 1962, e viajou por diversos tipos de samba, desde o samba-canção, no clássico "*Chuvas de Verão*", até o **samba-sincopado**, em "*Cuidado, Mané*", que resgata a malandragem de seu mestre **Moreira da Silva**. *Trajetória* traz vários tesouros, como "*Sinhá Mandaçaia*", cantado com Zeca Pagodinho, mas o maior é "*Rio de Janeiro*". Sua letra, que aborda o dia-a-dia carioca por uma perspectiva complexa e atual, é valorizada pela interpretação de Elza. Sua melodia rica e vibrante, por sua vez, permite à cantora mostrar a vastidão dos recursos de sua voz e o domínio completo que tem desse instrumento. Elza Soares construiu uma forma nova de se cantar samba, à qual **Ronaldo Bôscoli** chamou de "bossa-negra" por incorporar à MPB dos jazzistas negros – o que a bossa-nova não fizera. Por sua originalidade, por sua maestria, Elza Soares é, sem dúvida, uma das maiores cantoras brasileiras vivas.

*Ary Barroso*
Memorável pianista e compositor mineiro, nascido em 1903 e falecido em 1964, autor dos clássicos "*Aquarela Brasileira*", "*É Luxo Só*", "*Morena Boca De Ouro*" e "*Rancho Fundo*", entre outras músicas.

*Portamento*
Passagem gradual de uma nota a outra, sem interrupção, que soa como um deslizar.

*Melisma*
Floreado vocal que consiste numa sucessão de notas cantadas para uma única sílaba.

*Samba-Sincopado*
Variedade de samba, consolidada nos morros do Rio de Janeiro, que se caracteriza pela divisão rítmica e acentuação melódica bastante complexas.

*Moreira da Silva*
Célebre cantor e compositor (1902-2000), especialista no samba-sincopado e inventor do samba-de-breque, criado a partir daquele.

*Ronaldo Boscoli*
Músico e compositor da bossa-nova (1929-1994), co-autor de sucessos como "*O Barquinho*".

# TRAMPOLIM
1998

Mônica Salmaso

1.Canto Dos Escravos
*Domínio Público*

2. A Permuta Dos Santos
*Edu Lobo/Chico Buarque*

3. Bate Canela
*Domínio Público*

4. Foi Bôto Sinhá
*W. Henrique/A. Tavernard*

5. Saci
*Guinga/P. C. Pinheiro*

6. O Bem Do Mar
*D. Caymmi*

7. Lenda Praieira
*M. Gil/P. C. Pinheiro*

8. "Ô Minha Gente..."
Apresentado por *Mestra Virgínia*

9. "Determinei..."
Apresentado por *Mestra Virgínia*

10. Tuaregue E Nagô
*Lenine/B. Tavares*

11. Na Ribeira Deste Rio
*D. Caymmi/F. Pessoa*

12. Na Volta Que O Mundo Dá
*V. Barreto/P. C. Pinheiro*

13. Trampolim
*J. M. Wisnik/R. Bastos*

Pau Brasil

## *Uma voz para o século XXI*

Muitos já davam como encerrada a série de surpresas dos anos 90 quando, em 98, a cantora paulista Mônica Salmaso lançou *Trampolim*, estreando em gravações solo. O violonista Paulo Bellinati foi um dos primeiros grandes músicos a se encantar com suas interpretações. Depois dele, Leny Andrade, Theo de Barros e Edu Lobo, entre outros, felicitaram seu aparecimento, percebendo nela o talento e a musicalidade de uma artista de primeira grandeza da MPB. Gozando de tanto respeito no meio musical, Mônica gravou *Trampolim*, um disco denso no qual colaboraram nomes de grande prestígio, como o percussionista Naná Vasconcelos e o contrabaixista Rodolfo Stroeter (também produtor do álbum). Mais do que acompanhando a voz, esses artistas participaram ativamente da criação do disco, tendo espaço e liberdade para introduzir suas próprias idéias, que, de fato, influenciaram bastante os resultados. Bons exemplos disso são as intervenções de Nana em canções como "*Canto dos Escravos*", em que toca um exótico **talking drumm**, e "*Lenda Praieira*", em que faz uma notável percussão vocal, trazendo a interessante (e conveniente) reminiscência do barulho das ondas para a história de um pescador. O brilho dos músicos, contudo, não ofusca o da cantora; pelo contrário, valorizam-se mutuamente. Mônica, que é dona de um canto elegante e musicalmente educado – até com certo toque da técnica lírica na colocação –, garante o bom resultado do disco, que tem como conceito norteador do repertório e dos arranjos, justamente, a exaltação da cultura oral brasileira. Baseado nesse conceito, *Trampolim* privilegia cantos do domínio popular e canções que remetem à antiga cultura oral ou ao seu legado. Dentre os primeiros, sobressaem-se os cantos de **reisado** "*Ó Minha Gente...*" e "*Determinei...*" e o magnífico "*Bate Canela*". "Bate Canela", que tem como tema a fome de uma família miserável, foi cantado brilhantemente por Mônica, que não omitiu o vocabulário coloquial original nem pendeu para o caricatural, duas deturpações freqüentes nesse tipo de peça. Entre as segundas, emocionam o belo arranjo da canção "*A Permuta dos Santos*", de Chico Buarque e Edu Lobo, o **maracatu** "*Tuaregue e Nagô*", de Lenine e Bráulio Tavares, o clássico da **canção praieira** "*O Bem do Mar*", de Dorival Caymmi, o **baião** "*Na Volta Que O Mundo Dá*", de Vicente Barreto e Paulo César Pinheiro, e "*Na Ribeira Deste Rio*", uma excelente adaptação musical da poesia de Fernando Pessoa feita por Dori Caymmi. Porém, embora o repertório básico remeta a uma tradição quase esquecida, a cantora não esconde sua contemporaneidade, óbvia em todas as interpretações e declarada na opção por cantar a moderna "*Trampolim*" (que deu nome ao disco), de autoria do semiologista José Miguel Wisnik. Em todas as canções, contudo, Mônica Salmaso exibe a mesma voz doce e versátil, brilhante nos sons agudos e encorpada nos graves – seu melhor registro. O delicado trabalho sobre cada uma delas seguramente a habilita para ser uma das maiores cantoras deste século XXI.

*Talking Drumm*
Instrumento de percussão de origem africana que produz sons mais graves ou mais agudos de acordo com a tensão imprimida pelo instrumentista sobre um mecanismo de cordas ligadas às peles.

*Reisado*
Canto e dança tradicionais do Brasil, relativos a uma encenação popular destinada à comemoração do Natal.

*Maracatu*
Ritmo rural de Pernambuco, de forte caráter percussivo, cuja origem é, predominantemente, africana.

*Canção Praieira*
Nome genérico dado, primeiramente, às canções de Dorival Caymmi que tematizam a vida das comunidades praieiras e, posteriormente, estendido às demais composições que seguiam esse estilo.

*Baião*
Canto e dança de ritmo binário, originário do interior do nordeste brasileiro, popularizado em âmbito nacional por Luiz Gonzaga.

# TIM MAIA
1970

Tim Maia

FAIXAS

1. Coroné Antônio Bento
*L. Wanderley/J. do Vale*
2. Cristina
*C. Imperial/T. Maia*
3. Jurema
*T. Maia*
4. Padre Cícero
*T. Maia/ Cassiano*
5. Flamengo
*T. Maia*
6. Você Fingiu
*Cassiano*
7. Eu Amo Você
*Cassiano/S. Rachel*
8. Primavera (Vai Chuva)
*Cassiano/S. Rachel*
9. Risos
*Fábio/P. Imperial*
10. Azul da Cor do Mar
*T. Maia*
11. Cristina Nº 2
*C. Imperial/T. Maia*
12. Tributo a Booker Pittman
*C. Roditi*

Universal

## *Soul de tempero tropical*

Não é nada comum uma repetição automática dos padrões musicais estrangeiros nas obras dos artistas do Brasil. Devido à riqueza e à solidez da tradição cultural do país, toda informação européia, norte-americana e, mesmo, dos vizinhos latinoamericanos sofreu modificações significativas ao ser apropriada pelos músicos daqui. O **soul** brasileiro do carioca Tim Maia (1942-1998) comprova essa afirmação. Sua trajetória musical é curiosa. Embora fosse apaixonado pelo samba-canção e, mais tarde, pela bossa-nova, seus primeiros passos na carreira musical foram dados no rock. Por uma feliz coincidência, Tim era vizinho e amigo de **Erasmo Carlos** e com ele formou, em 1957, Os Sputiniks. A banda animava festas de adolescentes e tinha, também, um outro cantor que viria a ter muito sucesso mais tarde: Roberto Carlos. A grande guinada na vida e na música de Tim Maia se deu dois anos mais tarde, quando ele subitamente resolveu ir para os Estados Unidos. Lá, Tim conheceu o som dos negros do Harlen novaiorquino e começou seus primeiros trabalhos como vocalista. Sua temporada na América do Norte foi proveitosa e terminou após ser preso com alguns amigos em Daytona Beach, quando fumavam maconha dentro de um carro roubado.

Tim Maia voltou ao Brasil em 1964, e ficou surpreso ao saber que, enquanto esteve fora, seus amigos Roberto e Erasmo se tornaram bastante populares. Os dois triunfaram no rock, mas Tim, agora, não se interessava mais por esse caminho. Sua nova idéia era fundir a música negra de Nova Iorque aos ritmos brasileiros. Tim permaneceu quase anônimo por quatro anos, até que, em 1969, Elis Regina ouviu sua composição "*These Are The Songs*" e o chamou para gravá-la ao seu lado. A incrível potência, o suingue e o "sotaque" diferente da voz do rapaz encantaram a todos rapidamente e, pouco tempo depois, Tim conseguiu a gravação de seu álbum de estréia, intitulado *Tim Maia*. Esse disco emplacou, de cara, três grandes sucessos: "*Coroné Antonio Bento*", "*Azul Da Cor Do Mar*" e "*Primavera (Vai Chuva)*". O primeiro, uma deliciosa mistura de **baião** e soul – mistura que também ocorre em "*Padre Cícero*" –, surpreendeu por sua originalidade e pela variedade dos recursos vocais empregados pelo artista. Os outros dois, com sonoridades bem mais próximas à música norte-americana, serviram para consolidar o soul no Brasil e para inaugurar uma escola de composição e interpretação que ainda hoje é bastante forte no país. Não tão conhecidos como estes, mas também interessantes são os românticos temas "*Cristina*", "*Jurema*" e "*Você Fingiu*". O álbum *Tim Maia*, de 1970, traz o fundamental de sua intervenção na música brasileira dos anos 70: composições valiosas e popularíssimas, coros, **grooves** de contrabaixo e acompanhamentos criativamente inspirados no som negro novaiorquino, além, claro, de sua voz grave e poderosa, capaz de mover montanhas. Um detalhe: o guitarrista do disco é outro pioneiro do soul no país, Cassiano, que assina "*Você Fingiu*" e compartilha a autoria das brilhantes e bem sucedidas "*Padre Cícero*", "*Eu Amo Você*" e a já mencionada "*Primavera (Vai Chuva)*".

*Soul*
Gênero urbano norteamericano, bastante suingado e dançante, surgido nas comunidades negras nos anos 60.

*Erasmo Carlos*
Cantor e compositor brasileiro, principal parceiro do ídolo Roberto Carlos, que se tornou bastante famoso a partir de meados da década de 60.

*Baião*
Canto e dança de ritmo binário, originário do interior do nordeste brasileiro, popularizado em âmbito nacional por Luiz Gonzaga.

*Groove*
Maneira de conceber o acompanhamento a partir da repetição de uma linha instrumental criada na união de um pequeno fragmento melódico a uma idéia de forte apelo rítmico.

# VERDE ANIL AMARELO COR DE ROSA E CARVÃO

1994

Marisa Monte

FAIXAS

1. Maria De Verdade
*Carlinhos Brown*
2. Na estrada
*C. Brown/N. Reis/M. Monte*
3. Ao Meu Redor
*Nando Reis*
4. Segue O Seco
*Carlinhos Brown*
5. Pale Blue Eyes
*Lou Reed*
6. Dança Da Solidão
*Paulinho da Viola*
7. De Mais Ninguém
*M. Monte/Arnaldo Antunes*
8. Alta Noite
*Arnaldo Antunes*
9. O Céu
*M. Monte/N. Reis*
10. Bem Leve
*M. Monte/A. Antunes*
11. Balança Pema
*Jorge Ben*
12. Enquanto Isso
*N. Reis/M. Monte*
13. Esta Melodia
*B. da Portela/Jamelão*

EMI

## *A voz dos anos 90*

O experiente compositor e produtor **Nelson Motta** já havia conhecido e lançado muitos talentos da MPB, mas Marisa Monte impressionou-o especialmente logo nos primeiros contatos. Marisa era uma jovem diferente: além de bonita, gostava da boa música de todas as épocas, não ambicionava o estrelato – algo raro entre jovens artistas –, tinha uma voz belíssima, educada e afinada, e, principalmente, tinha uma imensa sede de cantar e se desenvolver. Motta percebeu, porém, que ajudá-la a construir sua carreira seria um desafio, pois a personalidade musical da cantora ia contra as 'exigências' do mercado, que, no final dos anos 80, supostamente só acolhia artistas de pop-rock ou especializados no gosto de segmentos específicos. Marisa estava nos dois campos, ou em nenhum, ao mesmo tempo. Contudo, a cuidadosa preparação de cada passo fez com que logo encantasse o público e a crítica musical, decolando rumo à consagração artística que teria na década seguinte, quando se tornou, talvez, a principal voz do Brasil. *Verde Anil Amarelo Cor de Rosa E Carvão* (1994), seu terceiro álbum, é o ponto mais alto de sua trajetória até aqui. Nele, com o auxílio de grandes músicos, a exemplo dos percussionistas Naná Vasconcelos e **Marcos Suzano** e do guitarrista Romero Lubambo, Marisa transita habilmente por um repertório eclético – embora não tão eclético quanto o de outros trabalhos seus – que inclui, desde ritmos tipicamente brasileiros, até uma bela versão de "*Pale Blue Eyes*", do roqueiro Lou Reed. Vale notar que, com esse CD, a cantora conseguiu um feito muito raro no mercado fonográfico: transformar em grandes sucessos a maior parte das faixas gravadas, tal como sua oportuna recriação do **samba-rock** "*Balança Pema*". Outro atrativo de *Verde Anil Amarelo Cor de Rosa E Carvão* são as bem escolhidas participações especiais: Gilberto Gil toca violão em algumas faixas e canta em "*Dança Da Solidão*"; Paulinho da Viola e a Velha Guarda da Portela colaboram em "*Esta Melodia*"; a cantora Laurie Anderson registra sua voz em "*Enquanto Isso*"; o conjunto **Época de Ouro** acompanha a cantora com muita competência em "*De Mais Ninguém*". Dentre os compositores interpretados por ela, destacam-se Carlinhos Brown, com as suas "*Maria De Verdade*" e "*Segue O Seco*", e dois dos fundadores dos Titãs: Nando Reis, autor de "*Ao Meu Redor*", e Arnaldo Antunes, autor de "*Alta Noite*". Esses compositores também assinam algumas boas parcerias com Marisa, tais como "*Na Estrada*" e "*Bem Leve*". É difícil apontar as razões do enorme sucesso de Marisa Monte, mas, provavelmente, todas estão ligadas à relação intensamente livre que ela tem com a música: isso lhe possibilita um uso correto e eficiente da técnica vocal; isso lhe faz encontrar o peso adequado de cada nota ou palavra nas interpretações; isso lhe permite cantar (bem) músicas de origens tão diversas; por fim, isso fica tão evidente em cada canção, em cada frase, que instiga o ouvinte a compartilhar a mesma liberdade.

*Nélson Motta*
Produtor e compositor paulista, nascido em 1944, autor de "*Saveiros*" e "*O Cantador*" (ambas, com Dori Caymmi), entre outras canções.

*Marcos Suzano*
Percussionista carioca, nascido em 1963, que tem conseguido bastante prestígio e repercussão por seus trabalhos individuais e ao lado de grandes nomes, como Marisa Monte, Gilberto Gil, Lenine e o conjunto Nó em Pingo d'Água.

*Samba-Rock*
Mistura de muito suingue entre o samba brasileiro e o rock norte-americano.

*Época de Ouro*
Conjunto de choro formado por Jacob do Bandolim em 1966, no Rio de Janeiro. Sua formação atual é: César Farias (violão), Toni (violão), Dino 7 Cordas (violão de sete cordas), Jorginho do Pandeiro (pandeiro), Jorge (cavaquinho) e Ronaldo (bandolim).

# VIBRAÇÕES

1967

Jacob do Bandolim e Conjunto Época de Ouro

1. Vibrações
*Jacob do Bandolim*
2. Receita De Samba
*Jacob do Bandolim*
3. Ingênuo
*Pixinguinha*
4. Pérolas
*Jacob do Bandolim*
5. Assim Mesmo
*L. Americano*
6. Fidalga
*E. Nazareth*
7. Lamentos
*Pixinguinha*
8. Murmurando
*Fon-Fon*
9. Cadência
*J. Maciel*
10. Floraux
*E. Nazareth*
11. Brejeiro
*E. Nazareth*
12. Vésper
*E. Nazareth*

RCA-Victor (BMG)

## *O choro do bandolim*

"Amigo: Lá vamos entrando pela sua casa adentro com a maior intimidade, sem gravata e paletó. E as apresentações? Você, já conhecemos: amigo do choro, não toma conhecimento de "pesquisas", movimentos ou humildades. Quer, apenas, ouvir música brasileira pura e, óbvio, honesta. Divertir-se sem complicações. Participar, de pijama e violão no coração, da nossa roda de **choro**". Assim, entre despojado e impositivo, começa o texto do encarte do antológico álbum ***Vibrações***, gravado pelo carioca Jacob do Bandolim (1918-1969) e seu conjunto Época de Ouro em 1967. A esse trecho se seguem a apresentação do disco e de seus autores, a começar pelo próprio Jacob (que assina essas palavras), modestamente definido como "estudante de bandolim desde 1933". Logo adiante, cobertos de merecidos elogios, vêm os integrantes do conjunto de acompanhamento, batizado Época de Ouro em 1966, mas reunido por Jacob ainda no início dos anos 60: os violonistas César Faria (pai de Paulinho da Viola), Carlinhos e Dino 7 Cordas, o cavaquinista Jonas e os percussionistas Jorginho e Gilberto D'Ávila. Juntos, criaram *Vibrações*, uma obra que viria a coroar a marcante passagem de Jacob pela MPB, da qual foi o maior bandolinista de todos os tempos.

Atuando no rádio desde a década de 30 e gravando como solista a partir de 1949, Jacob logo se impôs com seu estilo sóbrio e perfeccionista, tornando-se um nome fundamental da importantíssima geração de chorões de meados do século XX. Dono de uma técnica apuradíssima e de uma irremovível opção estética pelo choro tradicional - que dominava como poucos, sobretudo graças ao seu seríssimo trabalho de pesquisador -, ele fazia parecer que nenhuma nota de seu instrumento soava ao acaso. Nos anos 60, quando da gravação do disco, Jacob vivia o auge de seu prestígio e de sua maturidade musical, ostentando um impressionante controle sobre o resultado sonoro de seu instrumento e dos arranjos (criados coletivamente, mas dirigidos cuidadosamente por ele). A obra também traz alguns de seus melhores momentos como compositor (no que, aliás, brilhou intensamente) com as bonitas e algo nostálgicas "*Vibrações*", "*Receita De Samba*" e "*Pérolas*". Ao lado delas, Jacob colocou um coleção de peças geniais que lhe permitissem explorar sua excelência como intérprete. Estas, foram recolhidas em seu vasto conhecimento da produção de autores célebres, como Pixinguinha ("*Ingênuo*" e "*Lamentos*"), **Fon-Fon** ("*Murmurando*"), **Luis Americano** ("*Assim Mesmo*") e **Ernesto Nazareth** ("*Fidalga*", "*Floraux*", "*Brejeiro*" e "*Vésper*"), mas também de um desconhecido, o então inédito Joventino Maciel ("*Cadência*"). Jacob exibiu com elegante sentimentalismo esse repertório de franco perfil conservador sem, contudo, cair nas amarras do tradicionalismo. Na sua ótima interpretação do clássico "*Brejeiro*", por exemplo, arriscou-se ao alterar a melodia original de Nazareth (modulou-a do tom maior para o homônimo menor na reexposição do tema), conseguindo um efeito bastante surpreendente.

*Choro*
Gênero musical (inicialmente instrumental) surgido na segunda metade do século XIX cuja linguagem é resultado do abrasileiramento das danças de salão européias, sobretudo, a polca.

*Vibrações*
O conteúdo completo do álbum *Vibrações* também pode ser encontrado no volume Jacob do Bandolim da coleção *Acervo Especial* (RCA/BMG).

*Luis Americano*
Compositor e instrumentista sergipano, nascido em 1900 e falecido em 1960, autor de algumas músicas de sucesso, como "*Apanhando Papel*" (com U. Silva) e "*Pula A Fogueira*" (com J. P. Filho).

*Fon-Fon*
Maestro, arranjador, instrumentista e compositor alagoano, nascido em 1908 e falecido em 1951, cuja composição mais conhecida é o choro "*Murmurando*", gravado brilhantemente por Jacob do Bandolim em *Vibrações*.

*Ernesto Nazaré*
Compositor e pianista carioca, nascido em 1863 e falecido em 1934, autor de clássicos da MPB como "*Brejeiro*" e "*Odeon*".

# 20 ANOS: ANTOLOGIA ACÚSTICA

Zé Ramalho

FAIXAS

1. Avohai
*Zé Ramalho*
2. Chão De Giz
*Zé Ramalho*
3. Beira-mar
*Zé Ramalho*
4. Vila do Sossego
*Zé Ramalho*
5. Canção Agalopada
*Zé Ramalho*
6. A Terceira Lâmina
*Zé Ramalho*
7. Eternas Ondas
*Zé Ramalho*
8. Garoto De Aluguel
*Zé Ramalho*
9. Táxi Lunar
*Zé Ramalho/A. Valença/G. Azevedo*
10. Kryptônia
*Zé Ramalho*
11. Frevo Mulher
*Zé Ramalho*
12. Banquete Dos Signos
*Zé Ramalho*
13. Força Verde
*Zé Ramalho* – baseado no poema de *W. B. Yeats*
14. Admirável Gado Novo
*Zé Ramalho*
15. Galope Rasante
*Zé Ramalho*
16. Bicho De 7 Cabeças
*Zé Ramalho/G. Azevedo/R. Rocha*
17. Mulher Nova, Bonita e Carinhosa Faz O Homem Gemer Sem Sentir Dor
*Zé Ramalho/O. Batista*
18. Pepitas De Fogo
*Zé Ramalho*
19. Jardim Das Acácias II
*Zé Ramalho*

BMG

## *O acerto de contas do profeta*

Quem conheceu Zé Ramalho somente após o sucesso que teve com o álbum selecionado para este trabalho, o CD duplo *20 Anos: Antologia Acústica* (lançado em 1997 e que vendeu mais de 500 mil cópias), não poderia imaginar que ali estava um artista que, 20 anos antes, foi recusado por quase todas as grandes gravadoras do Brasil. Quase todas. A CBS se interessou por sua música, uma mistura de rock e ritmos regionais nordestinos moldada por uma poética que combina imagens surrealistas e **literatura de cordel** – conhecida durante sua infância, no interior da Paraíba. Seu primeiro disco, *Zé Ramalho* (1978), reunia canções que, outrora rejeitadas por parecerem incompreensíveis, caíram rapidamente no gosto popular. Estavam ali os sucessos "*Avohai*", "*Chão de Giz*" e "*Vila do Sossego*". Daí para frente, Zé alternou fases de muita exposição na mídia e outras de relativo esquecimento. Suas composições, contudo, não foram esquecidas, sobrevivendo vigorosamente no gosto popular. *20 Anos: Antologia Acústica* compõe-se de regravações de suas músicas mais representativas, valorizadas por belos arranjos (em geral, de Robertinho do Recife) e pela presença de ilustres convidados, como o sanfoneiro Dominguinhos, o violonista Geraldo Azevedo e o guitarrista Roberto Frejat. O formato "acústico" escolhido fez com que Zé se aproximasse bastante de algumas de suas maiores influências musicais: os cantadores itinerantes do nordeste e Bob Dylan. A ligação não é arbitrária: ambos representam uma personalidade nômade, descompromissada e autônoma. Zé Ramalho também se aproxima a Dylan no gosto por letras longas e de sentido simbólico e profético – mais que Dylan, Zé, com sua voz cavernosa e imagem sombria, tornou-se uma figura algo messiânica. Não é à toa que a última faixa de *20 Anos: Antologia Acústica* é uma versão para o clássico do mestre "*Knocking on Heaven's Door*". Muitos dos grandes êxitos reproduzidos nesse CD têm acentuado viés esotérico – por vezes, apocalíptico –, tal qual "*Kryptônia*", cujo arranjo realça o tom de Revelação da letra, ou as igualmente brilhantes e famosas "*Beira-mar*", "*Força Verde*", "*Canção Agalopada*", "*A Terceira Lâmina*", "*Táxi Lunar*", "*Jardim Das Acácias II*" e "*Eternas Ondas*". Nessa coleção de canções memoráveis, destacam-se também as recriações de "*Admirável Gado Novo*", sua canção mais famosa, "*Bicho de 7 Cabeças*", um **choro** de traços ibéricos, e "*Frevo Mulher*", **frevo** que Caetano Veloso, com razão, afirma ser um marco na música de carnaval brasileira. A recriação mais surpreendente, porém, é a de "*Avohaí*", canção composta por fragmentos de memória de sua infância e juventude, em que uma cítara indiana reproduz a sonoridade das violas sertanejas, mostrando surpreendentes similaridades. O canto de Zé Ramalho, grave, tenso e, muitas vezes, declamativo, faz dele uma das vozes mais originais da MPB. Sua maior grandeza, entretanto, está na capacidade de inserir suas canções no seleto acervo de sons da memória popular. É, enfim, o maior prêmio para um compositor.

*Literatura de cordel*
Literatura popular divulgada em folhetos, basicamente composta em versos, muito arraigada e tradicional no nordeste brasileiro.

*Choro*
Gênero musical (inicialmente instrumental) surgido na segunda metade do século XIX cuja linguagem é resultado do abrasileiramento das danças de salão européias, sobretudo, a polca.

*Frevo*
Acelerado ritmo de Pernambuco (em especial, de Recife e Olinda), com compasso binário, de acentuado parentesco com a marcha militar, surgido no final do século XIX e predominante no carnaval local.

# VOZ E SUOR
1983

Nana Caymmi e César Camargo Mariano

FAIXAS

1. Voz E Suor
*S. Costa/A. Silva*
2. Velho Piano
*D. Caymmi/P. C. Pinheiro*
3. Doce Presença
*Ivan Lins/V. Martins*
4. Clara Paixão
*N. Buzar/R. de Valença/S. Benchimol*
5. Neste Mesmo Lugar
*A. Cavalcanti/K. Caldas*
6. Valerá À Pena
*D. Caymmi*
7. Fruta Boa
*M. Nascimento/F. Brant*
8. Isso E Aquilo
*G. Rondon/I. Fischer*
9. Não Diga Não
*T. Madi/G. Henry*
10. Sede
*M. Moreira*
11. Por Toda A Minha Vida
*T. Jobim/V. de Moraes*
12. Nosso Tempo
*D. Caymmi/C. Nucci/L. F. Gonçalves*

EMI

## *Amor levado à sério*

Um mundo de emoções fortes, de alegrias radiantes e tristezas profundas é a música de Nana Caymmi. Seu canto é inconfundível: uma voz possante, às vezes limpa, às vezes rouca – dependendo do sentido que queira dar às palavras –, que desliza sobre as notas, ora com precisão milimétrica, ora preferindo apenas sugerir a altura desejada. Filha do célebre Dorival Caymmi, a cantora se sobressaiu por seu trabalho muito particular de recriação de composições alheias. Curiosamente, Nana ficou conhecida em todo o Brasil pela longa vaia que recebeu ao vencer o **Festival** Internacional da Canção com "*Saveiros*" (de seu irmão Dori Caymmi e de Nelson Motta), em 1966. Somente nos anos 70, alcançou maior projeção e passou a ser considerada uma das maiores intérpretes da MPB. Quando, em 1983, convidou o reconhecido pianista e arranjador César Camargo Mariano para dirigir e gravar com ela o álbum *Voz E Suor*, ninguém tinha dúvidas quanto às possibilidades de êxito, mas o resultado excedeu a qualquer expectativa: a obra se tornou, talvez, o melhor exemplo da arte de Nana Caymmi. Como podem supor os que acompanham sua carreira, o principal tema do disco é o amor – que, aliás, é o tema maior de todo o seu trabalho. Isso se deve, sobretudo, à sua personalidade romântica e à formação musical que teve, muito influenciada pelo **samba-canção** dos anos 50. *Voz E Suor* deixa transparecer essa influência ao registrar verdadeiros tesouros do estilo, tais como os sucessos "*Não Diga Não*" (1954), parceria de **Tito Madi** e Georges Henry, e "*Neste Mesmo Lugar*" (1956), da histórica dupla **Armando Cavalcanti e Klécius Caldas**. É interessante lembrar que o samba-canção dos anos 50 foi uma espécie de laboratório onde os compositores e arranjadores brasileiros testaram as inovações melódico-harmônicas do jazz norte-americano na música brasileira, no processo que culminou na bossa-nova. Para Nana, que conviveu com muitos dos protagonistas desse movimento na sala de sua casa – seu pai, inclusive, era um deles –, a bossa-nova foi, apenas, a continuação natural do samba-canção. Por isso, sua interpretação emotiva de "*Por Toda A Minha Vida*" (de Tom Jobim e Vinícius de Moraes) liga as duas pontas desse processo sem percalços. Entretanto, a maior preocupação de Nana não é com o passado, mas com a renovação. Por esse motivo, *Voz E Suor* traz também uma série de belíssimas composições de alguns ilustres contemporâneos, a exemplo de Moraes Moreira ("*Sede*"), Ivan Lins e Victor Martins ("*Doce Presença*") e Milton Nascimento e Fernando Brant ("*Fruta Boa*"). Um pouco menos famosa – mas não menos competente – é a dupla Sueli Costa e Abel Silva, que, em homenagem a Nana, criou a faixa-título "*Voz E Suor*". Os compositores da família Caymmi também não ficaram de fora do disco: Nana registrou belas músicas de seu pai ("*Valerá À Pena*") e de seus irmãos ("Velho Piano", de Dori, e "*Nosso Tempo*", de Danilo). Um disco raro: seja pelo repertório, seja pelos arranjos, seja pelas performances de Nana e César. *Voz E Suor* é impecável.

*Festivais de MPB*
Os festivais musicais de televisão, que premiavam compositores e intérpretes, tiveram grande repercussão e importância na segunda metade década de 60, reunindo artistas das mais variadas tendências e revelando nomes como Caetano Veloso, Chico Buarque, Edu Lobo, Elis Regina, Gilberto Gil, e muitos outros.

*Samba-canção*
Variedade de samba surgida no final dos anos 20, tocada em ritmo lento, com temas preferencialmente sentimentais.

*Tito Madi*
Cantor e compositor carioca, nascido em 1929, que criou e lançou sucessos como "*Balanço Zona Sul*" e "*Chove Lá Fora*". É uma grande referência na música de Nana Caymmi.

*Armando Cavalcanti e Klécius Caldas*
Dupla de compositores, muito popular entre o final dos anos 40 e meados dos 60, criadora de canções conhecidas como "*Boiadeiro*", "*Maria Candelária*" e "*Neste Mesmo Lugar*".

# WALDIR DE AZEVEDO
# WARNER 25 ANOS

2001

Waldir de Azevedo

1. Brasileirinho
*Waldir Azevedo*
2. Carioquinha
*Waldir Azevedo*
3. Você, Carinho E Amor
*Waldir Azevedo*
4. Contraste
*Waldir Azevedo/H. Costa*
5. Vê Se Gostas
*Waldir Azevedo/O. Pitanga*
6. Queira-me Bem
*Waldir Azevedo*
7. Mágoas De Um Cavaquinho
*Waldir Azevedo/F. Ribeiro*
8. Pedacinhos Do Céu
*Waldir Azevedo*
9. Delicado
*Waldir Azevedo*
10. Choro Novo Em Dó
*Waldir Azevedo*
11. Frevo Da Lira
*Waldir Azevedo/L. Lira*
12. Arrasta-Pé
*Waldir Azevedo*
13. Sentido
*Waldir Azevedo*
14. Camundongo
*W. Azevedo/M. M. Gomes*

Warner

## *O cavaquinho toma a dianteira*

O volume *Waldir Azevedo* da coleção *Warner 25 Anos* representa bem a obra desse excelente músico e compositor carioca (1923-1980), que teve o maior êxito comercial da história da música instrumental brasileira. Começava o ano de 1945 e o jovem Waldir estava em sua lua-de-mel, quando foi convidado às pressas para fazer um teste de ingresso no **regional** de **Dilermando Reis** como cavaquinista. Sua reação foi imediata: interrompeu a lua-de-mel e arranjou um cavaquinho emprestado para treinar, pois, embora soubesse manejar o instrumento, não era um grande especialista. No dia seguinte houve o tal teste, e, graças à sua espantosa musicalidade, saiu-se muito bem, sendo prontamente aprovado. Aos poucos, Waldir firmou-se como um cavaquinista de destaque, e, apenas dois anos depois disso, herdou de Dilermando a liderança do regional. O maior acontecimento de sua carreira, porém, se deu em 1949, quando teve a oportunidade de gravar um disco de 78 rpm com as suas composições (hoje clássicas) "*Brasileirinho*" e "*Carioquinha*". Mais do que a segunda, "*Brasileirinho*", um **choro** ligeiro, criado a partir de uma simples e eficiente combinação de notas obtidas na primeira corda do cavaquinho, foi um estrondoso sucesso. É certo que a qualidade dessas duas peças é suficiente para explicar sua ótima repercussão, mas é preciso considerar, também, a colaboração de alguns outros fatores associados: Waldir foi um pioneiro na exploração do cavaquinho como instrumento solista; seus choros, bonitos e concisos, eram mais fáceis de se assimilar, pois eram feitos em somente duas partes, quando o padrão tradicional era de três; suas execuções traziam uma sonoridade impressionante, devido à clareza e ao volume incomuns de seu toque; por fim, seu apurado senso rítmico e sua facilidade para improvisar mostravam um domínio extenso da linguagem musical do choro. No início da década de 50, seu sucesso continuou enorme, sobretudo pelos extraordinários lançamentos de "*Delicado*" – **baião** que foi um recordista de vendagem –, "*Vê Se Gostas*" e "*Pedacinhos Do Céu*". A partir de então, passou a viajar muito pelo Brasil e pelo exterior, ampliando ainda mais seu renome e lançando outros temas expressivos, a exemplo de "*Camundongo*", "*Sentido*", "*Você, Carinho E Amor*" e "*Queira-me Bem*". Porém, em 1964, Waldir sofreu um sério abalo com a súbita morte de sua filha mais velha e deixou de tocar. Para piorar, em 1971, um acidente decepou-lhe a ponta de um dedo. Parecia o fim, mas o reimplante do membro deu certo e, alguns meses depois, ele já podia dedilhar novamente seu instrumento. A lenta volta aos palcos – estimulada por alguns admiradores, dentre os quais o violonista Hamilton Costa, co-autor do instigante "*Contrastes*" – recuperou, aos poucos, seu antigo prestígio. Surgiram, então, novas e boas composições, como "***Frevo*** *Da Lira*", "*Arrasta-Pé*" e "*Novo Choro Em Dó*", e diversas homenagens, a exemplo do show que comemorou os 30 anos de "*Brasileirinho*", de cujo registro foi extraída a faixa "*Mágoas De Um Cavaquinho*".

*Regional*
Nome dado ao conjunto que faz acompanhamento tradicional de samba. Sem formação definida, reúne, geralmente, os instrumentos: pandeiro, violão, violão de 7 cordas, acordeom, e cavaquinho, podendo incorporar bandolim, flauta (ou outros instrumentos de sopro) e percussão variada.

*Dilermando Reis*
Renomado violonista e compositor paulista, nascido em 1916 e falecido em 1977, que fez sucesso interpretando peças de sua autoria, como "*Penumbra*" e "*Calanguinho*", e composições de outros artistas.

*Choro*
Gênero musical (inicialmente instrumental) surgido na segunda metade do século XIX cuja linguagem é resultado do abrasileiramento das danças de salão européias, sobretudo, a polca.

*Baião*
Canto e dança de ritmo binário, originário do interior do nordeste brasileiro, popularizado em âmbito nacional por Luiz Gonzaga.

*Frevo*
Acelerado ritmo de Pernambuco (em especial, de Recife e Olinda), com compasso binário, de parentesco com a marcha militar, surgido no final do século XIX e predominante no carnaval local.

# ZECA PAGODINHO
1998

Zeca Pagodinho

FAIXAS

1. Seu Balancê
*T. Geraes/P. Resende*
2. Vai Vadiar
*Monarco/A. Corrêa*
3. Minha Fé
*Murilão*
4. Chico Não Vai Na Curimba
*Z. Pagodinho/D. Nobre*
5. Tristeza
*H. dos Prazeres/J. da Gente*
e Alegria Tu Terás
*A. Caetano*
6. Pra Você, Menina
*A. Guineto/L. Ernesto*
7. Mary Lu
*B. do Jacarezinho/L. Grande/M. Diniz*
8. Sem Essa De Malandro Agulha
*J. Vignoli/A. Blanc*
9. Ainda É Tempo Para Ser Feliz
*A. Cruz/Sombra/Sombrionha*
10. Pra Afastar A Solidão
*Y. Lara/D. Carvalho*
11. Despensa Vazia
*S. Meriti/Luizinho*
12. Sonho Infantil
*Efson/Odibar*
13. Papel Principal
*A. Guineto/L. Ernesto/D. Paraíso*
14. Sapopemba e Maxambomba
*N. Lopes/W. Moreira*
15. Coroa Avançada
*Casquinha/Dolino*

Polygram (Universal)

## *O fino do pagode*

Nos botecos, nos quintais, nos barracões, nos morros e subúrbios, nas rodas de samba, em geral, vive o pagode verdadeiro – pagode significa, antes de qualquer coisa, uma reunião em que se toca samba. Foi nas rodas de samba do bloco **Cacique de Ramos**, as mesmas que revelaram o grupo Fundo de Quintal, que a cantora Beth Carvalho descobriu o talentoso Zeca, que trazia o pagode como apelido. Seu canto rouco e arrastado, típico dos malandros cariocas, e suas inteligentes composições encantaram Beth, que chamou o desconhecido para gravarem juntos sua "*Camarão Que Dorme A Onda Leva*", em 1983. Foi o primeiro de uma longa série de grandes êxitos. Três anos depois, Zeca Pagodinho fez seu primeiro disco solo e, desde então, não saiu das paradas de sucesso. Em 1998, em meio a uma grande moda de pagode – que, como toda moda, trouxe à tona uma horda de oportunistas –, o já consagrado sambista lançou o excelente álbum *Zeca Pagodinho*, uma verdadeira ode ao samba. Enquanto as 'estrelas' da moda ostentavam carros importados e mansões, Zeca continuava mostrando fidelidade à vida dos homens simples (como os que conheceu em Irajá, onde nasceu, em 1959). Por isso, escolheu para o encarte do disco uma foto em que aparece num certo "Bar do Geraldo", um botequinho típico do cenário suburbano do Rio de Janeiro. O álbum *Zeca Pagodinho* privilegia seu trabalho de intérprete, havendo apenas uma composição de sua autoria: o **partido-alto** "*Chico Não Vai Na Curimba*" (com **Dudu Nobre**), que remete à forma original desse tipo de samba, usando versos improvisados. As demais composições são de outros ótimos sambistas, a exemplo de Almir Guineto, Arlindo Cruz, Sombrinha, Ivone Lara, Aldir Blanc, Monarco, Nei Lopes. Ao mesmo tempo em que acolheu revelações, como o mencionado Dudu Nobre, Zeca abriu espaço para bons sambistas do passado, como os autores de "*Alegria tu terás*" e "*Tristeza*", Antônio Caetano, João da Gente e **Heitor dos Prazeres** – a quem o álbum é dedicado, pelo centenário de seu nascimento. Aliás, a música mais tocada desse CD, "*Vai Vadiar*", vem da Velha-Guarda da Portela, que, inclusive participou de sua gravação. "*Minha Fé*" é outro bom momento, com sua melodia bem construída sobre uma letra que traz a interessante combinação de credos africanos com o cristianismo, mostrando o sincretismo que traduz bastante da religiosidade brasileira. Temas universais e particulares do Rio de Janeiro se misturam. Zeca Pagodinho alterna canções de crônica social (como as boas "*Sem Essa De Malandro Agulha*" e "*Coroa Avançada*"), de resgate da memória popular (dentre as quais, as melhores são "*Despensa Vazia*" e "*Sapopemba e Maxambomba*") e de puro romantismo ("*Seu Balancê*" é um destaque). Um álbum bem acabado requer grandes executores, por isso foram reunidos músicos de renome para as gravações, tais como Rildo Hora (principal arranjador do álbum), Henrique Cazes, Cristóvão Bastos e Jorge Gomes. Orgulhosa, a madrinha musical do cantor, Beth Carvalho, deu sua benção e também participou do disco na bonita "*Papel Principal*".

*Cacique de Ramos*
Bloco carnavalesco que reunia compositores cariocas de samba, muito importante na música do Rio de Janeiro na segunda metade do século XX.

*Partido-alto*
Variedade de samba muito próxima à música africana pela predominância do ritmo e a repetição de motivos melódicos. Originalmente, o partido alto se constituía de um refrão cantado, em coro, e uma estrofe improvisada, cantada solo. Atualmente, são poucos os que improvisam versos e participam de autênticos desafios no partido alto.

*Dudu Nobre*
Jovem talento do samba carioca, recentemente revelado por Zeca Pagodinho. Toca cavaquinho, canta e compõe com competência.

*Heitor dos Prazeres*
Compositor, pintor e agitador cultural carioca, nascido em 1898 e falecido em 1966, fundador da Escola de samba da Portela e criador de importantes elementos da estética dos desfiles carnavalescos do Rio de Janeiro.

# ZONA DE FRONTEIRA

1991

João Bosco

FAIXAS

1. Trem Bala
*J. Bosco/A. Cícero/W. Salomon*
2. Saída De Emergência
*J. Bosco/A. Cícero/W. Salomon*
3. Ladrão De Fogo
*J. Bosco/A. Cícero/W. Salomon*
4. Memória Da Pele
*J. Bosco/W. Salomon*
5. Granito
*J. Bosco/A. Cícero*
6. Assim Sem Mais
*J. Bosco/A. Cícero/W. Salomon*
7. Holofotes
*J. Bosco/A. Cícero/W. Salomon*
8. Maio Maio Maio
*J. Bosco/A. Cícero/W. Salomon*
9. Misteriosamente
*J. Bosco/A. Cícero/W. Salomon*
10. Paranóia
*J. Bosco/A. Cícero/W. Salomon*
11. Sábios Costumam Mentir
*J. Bosco/A. Cícero/W. Salomon*
12. Zona De Fronteira
*J. Bosco/A. Cícero/W. Salomon*

Columbia (Sony)

## *Uma geografia musical*

"Exato na zona de fronteira eu improviso o Brasil". Essa afirmação da canção "*Zona de Fronteira*" problematiza seriamente o conceito de 'nação brasileira', mas define bem a produção artística do mineiro João Bosco, que desenvolveu uma música centrada na mistura, no choque entre várias tradições (sul-americanas, européias, norte-americanas, africanas, árabes...). Tal riqueza de combinações faz com que sua música não possa ser classificada, senão, apenas, como um (privilegiado!) ponto de encontro entre essas diferentes tendências. Aliás, essa idéia de "*zona de fronteira*" transcende a figura de João e repercute em toda a MPB, podendo responder, ainda, a uma das discussões mais aborrecidas da crítica especializada: "qual é, enfim, a 'legítima' música brasileira?". *Zona de Fronteira*, de 1991, é também o nome do 14° disco da carreira de João Bosco, que inclui, junto à brilhante canção homônima, uma série de belas composições. Além de mostrar João Bosco em excelente forma, o disco é fundamental em sua trajetória por trazer sua primeira grande parceria desde o rompimento com Aldir Blanc, parceiro por quase vinte anos. O trabalho foi feito com dois grandes poetas, Waly Salomão e Antônio Cícero, que conduziram as ricas melodias de João para um meio de significados densos e profundos, situados entre a literatura e a filosofia. Em suas 12 faixas, João brilha com sua personalíssima forma de cantar e tocar violão. Seu canto versátil, cheio de onomatopéias que remetem, ora à cultura africana, ora à árabe, se caracteriza pela multiplicidade de personagens que assume, alternando timbres, sotaques, pronúncias e registros (que vão desde os muito graves até agudos femininos), mas sempre suingado, afinado e surpreendente. A teatralidade de João o leva do lirismo de "*Saída e Emergência*" e "*Assim Sem Mais*" à irreverência de "*Paranóia*" e "*Sábios Costumam Mentir*" sem solavancos. O violão, por sua vez, é de enorme complexidade rítmica, inovador nas batidas de vários estilos (sobretudo, do samba), e parte ativa nas interpretações, desempenhando uma função bem maior do que a de um mero acompanhamento. Fiel ao propósito de erguer sua obra numa zona de fronteira, o compositor define as saborosas canções do disco como "um **afoxé** jazzístico" ("*Holofotes*"), "um choro-rap" ("*Trem Bala*") ou "um **corta-jaca** de sabor ibérico" ("*Ladrões de Fogo*", em que participa Raphael Rabello, ao violão, com seu fraseado veloz e impetuoso, à maneira flamenca). Também as outras faixas, de modo marcante ou sutil, trazem patente o princípio da mistura, a exemplo da linda balada "*Memória da Pele*", com acentuações rítmicas que lembram um **baião** lento, ou da valiosa "*Granito*", que busca unir o legado de **Villa-Lobos** a sonoridades árabes. A geografia musical construída por João Bosco – para a qual colaboraram ótimos músicos, como o baterista Carlos Bala e o baixista Nico Assunção –, além de funcionar muito bem do ponto de vista sonoro, comprova a idéia de que o compositor brasileiro tem como pátria o mundo inteiro.

*Afoxé*
Ritmo binário (mais propriamente chamado de Ijexá), de forte apelo à dança, proveniente dos blocos de ascendência africana da Bahia.

*Corta-Jaca*
Ritmo urbano, de andamento rápido, semelhante ao maxixe e ao samba. Surgiu, provavelmente, no final do século XIX, e foi muito utilizado pela pianista e compositora Chiquinha Gonzaga. Sua batida segue o padrão rítmico da dança homônima.

*Baião*
Canto e dança de ritmo binário, originário do interior do nordeste brasileiro, popularizado em âmbito nacional por Luiz Gonzaga.

*Villa-Lobos*
Heitor Villa-Lobos (1887-1959) é o maior expoente da música erudita brasileira. Teve o mérito de transpor com elegância motivos folclóricos e temas populares nacionais para uma linguagem de maior sofisticação e penetração nos meios acadêmicos do mundo todo.